감정이 아니라고 말할 때

감정이
아니라고
말할 때

성유미 지음

다산
초당

사 는 게 왜 이 리
재 미 없 을 까 ?

재미란 무엇일까?

살아가면서 한 번쯤 무심결에 듣게 되는 말. 때론 나도 모르게
불쑥 내뱉게 되는 말. "사는 게 왜 이러냐. 재미없어…."

　스쳐 지나가는 말이지만 사랑하는 이에게서 이런 말을 듣게
된다면 가슴이 철렁 내려앉을 수도 있다. 나를 찾아오는 사람
들에게서 굉장히 많이 들었던 바로 이 말.

　"선생님, 정말 재미가 없어요…."

　아무 부연 설명 없이 출현한 '재미'라는 단어에는 그 사람의

모든 절망과 좌절을 함축하는 무게감이 실려 있었다. 놀랍게도 이 말은 중고등학교 내내 1등을 하다가 원하는 대학, 원하는 과에 들어간 지 얼마 안 된 친구가 한 말이었다.

재미, 그게 뭘까? 그게 뭐길래 눈에 보이는 뚜렷한 성과를 거둔 사람조차 들었다 놨다 할 정도의 파워를 가진 것일까? 남들이 부러워할 법한 성공이나 부^富도 맥을 못 추게 하다니.

그리고 자주 링크되는 게 "죽고 싶어요. 살아서 뭐하나 싶어요." 이 말이다. 재미가 빠진 삶은 한 사람을 죽음에 이르게 할 수도 있다는 사실을 마주했을 때 나는 '재미'의 존재를 다시 생각해야만 했다.

내게는 두 아이가 있는데 요새 또 자주 듣게 되는 말이 이것이다. "엄마, 재미없어."(사실은 놀아 달라는 말이다.) 그러면 나는 대꾸해 준다. "그래? 재미가 어디 갔을까? 재미야~, 우리 재미 찾으러 가자." 아이들은 나를 따라 천진난만하게 답한다. "재~미야~, 어디 갔니?" 그러면서 진짜 재미있는 놀이를 찾기도 하고, 서로 "재미야, 어디 있는 거야?" 숨바꼭질마냥 이런 말들을 주고받다가 깔깔거리고 같이 웃기도 한다.

그렇다. 재미는 없으면 찾으면 되는 것이다. 재미가 없다고 해서 우리가 죽을 이유는 전혀 없다.

그럼에도 불구하고 재미없는 일상은 우리를 답답하게 짓누르게 되고, 그 무게에 못 이겨 위험한 탈출(살아서든 죽어서든)을 시도하게 되는 것이 현실이다. 삶에 필요한 가장 본질적인 재미가 빠지면 그렇게 된다.

그렇다면 시시껄렁한 재미들로는 그 양이 많아도 도저히 채워지지 않는 진정한 재미의 존재에 대해 정확히 알 필요가 있다.

인생이 '노잼'이라는 당신에게 꼭 필요한 것

여기 진정한 재미 하나를 소개하고자 한다.

'내 마음'을 아는 재미, '내 감정'을 읽는 재미이다. 이는 삶의 본질을 이룬다. 이를 놓칠 때 '내 마음 나도 몰라' 상태에서 허무와 공허감, 우울이 찾아온다. 삶의 활력과 의미를 잃어버린다. 살아갈 동력을 얻지 못한다. 생기가 점점 사라지고, 나의 타고난 기질이나 재능마저 오리무중 상태에 빠지게 된다.

나는 진료실에서, 사람이 자신의 마음을 모르고는 인생 전체가 그야말로 아무것도 아닐 수 있다는 사실을 수시로 접하고 있다. 그래서 글로 풀어내기 어려운 주제인 마음과 감정에 대한 이야기를 쓰기로 했다. 3년 전 나는 '관계'에 대한 책을 썼다. 사람들은 한번 맺은 관계는 어쩔 수 없는 줄로만 알았는데 새로운 선택이 가능하다는 사실을 받아들인 후 많은 도움을 받았다고 했다. 그렇지만 그게 끝은 아니었다. 잘못된 관계의 늪에서 빠져나온 사람들은 그 후에 자신들이 해야 할 일이 무엇인지, 어떻게 살아가야 하는지 궁금해했다.

"선생님, 지난 과거는 어찌어찌 정리한 것 같긴 한데, 이제 전 뭘 해야 하죠?"

후련함과 속 시원한 느낌을 나누며 기뻐하던 것도 잠시, 그들에겐 심심함과 무료함이 찾아오고 다시 길을 잃은 듯한 모습이 되었다. 이제 새로운 길잡이가 필요한 지점에 이르렀다고 생각했다. 나를 괴롭히던 관계에서 벗어났다 하더라도, 내 마음을 아는 끈을 놓치게 되면 다시 헤매게 된다. 이제 겨우 찾은 안정감을 다지면서 더 단단해질 필요가 있다. 이를 위해 우리는 그 어느 때보다 내 감정과 친해질 궁리를 해야 한다.

당신의 삶 속에서 삶의 맨 끄트머리 순간까지 함께할 가장 친한 친구는 당신 자신이다. 우리는 자신을 빼놓고, 자기 자신을 소외시켜 놓은 채 다른 사람들과 친해지려 할 때가 너무 많다. 하지만 거기에는 진정한 재미나 행복이 깃들 수가 없다. 왜냐하면 진정한 행복감을 느끼는 주체인 '나의 마음'이 빠져 버렸기에 그렇다. 시간 차를 두고 찾아오는 공허는 당연한 결과이다. 좋은 친구를 찾기 위해서라도 당신은 당신 자신과 먼저 친구가 되어야 할 것이다.

이 책에서 목표로 하는 두 가지 큰 포인트가 있다.

첫 번째는 책을 읽는 당신이 자기 마음을 아는 재미를 발견하길 바라는 것이고, 두 번째는, 사람의 감정은 읽고 읽힐 수 있는 영역이며, 따라서 어떤 알고리즘이 존재한다는 사실을 받아들이도록 돕는 것이다. 만일 그 외의 것들도 얻어 갈 수 있다면 그야말로 부록 선물과 같다. 자, 알고리즘이라는 단어에 미리 겁먹을 필요는 없다. 오히려 감정 발생의 메커니즘뿐만 아니라 '감정을 읽는 알고리즘'에 대해서도 제대로 파악할 때가 왔다. 혹시 AI에게 인간이 지배당할까 염려한 적이 있다면 더더욱 필요한 책이다. 이 책은, 자신의 감정을 스스로 읽어 냄으로써 당신이 타인에게 휘둘리지 않고 휘둘릴 필요가 없도록 돕고자 한다. 철저히 당신 편에 서 있는 책이다. 다만 이 책을 다 읽었다고 해서 자신의 마음을 무의식까지 모조리 알게 될 것이라는 환상은 미리 접어 두면 좋겠다. 우리 마음이 그렇게 얕거나 좁지 않다. 대신 이 책은 당신에게 '자신의 마음과 감정'이라는 원더랜드*로 가는 길이 엄연히 존재한다는 사실과 가는 방법을 알려 줄 것이다. 또한, 시간이 걸리지만 당장의 답답함을 참고 토끼 굴을 통과한 앨리스처럼 가던 길을 계속 갈 수 있도록 구체적인 감정 분석과 함께 당신을 최

■ 《Alice in Wonderland》

서문 ─────

대한 '재미있게' 응원하려고 한다. 처음에는 혼돈의 구덩이에 빠져드는 느낌일지 모르지만, 자기 안의 숨어 있는 '판타지'를 만나는 것은 결코 두렵거나 무서운 일이 아니라고 말해 주고 싶다. 이상한 나라의 앨리스가 처음 접하는 낯선 풍광 속에서 '난 누구?', '여긴 어디?', 그리고 '내 앞에 있는 넌 누구고, 나와 무슨 상관이 있는지?' 질문하기 시작했듯이 당신도 그렇게 하면 된다. 예기치 않은 감정들과 이와 함께 딸려 나오는 '말도 안 되는 연상'의 조각들이 퍼즐처럼 맞춰지고 이해가 될수록, 어느새 예전보다 더 또렷하고 선명해진 자기 자신을 발견하게 될 것이다.

2021년 10월 마음의 잠수부가 되어

성유미 씀

제3부

감정은 어떻게 생겨나고 어떻게 읽을 수 있는가?

제1부

감정에 대한 오해를 풀어라

감정에 관한
이야기를 시작하며

감정은 인간 존재의 알파와 오메가

2003년경에 〈냉정과 열정 사이〉라는 영화가 있었다. 인상 깊게 봤었고 오래 여운이 남았던 기억이 난다. 덤으로 피렌체가 괜스레 좋아지기도 했다. 사실 배우들과 영화 스토리가 또렷이 남아 있진 않지만, 그 주제곡이 어디선가 들려오면 다시금 그때 그 시절이 떠오르곤 한다. 나의 무의식을 건드렸음이 틀림없다.

정신분석 치료를 하다 보면 한 사람이 느끼는, 느꼈을 감정을 추적해 가는데 그 자체도 어렵지만, 겨우 숨어 있던 감정을 수면 위로 끌어 올려서 닿게 되어도 알아들을 만한 언어로 표현하는 것 또한 만만치 않음을 많이 느낀다. 나름 고민하고 고심하면서 이러저러한 단어들을 써 가며 '한 사람'과 소통하려고 노력하는 것이 치료의 중요한 과정 중 하나이다.

'온탕과 냉탕, 찬물과 더운물, 감정의 온도, 차가운 사람과 따뜻한 사람.'

교과서에 나오지 않지만, 나의 임상적 경험에 의해 위와 같은 단어들을 실제 치료 현장에서 자주 사용한다. 내가 놀랐던 것은, 의외로 이 단어들을 사람들이 꽤 알아듣는다는 점이었다. 다시금 깨닫고 확인했다. 감정에는 실제 감각되는 온도가 있다는 것을. 그리고 사람에게는 태생적으로 그 온도감을 느끼는 '감각'이 내재되어 있다는 것을.

이제 건져진 감정을 분류하기 시작한다. 당신이 느낀 것이 차가운 쪽인지 따뜻한 쪽인지를. 처음에는 잘 모르겠다던 환자들이 치료가 진행되면 될수록 이 감정의 감각을 느끼게 되고, 보다 뚜렷하게, 선명하게, 섬세하게 알아 가고 구분해 가는 과정을 지켜보았다. 묵혀 있던, 묻혀 있던 감정들이 문자 그대로 되살아나는 과정이다. 그렇게 감정들이 가장 적절한 '이름'을 얻게 되고 느껴져서 자신의 고유한 언어로 표현되면서 한 사람 자체가 생생해져 간다. 더 나아가 누군가와 소통이 시작되면 생생함은 훨씬 풍성해진다. 물론 첫 번째 소통자는 그 환자와 같은 치료 공간에 있는 치료자이다. 나는 이를 가장 영광스럽고 귀한 순간이라고 생각한다. 한 사람의 첫 번째 소통자가 되는 경험, 그것이 내가 치료를 지속하는 가장 큰 이유라고 하고 싶다.

내가 목도한 사람의 '감정 경험(느끼고 알고 이해하고 나아가 타인과 소통하는 일련의 과정)'은 인간 존재의 알파와 오메가이다. 너무 거창할 수도 있을 것 같아서 이러한 표현이 망설여진 것이 사실이지만 조금 더 용기를 내기로 결심했다. '감정이 가장 중요한 것 같다'고 생각하는 많은 사람들이 이미 있다는 것, 그렇지만 그것만으로는 뭔가 부족하다고 호소하는 분들, 또 실제 겪고 있는 많은 문제들을 해결하려고 하니 중요한 줄은 알지만 자기 '감정'을 어떻게 다뤄야 될지 모르겠다는 분들, 그러는 사이 삶의 다른 문제들에 치여 자신의 감정을 또다시 저만치 밀어 넣고 살다가 뒤늦게 허무함을 호소하며 찾아오는 안타까운 사연들을 접하면서 감정에 대한 이야기를 해 보고 싶었고 이제 시작해 볼까 한다.

감정적인 사람에겐
정작 자기 감정이 없다

'감정적인 것'과 '감정'은 다르다

내 마음, 내 감정을 아는 재미에 빠지고자 할 때 가장 방해가 되는 것 중 하나가 감정에 대한 부정적 편견이다.

"제발 감정적으로 굴지 마. 진정해!"

"너 너무 감정에 치우치는 거 아냐? 이성적으로 좀 생각해 봐."

"어떻게 너 하고 싶은 대로만 하고 사니? 의지를 가지고 최선을 다해 보렴." 등등.

제1부 ─────

우리를 채근하고 몰아세우기 위해 꽤 많이 등장하는 문구들로, 하나같이 감정은 '하급' 취급을 받고 있다. 무언가를 강조하기 위해서 다른 비교 대상을 깎아내리는 방식은 낯설지 않다. 감정이 나쁜 게 아닌데, '비교 우위', 단지 그것을 목적으로 감정은 부정적으로 묘사되곤 했다. 그렇게 해서 '이성'이나 '의지'는 마치 집안의 장손 대우를 받으며 가치 있고 마땅히 추구해야 하는 것으로 추켜세워져 왔다. 거기까지는 좋다. 소위 먹고 살기 위해서, 시대적 흐름상, 사회 문화적 분위기상 그렇게 해 왔다 치자. 그렇지만 언제까지 우리는 감정을 희생시켜야만 되는 걸까? 이성과 의지를 존대하느라고 희생당해 온 감정을 이제는 좀 충분한 시간을 두고 제대로 돌봐야 할 때가 왔다. 그러지 않으면 우리 삶은 점점 더 건조하고 퍽퍽해지고 말 테니까. 사람이 전례 없이 폭력적으로 변하는 까닭이 '무시된 감정의 폭발'로 인한 것이라는 점은 이젠 어느 정도 잘 알려진 사실이다. (자신의 감정도 잘 모르고 서툰 상태에서는 정말로 AI 로봇에게 밀려 버릴지도 모른다. 재미없게도 말이다.)

'감정적인 것'과 '감정'은 완전히 다른 단어이지만 일상에서는 자주 분리되지 않은 채 사용된다.

자신은 매우 감정적이어서 감정 조절을 제대로 하고 싶다는 지인이 있었다. 내가 옆에서 봐 온 그 사람은 상당히 이지적이었고, 같이 일할 때에도 매뉴얼에 꽤나 충실했다. 그녀는 일의 체계, 질서를 중시하는 사람이어서 원칙주의 성향이 강했다. 그런데 감정적이라니! 조금 놀라웠는데, 알고 봤더니 일대일 개인적 관계에 취약한 면이 있었다. 상대가 자신을 무시할 때, 혹은 (인간으로서) 기본 매너를 지키지 않을 때면 화가 너무 나서 당장의 마음 같아선 그 사람을 당장 딱 잘라 내 버리고 싶을 때가 너무 많다는 거였다. 실제로 20∼30대엔 완전히 단절한 관계도 많았는데, 그나마 40대를 넘어서면서 아, 너무 무 자르듯 사람 사이를 잘라 내선 곤란하다는 자각이 왔다고 한다. 스스로 다짐 또 다짐을 해서 극단적인 인간관계 정리는 더 이상 하고 있지 않았다. 그렇지만 여전히 혼자 화가 날 때가 많았고 속앓이가 점점 늘어나서 스트레스 지수가 상당히 높아져 있었다.

나는 정말 궁금해서 "남이 무시하는 게 왜 그렇게 화가 나는 것 같은데?" 물어보았다. 그러자 난생 처음 듣는 소리라는 듯 눈을 동그랗게 뜨고, "아니, 그거 당연한 거 아냐? 그럼 넌 무시당해도 그렇게 화가 안 나?" 되물었다.

무시라는 게 기분 좋은 일은 아닌데, 화가 나는 정도나 지속되는 건 상황이나 때마다, 특히 사람마다(내게 얼마만큼 중요한지에 따라) 다를 수 있다고 일러 주었더니, 자신은 그 누구든, 그리고 어느 때든 일단 상대가 자기를 무시한다는 '촉'만 와도 못 참겠다는 거였다. 다만 오래된 관계이면 정말 대판 싸우고 끝내고, 만난 지 얼마 안 된 사람이면 더 이상 상종을 안 한다는 식으로 추후 행동에 차이는 있었는데, 분노 감정(소위 '빡침')의 세기는 거의 엇비슷하다고 했다. 그러면서 자기 감정에 대해서 정작 자세하게 들여다본 적은 없다는 걸 느꼈다면서 알려 줘서 고맙다는 말도 덧붙였다. 몇 마디 안 하고 감사 인사까지 받은 셈이었는데, 그 덕분에 나 역시 한 가지 사실을 더욱 분명하게 인지하게 되었다.

'사람이 감정적일 때에는 정작 자기 감정을 제대로 모를 수밖에 없구나.'

뭔가(촉)를 느끼지만 그 감정을 충분히 수용하고 헤아려 주는 '이성' 영역의 기능이 순간 떨어지기 때문에 바로 이분법적인 행동 선택을 강요당하는 단계로 점핑할 수밖에 없는 것이다.

즉, "너 얘랑 계속 사귈래? 아님 여기서 끝낼래?" 하는 식으로 말이다.

그나마 나의 지인은 40세 즈음 스스로 '성찰'이라는 것을 약간은 했기에 극단적 인간관계 방식에 제동을 걸 수 있었다.

감정적으로 행동하지 마!: 감정을 부정하는 사회

쭉정이만 남은 장유유서

시대가 많이 달라졌다고 하지만, 나는 대한민국 사회가 여전히 전통적인 유교 문화권에 속해 있다고 본다. 의식적인 면보다 무의식적인 면에서 확실히 유교 문화가 지배적인 것 같다.

장유유서長幼有序와 효孝는 세대 간 모양새를 달리해 가면서 현재까지 건재한 최장수 인간관계 지침으로 꼽을 수 있다.

장유유서 – 사람과 사람 사이의 질서를 잡는 중요한 축

효 – 부모와 자식 간의 부정적 감정을 통제하고 노년 삶의 불
안을 해소하는 틀

한국 사회에서는 위의 두 가지 지침만 잘 지켜도 충분히 '잘
자란 사람' 소리를 들을 수 있다. 그만큼 전반적인 인간 평을
좌우하는 파워가 크다. 자유분방한 세대에서도 장유유서를 둘
러싼 갈등은 늘 일어난다. 때때로 반항하는 목소리("나이만 먹
으면 뭐해?")도 있지만, 정작 자기보다 어린 누군가가 자신을 향
해서 당차게, 꼿꼿이 그만의 입장을 내세우면 언짢아지기 십
상이다. 놀이터에서 고작 예닐곱 살 어린아이도 "너 몇 살이
야?" 만나자마자 물어보고, 다섯 살이라고 하면 "응, 내가 형
이네." 하는 모습을 심심찮게 볼 수 있다. 말을 갓 배우기 시작
한 네 살 꼬맹이가 반말 조로 말하면, "아니, 어린애가 열 살인
나에게 보자마자 반말을 했어!"라고 또래 아이들에게 툴툴대
며 하소연하는 것을 보면, 서열화는 본능임이 틀림없다. 그렇
다면 장유유서는 본능을 강조한 것일까? 본래의 취지는 오히
려 본능으로서의 서열화를 문명인의 품위에 걸맞게 다스리기
위함이었을 것이다. 힘의 본능이 지배하지 않도록 적절한 질
서와 틀, 지침들을 교육하는 것이 곧 문명화^{civilization}이다. 진짜
장유유서는 어른이 아이를 사랑하고 어린 사람이 어른을 존중
하고 따른다는 건데, 위쪽의 '사랑'이 빠져 버리고 엄한 틀만

강조하는 데서 많은 문제가 생겨난다. 사실상 우리 사회에 뿌리 깊게 남은 장유유서는 본질은 어디론가 날아가고 '쭉정이'가 된 격이다. 그러니 "이따위 쭉정이는 버려 버려라."라는 주장이 얼마든지 터져 나올 수 있는 것이다.

그래도 그 쭉정이의 힘은 여전히 유효하다. 실제로 질서나틀, 지침들은 한 인간으로서 느끼는 솔직한 감정이나 본능보다 상위의 룰이 될 때가 많다. 그래서 일상에서, 일터에서 '기분은 나쁘지만' 저 사람은 나보다 윗사람이니까, 혹은 포지션적으로 위에 있으니까 참는 경우가 많은 것이다. 하소연을 듣는 주변 지인들도 공감과 곁분노(옆에서 같이 분한 반응을 보이는 것)의 리액션을 해 주지만, "야, 섣불리 감정대로 하지는 마라."라는 애정 어린(?) 충고를 서둘러 덧붙이게 된다. 현실에서 룰을 함부로 깼다가는 어떤 판에서 아웃(쫓겨남) 선언을 받을수 있기 때문에 그렇다. 현명함과 영리함이 요구되는 것은 당연하다.

그런데 현실적 대응을 주문하기에 급급해서 개인의 감정을 등한시하는 것이 장기화되면 문제는 심각해지게 마련이다. 속으로 곪는다는 얘기다. 더욱이 "다 그러고 살거든!", "너만 그런 거 아님" 등등 일반화된 합리화 덕분에 개인이 겪는 감정적 고통은 자주 뒷전으로 밀린다.

감정을 부정하는 사회에서 당신 자신마저 자기 감정을 열심히, 제대로 알아주는 노력을 게을리한다면, '전통과 관습'이라는 타이틀로 무장한 질서와 여전히 많은 사람들로부터 탄탄한 지지를 받고 있는 암묵적 룰들에 지배당하게 되어 있다. 본질이 빠졌다고 해서 전통과 관습의 틀이 쉽사리 사라지는 것은 아니다. 그것들은 말 그대로 '관성과 익숙함'의 힘으로 유지되고 다수의 무의식적인 동조로 떠받쳐지고 있기 때문이다.

감정은 버튼이 아니다 :
해결책 없는 심리학의 과잉 간섭

심리학, 잘 쓰면 약 잘못 쓰면 독

"선생님, 감정이 주체가 안 돼요. 어떻게 좀 다스리게 도와주세요!"

경황없이 하얗게 질린 채 자신의 감정을 조절해 달라는 다급한 외침을 진료실에서 종종 듣게 된다. 현실적인 여러 제약과 어려움에도 불구하고 병원 문을, 그것도 '정신과'를 두드리게 되는 가장 핵심적 이유는 벼랑 끝에 선 '절박한 심정' 때문이다. 국외이긴 하지만 1950~1970년대 사이에 정신분석이

중상층 이상 인텔리들의 지적 향유물로 유행하던 시절이 있었다. 우리나라는 이러한 시기조차 없이 오늘에 이르렀다. 사실 현대에는 정신분석을 취미로 하는 경우는 없다고 본다. (물론 정신분석이라는 학문을 지금도 얼마든지 공부하고 토론할 수 있다.) 치료로서 정신분석이란, 치료자라는 한 명의 낯선 타인과 정신적 동거psychic cohabitation를 하면서 적나라하게 자기 감정을 난도질해 가며 만나는 지난한 과정이기 때문에 이를 단순한 재미로 할 수는 없다. 더군다나 적지 않은 시간과 비용을 들여야 한다면 말이다. 누군가가 정신분석을 하느니 비싼 명품 백을 구매하거나 럭셔리 해외여행을 가는 편이 훨씬 실용적이라고 한들 당장 반박할 수 없는 것이 현실이다. 그렇지만 정신분석의 진가를 아는 사람들은 분명 존재한다. 특히 정신 줄이 그야말로 간당간당 절박한 상태에 있다가 거기서 완전히 벗어나 평지에 두 발로 탄탄하게 서는 멋진 경험을 하게 되는 경우가 있다!

감정의 폭발적 분출과 그로 인한 '정신적 휘말림'의 상태를 현대의 영리한 약물들이 상당히 도와주고 있다. 평소 자주 하는 말이기도 한데, 현대인들은 좋은 시절에 태어나 크나큰 수혜를 입는다고 할 수 있다. 진보하는 과학기술은 인류에게 선물의 측면이 분명히 있다.

현존하는 정신과 약물들만으로도 '감정 조절'은 불가능한 영역이 아니다. 그럼에도 인정해야 할 것이다. 약이 우리 감정의 근원적인 문제들을 결코 해결해 줄 수 없다는 것을.

인체에 무척 관심이 많은 의학자의 한 사람으로서, 감정이 어떻게 신체에 영향을 주는지, 신체가 또 어떻게 사람의 감정의 영역에 영향을 주는지 직접적으로 많이 관찰할 수 있었다. 특히 중독의 영역에서 이러한 신체-마음$^{body\text{-}mind}$의 상호작용이 생생하게 드러난다. 정신과적 질환 상태가 만성화될수록 닭과 알 중 뭐가 먼저인지 알 수 없는 상태가 되어 버린다. 오랜 세월 증상이 고착화되면 신체와 마음이 서로 심각하게, 그것도 열심히 상호 영향을 주면서 악순환하고 있다는 사실만 또렷해지는데, 말하자면 이런 식이다.

우울하면 몸이 처지고 에너지가 떨어져. → 기본 관리에도 소홀해지게 마련이지. 씻는 것도 귀찮아. → 거울 보는 게 두렵다. 날이 갈수록 무너진 신체는 나를 더욱 우울하게 만든다.

B 씨는 요새 사람들을 만나면 자기도 모르게 말이 많아지고 자꾸 '나대게' 된다면서 "혹 조증^{manic} 상태가 되는 건 아닌지 괜히 불안해져요."라고 호소했다. 그는 3년여 간 우울증을 앓으면서 사회적으로 거의 잠수를 타다시피 하다가 최근 많이 호전되어서 실제 대인 관계가 점점 늘어나는 중이었다. B 씨

는 오랜 기간 가족 안에서 누적된 스트레스로부터 이제 막 벗어나고 있었다. 그는 평소 화를 쌓아 두고 속으로 누르는 게 습관이 되어 (우울)병이 된 대표적인 경우였다. '나대는' 걸 좀 눌러야 되겠다는 그의 말을 듣고는, "예전에는 화를 누르시더니 이젠 나대는 걸 좀 눌러야 된다고 하시네요. 무슨 버튼도 아니고 뭘 자꾸 누르세요?" 그는 다행히 나의 '버튼'이라는 즉흥적 비유에 공감했고, "그러게요. 지금 든 생각인데요, 저 평소에 눌러야 된다는 말을 진짜 많이, 자주 쓰는 거 같아요." 해서 같이 잠시 웃었다. 오랜 세월 '마이너스' 기분 상태로 살아오다가 이제 겨우 0점을 지나 '플러스'로 진입하려는 찰나인데, 그의 마음속 무언가는 그조차 쉽사리 허용해 주지 않는 것이다.

B 씨의 부모님, 특히 아버지는 요새 흔히 언급되는 '분노 조절 장애' 수준이었지만 치료는 전혀 받은 적이 없었다. 자라 오면서 아버지와 표면적으로 대립하거나 반항 한번 한 적 없지만, 마음속 아버지를 향한 불만과 갈등은 병원을 찾을 당시 이미 굉장히 깊어져 있었다. 자신의 화를 억누르는 '습성'은 절반은 어머니의 성격적 특성을 이어받은 것 같았고, 또 절반은 그 자신의 내적 불안이자 다짐인 '아버지처럼 분노 폭발하는 사람은 절대 되지 말아야지!'에서 기인한 것으로 보였다. 치료 중에 그는 어릴 때부터 아버지를 보며 아버지 안에는 무슨 분노

스위치 같은 게 숨겨져 있는 것 같았고, 그게 언제 켜질지 몰라 동생과 함께 늘 아버지 심기를 살피곤 했다는 기억을 떠올렸다. 그러다가 중학교 어느 시절 아버지의 '분노 스위치'가 평소 계속되던 음주 행동과 더불어 수시로 켜지는 걸 보고 마치 '고장 난 폭탄 버튼' 같다고 느꼈던 경험을 털어놓았다.

치료를 통해 B 씨 자신은 분노 감정을 누르는 것도, 폭발하는 것도 둘 다 답이 아니라는 것은 알게 되었지만, 전반적으로 감정을 누르는 습성 자체는 우울 증상의 호전에도 불구하고 지속되고 있다는 것을 보게 되었다. 고질적 습성의 대전환이 없이는 간만에 회복된 상태에서 찾아오는 '좋은 느낌'마저 누를 수 있다는 사실을 발견한 것이다.

감정(주로 분노, 화) 버튼을 너무 많이 누르는 아버지를 보고 자란 B 씨는 자신의 감정 버튼을 다른 방식으로 계속 눌러 왔다. 감정 조절이 전혀 되지 않았던 아버지를 이해하기 위해 심리학을 전공하지는 않았지만, B 씨는 중학교 때부터 거의 전문가 수준으로 심리 서적을 탐독해 왔다. 그러면서 아버지의 분노 심리와 성격 성향을 파악하기 위해 애를 많이 썼다. 그런데 이러한 '이해를 위한 노력'은 B 씨 본인에게는 독이 되었는데, 아버지에 대한 심리적 이해가 쌓여 갈수록 그러한 지식들은 B씨가 감정을 편안하게 드러내는 것을 방해하였다. 아, 우리 아버지가 어릴 때 엄마를 잃어서 애정 결핍으로 속에 한이 많으시구나, 아버지가 어머니에게 자신이 받지 못한 '모성'을 기대하셨는데 좌절되어서 그게 또 화로 번지는구나, 아버지가 자식들에게도 자신을 돌보라고 무의식적으로 기대를 하신 거구나… 등등 수많은 '그럴듯한' 설명들이 B 씨 내면에서 어지러운 '훈수'들로 작용했다. 정작 B 씨 자신은 진정한 자기 감정을 제대로 들여다보지 못하고 있다가, 30대 후반에 깊은 우울병을 얻고 나서야 비로소 자기 내면을 조망하기 시작했다. B 씨를 통해서 다시금 '지식화intellectualization'가 어떻게 자기 감정과 친해지는 것을 '방어'하는지, 그리고 수많은 심리학 이론과 심리서들이 이에 일조할 수 있는지를 확인할 수 있었다.

감정 난독증이
만연한 사회

'느낀다'에서 '읽는다'로의 변화

난독증^{dyslexia}, 디스렉시아는 원래 글자나 문장을 읽는 데 어려움을 겪는 증상을 말한다. "글자가 잘 안 보인다고? 무슨 말인지 못 읽는다고? 안 읽힌다고?" 이런 경우 우리는 일차적으로 눈에 이상이 있나 먼저 생각할 것이다. 그렇지만 난독증을 겪는 이들은 시신경이나 시각 관련해 문제를 갖고 있지 않다. 시각적 문제를 동반하는 경우도 있지만, 엄밀히 말해서 이러한 문제를 교정하거나 배제해도 '읽기'가 제대로 되지 않는 경우를 순수한 의미에서의 난독증이라고 보면 된다.

감정, 기본적으로 '느낀다'라는 동사와 어울리는 이 단어에 사람들은 언젠가부터 '읽는다'라는 표현을 붙여 쓰기 시작했다. 최근에는 감정 느끼기보다 감정 읽기가 훨씬 우리들의 입과 귀에 익숙해지는 경향을 보이기까지 한다.

나는 '감정을 읽는다'는 표현을 사람들이 더 선호한다는 점이 무척 흥미로웠다. 나를 찾는 많은 환자들이 자신과 직접 관련되어 있는 주변 사람들의 감정을 '읽고' 싶어 했다. 그들은 타인의 감정을 잘 읽는 법을 고민했고 이에 대해 직접 묻기도 했다. 나는 이러한 요구, 욕구가 진짜 의미하는 바가 무엇인지 충분히 이해할 필요가 있다고 느꼈다. 도대체 왜 다들 '감정 읽기'에 혈안이 되어 있는 걸까?

그 이유와 관련하여 몇 가지 주요 실마리, 기본 사실들을 다시 확인할 수 있었는데, 다음과 같다.

1. 감정 그 자체는 눈에 보이지 않는다. → 비가시적invisible 속성
2. 눈에 보이지 않는 그(놈의) 감정 때문에 자꾸 걸려서 넘어지고 다치는 일이 발생한다. 특히 자신과 중요한 사람의 '감정'을 몰라서 문제가 발생하고, 내버려 두면 시간이 지날수록 점점 심각해진다.
3. 뚜렷이까지는 아니어도, 그 '감정'이라는 것 어렴풋한 윤곽

만이라도 알았으면 좋겠다. (그 정도로 너무 답답하다.)

4. '감정을 읽는다'는 표현에는, '눈으로 확인하여 직접 보고 싶을 정도로 확실하게' 감을 잡고 싶다는 간절한 바람이 담겨 있다.

'느낀다'는 것 자체도 너무나 추상적이고 애매모호하기 때문에, 그보다는 '확실하고 분명한' 의미가 포함되어 있는 감정을 '읽는다'는 표현이 사람들에게는 더 필요한 것이다. 그리고 그만큼 감정이라는 것이 좀처럼 '감'을 잡기 어려운 대상이라는 뜻도 담겨 있다.

내가 감정 난독증이 만연한 사회라고 단언하게 된 것도, 사람들이 '감정 읽기'라는 용어를 더 많이, 더 자주 사용하는 현상이 그 역설적 증거라고 보았기 때문이다.

그렇다면 감정 난독증이 계속되면 어떻게 되는 걸까? 비몽사몽 잠결에 남의 다리를 긁듯 남의 욕구를 내 것인 양 착각하고 그걸 해결하기 위해 애를 쓰게 된다. 재주 실컷 부리고 남 좋은 일만 시키는 곰이 되어 버리기 쉽다. 또 인생에도 확률이란 게 있고 운도 있게 마련인데, 내 마음을 정확히 모르고는 내 앞에 무엇이 지나가고 있는지, 내가 선택할 수 있는 옵션은 몇 개나 되고 어떤 것이 가능성이 높은지 제대로 짚어 내기 어렵다. 그러다 어영부영 사람을 '쓸모 위주'로만 보는 '센 사람'들에게 필요를 빌미로 얼떨결에 이용당하며 살아가게 되어 있다.

진정한 위로와 공감은
반드시 용기를 준다

심리학 책을 아무리 읽어도 그대로인 이유

심리서를 읽는 이유, 나도 모르게 서점의 심리 코너를 기웃거
리게 되는 이유는 점집을 찾는 심정과 같은 맥락에 있다고 본
다. 인생 상담, 심리서, 점집은 쥐구멍에 볕 들 날을 고대하는
마음, 마구 엉킨 실타래 뭉치를 풀고 싶은 심정, 새로운 시도
를 가로막는 불안들을 잠재우고자, 막다른 골목에서 벗어나고
싶어서, 사방이 꽉 막힌 곳을 탈출하고자 들르게 된다는 점에
서, 즉 죽기 직전 혹시나 하는 심정들이 교차하는 곳이라는 점

에서 유사하다. 재미 삼아 심심풀이로 한번 보게 된다는 면에서도 비슷하다.

다만 심리서의 경우 재미 삼아 훑어본 거라면 큰 실망이나 좌절을 겪을 일은 별로 없다. 그렇지만 '혹시 여기에는 답이 있을까?'라는 마음이 조금이라도 있는 상태에서 책을 들춰 보았다가 족집게 코칭이 빠졌다거나 뭔가 변두리만 대충 긁어 댄 느낌이라면 시간과 에너지까지 낭비한 터라 또 다른 불만이 쌓일 것이다.

"선생님, 저 진짜 심리, 철학, 심지어 종교 책도 많이 봤거든요. 근데 뾰족한 해답이 없어요. 뭐 도움 되는 책 추천해 주실 거 없어요?"

책 추천 주문은 주변 지인들이나 진료실 안에서 종종 받게 된다. 전혀 읽어 본 적이 없다면 차라리 한 권 정도 권유해 줄 때도 있다. 그렇지만 이미 많이 읽었고 그럼에도 별 효과를 못 본 경우엔 또 다른 책도 거의 의미가 없을 거란 걸 직감하게 된다.

'그래도 심리서만큼은 내게 뭔가 실마리를 제공해 줄까 했는데 시원한 답을 못 얻는 건, 왜일까?'

영화 한 편이, 한 줄의 시구가 인생을 바꿔 놓았다는 사람도 있는데 그 많은 심리서들은 왜 이리 내 심리 문제에 무능한 걸까?

여기서 우리는 '공감을 하는 주체가 누구인가?'의 문제를 생각해 봐야 한다.

영화, 시, 책, 예술 작품… 그것들 앞에 서는 것, 보고 듣고 읽는 것, 느끼는 것은 사실 당신, 자기 자신이다. 그래서 이는 대상^{object}의 문제라기보다는 근원적으로 감각하는 주체의 문제로 보는 것이 맞다고 본다. 다만 이 대상들이 나의 감각, 내면을 자극하고 노크하는 역할이나 기능을 할 수는 있다. 그로 인한 특정 감정들을 '유발'할 수 있다는 점도 인정한다. 어떤 대상이 뜻하지 않게 내 심정의 어느 포인트를 예리하게 파고들어 오는 바로 그때 내 마음속에서는 어떤 울림, 공명 현상^{resonance}이 일어날 것이다. 그래서 우리는 어느 골목을 지나가다 누군가에 의해 벽에 찍 갈겨써진 요상한 문구를 보고 어이없이 멈칫하거나, 똑 떨어진 빗방울 하나를 맞고 하염없이 울음이 터지는 당황스러운 경우를 만날 수도 있다. 비릿한 청국장 냄새에 갑자기 울컥할 수도 있고, 버스를 타고 가다가 라디오에서 들려오는 진행자의 진부한 멘트에 마음 한구석이 찔릴 수도 있는 것이다.

자, 다시 심리서 '문제'로 돌아오자. 심리서의 경우 읽는 사람 입장에서는 대놓고 어떤 '해답' 같은 것을 바라고 그 문을 열어젖히는 경우가 많을 것이다. 대개 목적이 있어서 본다. 이 말은 독자 자신이 무의식상에서 어느 정도 답을 정해 놓고 읽게 마련이라는 것이다. 의식적으로는 다양한 고견을 들을 준비가 되어 있다고 해도 말이다. 사실상 완전한 '열린 마음'은 불가능하다. 우리들 거의 모두에게는 각자의 고집과 완고한 면이 있기 때문이다. (나는 10대 이전의 '스펀지 같은' 흡수력을 가진 말랑말랑한 어린아이들을 제외하면 거의 그러하다고 생각한다.)

내가 무의식적으로 기대했던 답에서 비껴 나간 구절들을 접하게 되면 일단 일차적 실망감이 온다. (어찌 보면 이는 당연한 반응이다.) 여기서 더 누적되면 짜증 또는 지루함의 단계가 찾아온다. 중도에 그만 덮어 버릴 수도 있다. (책의 퀄리티 문제는 별도로 다루어야 한다. 저질의 콘텐츠까지 변호하기 위해 하는 이야기가 절대 아니다.)

우리는 우리의 비공감적 반응—예를 들어 짜증스러움, 지루함, 반발심 등—에 조금 더 깊이 있는 시각으로 주목할 필요가 있다. 내 자신의 책에 대한 반응을 통해, 어떤 책을 만나든(양질이든, 저질이든) 최소한 다음과 같은 확실한 결론 하나쯤은 도출해 낼 수 있다.

"아! 내 생각, 내 마음속 기대랑은 (이 책은) 안 맞는구나!", "나와 결이 다르네!"

심리학에 의존하는 심리

심리학, 심리서를 계속해서 찾는 심리는 결국 "내게 필요한 그 것, 바로 그 말을 해 주세요!"로 요약해 볼 수 있다. 문제는 내 게 필요한 바로 그것을 당사자인 내가 아직 구체화하지 못했 다는 점이다. 그래서 그 부분을 만날 때까지 여러 책을 전전하 면서 뒤적뒤적하는 수밖에 없다. 그러다가 '공명(반향)'의 지점 에 이르게 되면 '아하!' 반응을 하게 되면서 내게 꼭 맞는 책을 비로소 찾았다는 기쁨을 누릴 수 있다.

핵심을 피하는 위로는 오히려 방해가 된다

내가 원하는 것을 구체적으로 정리하지도 못한 상태에서 심리학 책을 만나게 되면, 여러 가지 현란한 설명들을 마주하 는 데서 오는 어느 정도의 혼란을 피할 수 없다. 하나같이 훌 륭한 이론을 바탕으로 기가 막힌 해설을 곁들이고 있기 때문 에 '그럴듯함', '혹하는 느낌'들이 무수히 교차하게 된다. 그렇 지만 내 문제의 핵심, 내 필요와 맞지 않는 수많은 문구들은 지적 현기증만 일으키고 원래 복잡했던 마음속을 더욱 너저 분하게 헤집어 놓을 수 있다. 안타깝지만 정말 안 읽느니만 못 한 경우다.

좋은 책은 있다

나의 니즈^{needs}를 관통하는 책을 만나는 게 현실적으로 불가능한가?

그렇지 않다고 본다. "그게 꼭 심리서인가요?"라고 한 번 더 묻는다면 심리서를 쓰고 있는데도 불구하고 솔직히 "꼭 그렇지는 않아요."라고 말해야겠다. 무슨 말이냐면, 당신은 소설과 시, 기타 다른 장르의 서적을 통해서도 위로와 공감을 받는 게 얼마든지 가능하기 때문이다. 당신이 무언가를 접한 후 마음속 울림과 함께 삶의 희망을, 꺾어졌다가 다시 용기를 가지게 되었다면 그것, 그 책, 그 작품은 당신이 만나고 싶었던, 당신의 마음에 필요한 그 무언가를 제공했다고 확신해도 좋다. 엄밀히 말해 책 자체만의 공은 아니며, 당신 마음의 무의식적으로 살짝 벌어져 있던 부분으로 뜻하지 않게 한 줄기 빛이 들어온 행운의 찬스라고 보면 된다.

그래도 전 심리서를 읽고 싶은데요

이 경우는 확실히 직관적 경험보다 이성적이고 합리적인, 논리적 경험을 조금 더 추구하는 상태이다. 뭔가 체계적으로 정돈하고 싶고 정리하고 싶은 욕구가 반영된 것이다. 앞서 말한 공명이니 공감적 반응이니 하는 것은 다소 뜬구름 잡는 느낌이고, 지금의 나는 무언가 믿을 만하고 권위 있는 이론과 어느 정도의 '과학적 근거'를 바탕으로 한 조언 내지 '단단한' 지침이 필요하다는 신호이다. 이 또한 현재 당신이 필요로 하는 부분이니, 말 그대로 '믿을 만한' 심리학 이론을 배경으로 한 '읽을 만한' 심리서들이 도움이 될 수 있다.

자기 감정을 무시하면
아무리 성공해도 공허하다

공허한 CEO의 회복기

중견 기업의 CEO였던 우진 씨는 은퇴 후 갑자기 심해진 불면증과 무력감을 호소하며 약물 치료를 원해 진료실을 찾아왔다. 다행히 소량의 항우울제만으로도 증상이 한결 나아졌지만, 그에게 가장 도움을 준 것은 자신의 감정을 돌아보는 시간이었다. 그는 평생 자신의 내적 만족이 아닌, 부모님의 기쁨과 즐거움을 위해 인생의 모든 선택을 해 왔다는 것을 깨닫게 되었다. 그의 인생은 소위 만점짜리였다. 준수한 외모에 학교 성적도 우수했고, 직업적 능력에다 행복하고 안정된 가정생활까지 나무랄 데가 없었다. 당연히 그의 부모님은 '성공한 자녀' 우진 씨로 인해 충분히 자랑스러워했고 만족하신 채로 돌아가셨지만 정작 그 자신은 '공허함'에 빠지게 된 것이다. 부모님을 기쁘게 한 것 자체는 아무 문제가 없었다. 문제는 결혼도 직장도, 가정생활에서도 자기 자신만 쏙 빠져 있었다는 것이다. 마치 멋진 무대에서 주인공이 열정적이고 훌륭한 공연을 마치고 나서 막이 내리고 모두가 일어나 박수갈채를 보내고 있을 때, 커튼 뒤에서 혼자 기운이 다 빠져 아무 감흥도 못 느낀 채 주저앉은 꼴이었다. 진정한 기쁨의 맛을 못 느끼게 된 것이 그의 병인 셈이다.

자신의 만족감과 기쁨만 빼고 다 가졌지만 그것이 인생 말미에 큰 공허를 낳았다는 사실을 통해 사람에게 진정 중요한 것은 외부에 있지 않다는 것, 내적 만족의 비중이 얼마나 큰지를 절감할 수 있었다.

이 사실을 깨닫고 우진 씨는 학창 시절부터 '유일하게' 좋아했던 사진 찍기를 다시 시작하기로 마음먹고 동호회에도 가입했다. 그의 삶에 생기가 돌기 시작했고, 1년 뒤 작은 규모이지만 회원들과 함께 그룹 전시를 할 목표를 세울 정도로 의욕을 회복하였다.

자신의 마음이 원하는 활동을 하자 묻혀 있던 기억들도 떠

오르기 시작했다. 어릴 때부터 영화를 좋아하고 영화감독이
되고 싶어 했던 걸 다시 기억해 냈다. 오랜 시간 바쁘다는 이
유로, 나이가 들었다는 이유로 좋아하는 것을 놓고 살았더니
말 그대로 '재미없는 삶'이 되었던 것이다.

모지스 할머니 이야기

이 세상에는 '나이에 상관없이' 자신의 재미를 좇아 용감한 도
전을 하는 용기 있는 사람들이 생각보다 많이 있다. 그중 많은
이들에게 영감을 준 미국의 '국민 할머니' 모지스^{Anna Mary Robertson}
^{Moses} 여사(1860~1961)를 소개하고 싶다. 그녀가 75세 나이에
꿈을 향한 도전을 할 수 있도록 이끈 원동력이 무엇일까 궁금
했었다. 도전이라는 말도 뒤에 붙여진 말에 가깝다. 그녀의 이
야기를 자세히 살펴보면 아등바등 자신을 위해 뭘 해야겠다고
힘을 쓴 적이 없어 보이기 때문이다. 그저 그녀는 평범한 삶
을 살아가던 중에 '그리고 싶은 기억'들을 하나씩 꺼내어 그리
다가 '어느새' 유명해졌던 것이다. 그렇다면 화가와는 거리가
먼, 농부의 아내로 살아오던 할머니가 어쩌다 그림을 그리게
되었을까?
　나는 그녀가 남긴 말 중 "지금이 가장 젊은 때"라는 문구를

모지스 할머니의 모습

보고 '아, 이거구나!' 싶었다. 바로 현재를 감각할 줄 아는 시
간 감각과, 시간의 유한성을 수용하는 데서 비롯된 실천력-이
것이 언제고 꿈을 이루게 하는 원동력이다.

> 결국 삶이란 우리 스스로 만드는 것입니다. 언제나 그래 왔고
> 또 언제까지나 그럴 겁니다.
>
> -애나 메리 모지스

평범하게 살다가 꿈을 이룬 표본과 같은, 이러한 삶이 실제
있다는 것만으로도 위로와 희망을 얻게 되는 것 같다. '나이가
좀 들면 하지 뭐. 지금 이 시기만 지나면…' 하다가 막상 그때
에 내가 있을지 없을지는 아무도 모를 일이다. 미래에 대한 공

포나 불안을 자극하려는 것이 아니다. 우리는 현재만이 내가 잡을 수 있는 시간이라는 것을 알아야 한다. '카르페 디엠^{carpe} ^{diem}, 오늘을 붙잡다'란 말은 우리를 겁나는 쾌락으로 몰고 가서 빠트리는 것이 아니라, 현재의 시간을 온전히 나의 것으로 만들도록 도와준다. 진짜 쾌락^{快樂}, 즐거움을 고민하도록 하는 말이다. 살다 보면 기쁜 일, 슬픈 일, 좋은 일, 나쁜 일들이 교차하지만, 오늘 나의 진정한 즐거움과 만족에 대해 관심을 기울이는 것은 나의 몫이고 내 책임이다. 내 마음의 즐거움을 타인에게 내어 주지 말자.

추천하고 싶은 책:《인생에서 너무 늦은 때란 없습니다》. 모지스 할머니의 자전 에세이 한글판 제목인데, 이 문구가 주는 파장이 생각보다 강렬하다.

공감 능력 결여에 관하여

요새는 '공감 능력'이라는 말이 사회생활의 필수품이자 기본 인성의 중요한 척도가 된 것 같다. 그렇지만 공감이라는 말이 많이 쓰이면 쓰일수록 '도대체 진정한 공감이란 무엇인가?'라는 질문을 하지 않을 수 없을 정도로 점점 모호하고 애매한 단어가 되어 가는 게 아닌가 싶다. 공감이란 이 따뜻한 단어가 인간관계에서 매우 예리하면서도 저격률(?) 높은 공격 무기로 사용될 수도 있다는 것은 그만큼 우리 모두 공감에 취약하다는 뜻이기도 하다.

"너, 공감 능력 제로구나!"

심심치 않게 쓰이는 문구이다. 어떤 대상을 향해 "너, 공감 능력 제로구나!" 하는 순간 우리는 상대에 대한 비난과 자신에 대한 방어를 동시에 할 수 있다. '너는 공감 능력 제로'라는 말은 나를 이해하지 못한 '너'에 대한 굉장히 자극적인 질책의 말이자, 내가 느끼는 감정이 얼마나 정당한지와 상식적인 사람들 대다수가 분명히 나를 지지할 것이라는 의미까지 동시에 암시하게 된다. 그러면 눈에 보이지 않는 다수의 지지자들을 개인의 싸움에 일시에 투입시키는 효과도 얻을 수 있다. 이보다 더 강력한 방어와 공격이 있을까?

"쟤, 공감 능력 제로야."라는 말은, 그 사람을 미처 경험하지 못한 사람들에게도 알게 모르게 경계심을 불러일으키는 이상한 힘이 있다. 집단 내 갈등과 소외 상황에서 '공감성에 대한 평가와 비난'은 꽤 자주 등장한다.

대부분의 평범한 사람들 가운데 자신의 공감 능력을 평소에 깊이 생각하고 가늠해 보며 사는 사람이 몇이나 될까? 더군다나 정확하게 자로 재는 것처럼 공감 상태를 객관적으로 측정할 도구 같은 것을 집에 두고 살지도 않는다. 그럼에도 통계나 숫자가 가진 힘 때문에 '공감 능력 제로'라고 타인의 선언이 떨어지는 순간 정말이지 대개는 자극을 받게 되어 있다. 정말 특수한 경우가 아니라면, 전문가를 통한 평가가 아니라면, 타인의 공감 능력을 왈가왈부하는 것은 사실 매우 조심스럽고 때론 위험한 일이다.

그렇다면 우리는 다른 사람들의 공감 능력을 가늠하는 것을 금지해야 하는 걸까? 모순이라 느낄지 모르겠지만, 당신에게 중요한 위치에 있는 사람들의 공감 능력을 계속해서 평가해 볼 것을 주문하려 한다. 단, 평가는 하되 입 밖으로 내뱉는 것은 신중을 기해야 한다는 점만 꼭 기억하고 말이다. "저 사람 완전 공감 능력 꽝인 거 아냐?"라는 말이 나도 모르게 튀어나올 때는 제일 먼저 당신의 감정 그 자체에 집중하도록 하자. 누굴 만나든지 간에 '벽창호'인지 '스펀지'인지, '핑퐁'이 되는지, '벽 치고 땡'인지, 당신의 느낌을 결코 버려선 안 된다.

어느 순간 "공감 능력 제로를 만났다."라는 선언을 하기까지 나의 감정은 어떤 길을 거쳐 온 걸까?

아주 초기에는 약간의 황당함과 당황스러움으로 시작한다. 상대와 접점이 있을 때마다 그 빈도가 늘어나게 된다. 서서히 다른 유형의 감정들이 더불어 나타나기도 하는데, 주로 답답함과 실망스러운 감정 같은 것들이다. 조금 더 나아가면 좌절감이나 화, 억울함이 뒤따라올 수 있는데, 이 정도까지 왔는데도 자기 감정을 덮거나 숨기려 하다 보면 '빡치는 경험'을 하기 십상이다. 자신의 내적 목소리를 듣는 것은 '좋게 좋게' 가려고 하다가 빠질 수 있는 함정을 피하는 방법이다. 벽에다 대고 얘기하는 느낌이 들 때는 계속 화를 내면서 설득하려 애쓰는 헛수고를 일단 멈춰야 한다.

제2부

엄마 배 속에서부터 평생 함께하는 파트너

나는 느낀다, 고로 존재한다

생각하는 능력보다 느낄 수 있는 능력이 먼저다

생각이냐 느낌이냐. 이중 어느 것이 인간에게 더 중요한가에 대한 논쟁은 언제나 뜨겁다. "둘 다 중요합니다." 이 점잖은 멘트가 교과서적 모범 답안이지만, 솔직히 둘 간의 완벽한 균형은 존재하지 않는 것 같다. "생각한다, 고로 존재한다." 데카르트 식이 지배적인 때가 있는가 하면, 거의 카운터파트라 할 수 있는 스피노자의 지극히 '느낌 중심'의 사상이 주류가 된 시대가 있었다. 내가 보기에 개인의 삶에서도 삶의 주기에 따라 행동의 결정을 좌우하는 '주류'는 바뀔 수 있다.

지극히 이성 중심이라고 자부했던 나도 환자를 치료하고 또 내 자신을 분석하게 되면서 감정 중심으로 옮겨 간 것이 사실이다. 정신분석에서는 처음부터 끝까지 한 사람이 살면서 느껴 온 수많은 감정들을 분석하고 해석한다.

이러한 과정을 거친 뒤 비로소 진정으로^{genuinely} 자기 느낌, 자기 감정들을 만나게 된다. 이러한 경험은 놀랍게도 자신의 '존재감'을 새롭게 인식하는 차원으로 이어지곤 했다. 얻은 결론. 느낌은 존재의 본질 한가운데에 있었다.

I feel, therefore I am.

환자들이 자신의 진짜 감정을 만나고 난 후 어떻게 그들의 '생생함'을 되찾을 수 있게 되었는지 함께 지켜볼 수 있었다는 것은 굉장한 행운이다. 그들은 좋은 감정이 아닌 매우 아프고 고통스러운 감정을 만났지만, 역설적으로 그 경험이 그들에게 '행복'한 느낌을 경험할 수 있는 길을 열어 주었다. 이제 그들은 자신의 좋지 않은 감정^{bad feeling}을 만나도 괜찮았다. 오히려 진정한 아픔과 슬픔을 느끼게 되었을 때 한 존재로 거듭날 수 있었다.

현대 신경과학계의 거장이라 할 수 있는 안토니오 다마지

오^{Antonio Damasio}의 말을 빌리자면, 인류는 느낌과 함께 시작한다. 사람의 생각하는 능력은 굉장히 독보적인 능력인데 '느낄 수 있는 능력'은 이보다 한 차원 앞선다고 할 수 있다. 시대나 개인이나 '불안'이라는 주제를 빼고 현재 벌어지고 있는 여러 현상들을 설명하기 어려워졌다. 불안을 잠재우는 기술들에 대해 TMI(too much information)가 쏟아지는 상황에서 결코 놓쳐서는 안 되는 불안이 있다. 자기 감정을 정확히 모르는 데서 오는 불안이다. 내 감정을 모르고서는 변화무쌍한 시대적 흐름에서 결코 살아남을 수 없기 때문이다.

1. 내 감정은 나만이 정확히 알 수 있다.
2. 나보다 나의 감정을 더 잘 해석할 수 있는 사람은 없다.
3. 내 감정은 본능적으로, 본질적으로 '내 편'이다.

엄마 배 속에서부터
나는 느끼기 시작한다

인생의 결산표에서 마이너스를 받지 않기 위해

태아의 감각 중 가장 빨리 발달하는 감각은 무엇일까? 촉
각touch이다. 촉각은 쉽게 말해 사람을 감싸는 표면, 피부 전반
에서 느끼는 감각이다. 그리고 보면 임신한 여성이 자신의 배
를 어루만지는 행위는 굉장히 본능적이고 직감적인 것이다! 가
볍게 배를 쓰다듬는 엄마의 손짓은 거기서 파생되는 진동을 통
해, 또 미세한 소리 자극으로 태아의 감각과 서로 만날 것이다.

이미 '합체'되어 있다는 이유로, 배 속의 아이에게 엄마는

수많은 이야기를 들려주게 되어 있다.

"쉿! 애가 듣겠어."

태아가 듣고 있다는 말에 이의를 제기하는 사람을 여태 본 적이 없다.

"좋은 것 먹고, 좋은 생각 많이 해."

임신한 여성이 주변 사람들로부터 가장 많이 들을 법한 말이다. 아이와 엄마가 연결되어 있고 상호작용 한다는 것은 확실히 보편적으로 수용되고 있는 전제이다. 그런데 나는 이와 관련하여 완전히 모순된 상황을 겪은 적이 있다. 엄마 배 속에 있을 때는 모든 것을 알고 세상의 아주 미미한 소리까지 들을 만한 존재로 여겼는데, 막상 태어나니 돌쟁이 아이를 두고 한 어르신이 "애가 뭘 알겠어? 이맘때는 아무것도 몰라. 애 자니까 괜찮아." 그러는 거였다. 어른들 사이에서 아이를 두고 쉽게 오가는 이런 말들을 들으며 이렇게 '존재의 급하강'이 있을 수 있나 하고 놀랐었다.

조심조심은 어디론가 사라지고, 아이에게 자꾸 짜증을 내고 화를 내게 되어 괴롭다며 자문을 구하는 엄마들을 마주하면서 어디서부터 이 문제를 풀어 나갈지 고민했다. 차라리 태아 때가 왕이었다. 어느새 세 살만 되어도 '천덕꾸러기' 취급받을 위험률이 급상승한다.

다시 돌아가야 할 출발점은 이곳이다. '사람은 태어나기 전 엄마 배 속에서부터 느끼기 시작한다'는 진실을 다시 일깨우는 것이다. 어린아이는 세상의 모든 것을 느낀다. 뭘 잘 모를 수는 있어도 좋고 싫음, 편한 것과 불편한 것, 부드러움과 아픈 것, 기분 좋은 것과 괴로운 것, 동글동글한 것과 뾰족한 것, 따뜻함과 차가움, 다 느낄 수 있다. (뭐가 좋은지 뭐가 나쁜지는) 다 안다.

느낌은 '자극'에서 비롯된다. 통로는 공통적으로 사람의 오감$^{\text{five senses}}$이다. 그러니 아이 오감이 발달할수록 더 많이, 더 잘 느끼게 된다. 스스로 예민하다고 느낀다면 오감이 다른 사람들보다 좀 더 발달했을 가능성도 매우 높다. 오감의 (민)감도는 사람마다 다르다. 사람의 감각은 후천적으로 훈련시킬 수 있고 발달시킬 수도 있는데, 그 '상한 수준'이 어디까지인지는 솔직히 그 본인과 신만이 알 수 있다. (모두가 '소머즈'가 될 순 없다.) 말하자면 제아무리 운동을 해도 월드 클래스 운동선수의 선천적인 '근육 퀼리티'를 따라잡기란 대단히 어렵다.

오감의 결^{texture}은 곧 감정의 결의 차이를 일으킨다고 본다. 태생적으로 섬세할 수도 있고 터프할 수도 있다. 전반적으로, 혹은 어느 특정 감각에 대해 그 결의 촘촘함 역시 사람마다 다르다.

결이 촘촘하게 태어난 사람은 유아기 때 어려움이 좀 많을 수밖에 없다. 이들이 그와 유사한 결을 가지면서도 섬세한 돌

제2부 ──────

봄 파트너를 만나지 못하면 혼자서 많은 자극들에 압도되거나 허덕일 수 있다. 다행히 신체적 돌봄을 적절히 받고 자란다면 어찌 되었건 '감수성'을 보유한 채로 생존하는 데는 성공한다. 하지만 어른이 되어서 뒷수습해야 할 것들은 여전히 남게 된다. 이를테면 여러 가지 증상과 성격에서 '문제적 특성'의 형태로 '자국'이 남게 된다. 어린 시절 '유난히 예민했던' 이들이 커서도 자기 감정과 정신 상태를 돌보는 일을 보다 더 적극적으로 해야만 하는 이유는, 대개 생존 이후에도 잔존하게 된 '증상'들과 또 한 번 싸워야 하기 때문이다.

내가 만난 정신적 고통을 겪는 이들은 기본적으로 '섬세한' 사람들이었다. 특히 정서와 감정상의 곤란함의 비중이 클수록 '섬세한 특성'이 점점 도드라지게 나타나곤 했다.

어린아이는 자신의 부정적인 감정들을 스스로 소화할 수 없다. (사실 긍정적 감정도 마찬가지다. 일상에서 문제가 덜 될 뿐.) 이렇게 내적으로 감당할 수 없는 감정들은 곧이어 행동화$^{acting\ out}$되곤 한다. 물론 모든 감정들이 행동으로 표출되어 세상 밖에 그 모습을 드러내는 것은 아니다. 그렇다면 행동화되지 않은 나머지 감정들의 최후는 어떻게 되는 걸까? 결국 그 사람의 내면에 갇혀서 어떤 식으로든 곪거나, 시간이 지날수록 효모를 넣은 밀가루 반죽이 발효되듯 부풀어 오르다가 '언젠가'(주로 삶의 트리거^{trigger}를 만났을 때) 느닷없이, 매우 이해하기 어려운 모습으로 표출되기 마련이다. 차라리 행동화의 형태를 띠면 '감정상의 문제가 있구나' 하는 것을 부모나 그 주변인들이 금방 감지할 수 있다.

모든 아이들은 1차적으로 '행동화'를 통해 감정을 표현한다. 특히 언어가 발달하기 전까지는 말이다. 울음! 그게 대표적이다. 발달학적으로 언어가 있기 이전의 아기의 울음과 같은 행동화는 자연스러운 현상이다. 어떤 식으로든 행동으로 표현되지 않는다면 오히려 아기의 신체적, 정신적 발달상의 이상 신호(주의 신호)로 간주할 수 있다.

여섯 살밖에 되지 않았는데 너무 말을 잘 듣고 '틀'이 잘 잡혀 있고 흠잡을 데 없다면 좋아할 게 아니라 좀 걱정을 해야 한다. 아이가 벌써 자기 감정을 내면에 가두어 들이는 작업을 시작했다는 것이니까.

엄마 배 속에서부터 시작된 '느낌 경험'은 태어나서 타인, 특히 엄마와의 상호작용을 통해 '감정 경험'으로 자라 나간다. 그리고 타인의 범위는 살아가면서 점점 넓어지고, 그만큼 감정 경험 역시 다양화되고 복잡해지는 과정을 거친다. 이는 죽을 때, 한 생을 마감할 때까지 지속되며, 마지막엔 아마도 그간 살아온 감정 경험들의 '총합total sum'으로 농축될 것이다. 노년에 접어들었다는 '사인' 중 하나가 자꾸 지난 세월을 되돌아보는 것이다. 자신도 모르게 굉장히 무의식적으로 감정 경험들을 '결산strike a balance'해 보는 것이다. 사람은 결정적인 순간에 '셈'하는 습성이 올라오게 되어 있는 것 같다. 평소 계산을 잘 안 하던 이도 갑자기 이것저것 인/아웃을 챙겨 보게 된다면 소위 심경의 변화가 생겼을 가능성이 높다. 특히 죽음을 감지한 사람은 인생 셈을 하곤 하는데, 결산표에서 마이너스가 나오면 '후회'라는 것을 경험하게 된다.

유아기의
독점욕 관찰하기

그냥 내 옆에 가만히 있어!

어느 주말 잔뜩 화가 난 아이가 울먹거리며 갑자기 내게 소리 쳤다. "엄마는 이제 말도 하지 말고 움직이지도 말고 그냥 '옛 날 기차(증기가 나오는)'처럼 가만히 있어!" (참고로, 아이가 가장 좋아하는 것 중 하나가 기차다.)

무슨 상황인지 처음에는 전혀 몰랐지만 서서히 파악되기 시 작했다. 아이와 놀던 중 다른 가족들과도 자연스레 대화하며 별생각 없이 아이 말에 대꾸도 했다가 핸드폰으로 검색도 했다가, '멀티플레이'를 하는 중이었다.

아이가 엄마와 할 놀이를 설명하면서 "엄마!" 하고 몇 번이나 불렀는데 제대로 반응을 안 했다는 것이다. 나는 자동적으로 "방금 대답했는데!" 방어했지만, 대번에 '건성 반응'이었다는 판정을 피해 갈 수는 없었다. 그런 나를 향해 아이는 더 참지 못하고 강한 불만을 토하였다. 얼마나 억울했던지 갑작스레 울음도 터져 나왔다. 다행히 아이가 '뭣 때문에 이리도 성이 났는지' 금방 알아차려서 대충 수습이 가능했다.

자기에게 왜 집중하지 않고 자꾸 딴짓하냐는 게 포인트였다. 의도한 것은 아니나 내 잘못이 분명했다. 놀자고 하곤 아이와의 놀이에 온전히 집중하지 않았으니까. 엄마와 조금이라도 더 놀고 싶어 하는 아이에겐 아무 잘못이 없다!

아이와 있을 땐 최대한 집중하려고 노력하지만 일상에선 그게 잘 되지 않는다. 더군다나 둘째 아이도 있기 때문에 저마다의 욕구를 충분히 만족시키는 것은 매 순간 도전이다. 미안하다는 말을 하게 되지만 이마저도 통하지 않을 때가 있게 마련이다.

"미안하다는 말도 소용없어! 그냥 옛날 기차가 돼 버리라구! 용서하지 않을 테야!"

자, 이런 상황까지 오면 어떻게 해야 할까? 그저 형편 닿는 대로 하는 수밖엔 없다.

시간과 여유가 허락하면 그냥 같이 있어 주면서 이리저리 얼러 주고 달래 준다. 되도 않게 웃겨도 보고 그러다 다행히 아이 편에서 '빵' 터지는 부분을 터치하면 국면이 전환될 수 있다. 이도 저도 아닐 땐 저 스스로 "이젠 됐어. 마음 풀렸어. 헤헤." 할 때까지 기다리는 수밖에. 그러고 또다시 화해하고 노는 거다. 그러면 아이는 어느새 "엄마 사랑해. 엄마가 제일 좋아." 그런다.

"어차피 독점할 수 없다면 아무것도 하지 말고 그냥 옆에 가만히 있어!"

어디서 많이 듣던 대사 같기도 하다. 드라마나 영화에서 아무리 구애해도 자신을 받아들이지 않는 이를 향해 '날 사랑하지 않아도 좋으니 그냥 옆에만 있어 달라'는 애절함의 대사. 실제로 소유욕과 독점욕이 지나치다 못해 자기가 원하는 대상을 박제와 같은 화석으로 만들어 버리는 스릴러나 판타지물도 있다. 묘사되는 형태나 강도는 다르지만 이들 모두 '유아기 독점욕'에 그 기원을 두고 있는 것이다.

모든 인간에게는 독점 욕구가 존재한다. 어린 시절 그 독점욕이 포장되지 않은 채 표출되었던 경험을 가진 사람들이 더러 있을 것이다. 그럼에도 불구하고 성인이 되면 마음속 독점욕의 존재는 쉽게 부정되고 숨겨지곤 한다.

'독점욕'만큼 가장 인간적이면서도 취약한 부분이 없는 것 같다. 왜냐하면 결국 크나큰 상처의 대부분은 만족되지 않은 '독점욕'에 뿌리를 두고 있기 때문이다.

스스로 '내 안에 독점 욕구란 게 있구나, 있었구나!' 하고 제대로 깨닫고 인정하는 것, 그리고 독점하고 싶은 욕구가 있으나 그것을 현실에서 다 채울 수 없다는 사실을 알기까지 시간이 걸릴 수 있다. 안다 하더라도 받아들이는 것은 또 별개의 문제이다. 무엇보다 '이제는 뭔가를 굳이 독점할 필요가 없는 상태가 되었다'는 사실을 깨치기까지 이 모든 여정은 단숨에 이뤄질 수 없다. 그렇지만 '독점욕 이해의 관문'을 넘어가면 스스로 한결 편안해지고 다른 사람에 대해 자유로워지는 것을 느낄 것이다.

> 진실: 독점욕은 유아기 소망의 잔재이지 현실에서 직접 충족시켜 줘야 하는 욕구가 아니다.
> 어른에게 생존을 위한 독점은 더 이상 필요치 않다.

모성이란 무엇일까?

우리에게는 엄마가 아니라 모성이 필요하다

모성에 대한 정의와 설명은 굉장히 많다. 내게 모성을 정의해 보라고 한다면, 진정한 모성은 나를 알아주고 이해해 주는 것이라고 하고 싶다.

모성에 대한 갈망은 전 우주적이다. 죽을 때까지 모성을 느끼지 못하면 공허한 채로 생을 마감한다. 나를 알아주는 엄마를 운 좋게 만나지 않으면 평생 외로움에 젖어 길거리를 헤매다가 쓸쓸히 죽는 게 당연하다고 생각한 적이 있다.

"우리 엄마는 절 몰라도 너무 몰라요!"

죽고 싶다며 빈번하게 자해하고 심지어 자살까지 시도한 어느 10대에게서 들은 절규다.

일반적으로 주변에 있는 사람들이 할 수 있는 것은, "네 엄마 말고도 세상에는 널 이해해 줄 사람이 분명 있을 거야."라는 모호한 희망을 주는 것이다. 그런 사람 찾는 걸 포기하지 말라는 조언을 할 수도 있고, 진심으로 "내가 바로 너에게 그런 사람이 되어 줄게!" 덜컥 약속을 할 수도 있다.

그렇지만 중요한 진실은 '엄마를 간절히 원하는 마음'이란 대체 불가라는 점이다. 아무리 많은 사람들이 둘러싸고 추앙한다고 해도, 엄마를 갈망하는 마음 자체를 해결하지 않고는 그 사람의 중심부에 맴돌고 있는 고독과 외로움의 정서는 결코 없어지지 않는다.

지금의 그 외로움과 갈망, 허함을 풀 수 있는 열쇠는 오로지 '진정한 자기 이해' 그것뿐이다.

내 자신이 곧 나의 엄마가 될 수 있다는 뜻일까? 안타깝지만, 시적인 표현이라면 몰라도 실제로는 불가능하다. 우리는 이제 '엄마'가 아닌 '모성'에 집중해야 한다. 더 이상 아기나 어린이가 아니니까 말이다.

치료 작업을 요약하면 모성을 내재화하는 과정이라 할 수 있다. 내 엄마는 나를 몰라주고 진정으로 이해하지 못했지만, 내 자신이 마음속 깊숙한 곳을 들여다보고 그 심정을 알아주게 되면 '모성'을 내면에 장착하고 평생을 살아가는 길이 열리게 된다.

이 놀라운 비밀은 치료 작업을 끝낸 이들의 표정을 통해 알 수 있었다.

독립한다는 것은 내가 나를 직접 돌보는 것^{self-care}이 된다는 뜻이다. 돌봄에서 핵심은 물리적인 케어에 있지 않다. 물리적인 도움은 발전하는 기술과 다른 훌륭한 도구들로 얼마든지 대체할 수 있다. 진짜 모성적 돌봄은 온전히 자기 마음을 이해하고 알아주는 것이고 내 감정을 '무조건' 존중하고 수용한다는 뜻이다. 다른 말로, 내 감정은 누가 뭐라 해도 "내 꺼야!"라고 똑바로 선언하는 것이다.

사실 어른이 되어 버린 사람에게 엄마는 더 이상 필요하지 않다. 오히려 노년기에 접어든 부모가 좀 더 젊은 나를 필요로 하면 몰라도. 어른이 되어도 여전히 필요한 것은 엄밀하게 말해 엄마가 아니라 '모성'-엄마의 성질이다.

모성, 주어지는 것이 아닌 키우는 것

모성에 관한 대표적인 미신이 자기 아이를 갖거나 낳는 순간 절로 생긴다는 것이다. 결코 저절로 생기지 않는다. 만일 그렇다면 이 세상에는 학대받는 아이도, 아이를 키우면서 숱하게 좌절하고 실망하는 엄마 아빠도 존재하지 않을 것이다. 모성은 모든 인간이 '키워 가야' 할 성품이다. '대지의 어머니' 수준까진 아니더라도, 우리가 죽을 때까지 자기 자신을 이해하고 알아 가는 연습을 통해 '포용과 이해의 품'을 넓혀 가야 한다. 그 품의 크기가 곧 당신이 좋아하고 원하는 것에 도전해 볼 수 있는 실질적 공간이 될 것이다. 품이 좁으면 어쩔 수 없이 나의 성향과 맞지 않는 일들을 할 수밖에 없고, 마치 식도가 좁아지듯 '고구마 100개 먹은 기분'에 시달리며 살게 된다.

실체적 대상, 엄마의 존재 이유

어른과 달리 아이에겐 엄마라는 현실적인 존재 자체가 필요하다. 단순히 아이를 돌보고 젖을 주는 존재, 그 이상의 의미가 있다. 바로 아이가 타인과 구별된 존재로서 자기 자신을 경험하는 데 엄마라는 '첫 번째 사람'이 필요하다.

아이는 엄마를 통해서 자신이 사람이라는 '같은 종種'이지만 전혀 '다른 개체個體'라는 사실을 인식할 수 있다. 자기가 타고난 여러 특성들을 엄마라는 '운동장'에서 맘껏 표출하고 또 그에 상응하는 생생한live 반응을 얻으면서 자기만의 특성을 발달시켜 나간다. 이렇게 자라는 동안 엄마의 '인간 존중'의 깊이와 수준은 가장 큰 변수로 작동할 것이다.

아이는 기본적으로 자신이 엄마랑 닮았다는 것에 신기해하고 감탄한다. 송아지가 엄마 소를 닮듯이 '아! 나도 엄마 닮았구나'라는 동질감을 획득하는 것은 굉장히 중요하다. 한 존재로서 엄마와 '같음'과 '닮음'을 경험하면 아이 마음에 '안정감'이라는 것이 넓게 자리할 수 있다. 그런데 이 시기는 아주 오래가지 않는다. 겨우 세 살 언저리만 가도 엄마-아이 관계에 긴장감이 감돌고, 숱한 예측 불허의, 때론 드라마틱한 상황들이 벌어지게 된다. 엄마는 당혹스럽다. 순하고 사랑스러운 내 아이는 어디로 가고 도대체 무엇이 문제일까 자책을 하기 쉽다. 실상은 아이가 자신의 '다름'을 드러내고 주장하기 시작한 것이다. 두툼한 흙을 비집고 여린 싹이 트는 과정에서 겪게 되는 좌충우돌일 뿐이다. 엄마의 존재감이 본격적으로 부각되는 것도 바로 이때부터라고 볼 수 있다. 엄마를 향해 드라마 주인공(아이)의 메인 파트너로 등판하라는 집요한 요구가 이어진다.

도대체 아이는 엄마를 바로 옆에 세워 두고 뭘 하려는 걸까?

아이는 누가 가르쳐 주지 않았지만 그저 본능을 따라서 "난 엄마와 달라!" 하며 자기의 고유성을 제대로 확립하고 당당히 인정받는 과정을 스스로 밟아 나가기 시작한다. 만일 이 시기에 등장하는 수많은 "싫어No!"와 "안 해! 난 이렇게 할 거야!"를 두고 옥신각신하는 수준을 넘어 강력한 위협과 억압으로 뭉개 버리게 될 경우 아이로서는 온전한 정신 상태를 유지하기 어려워진다.

왜냐하면 자기 이해라는 '모성'의 특질을 자기 것으로 만들기에는 너무 시간이 짧았고, 아이는 아직 여린 상태이지만 계속해서 넘어야 할 과제들은 여전히 많기 때문이다.

아이의 다름이 위협받는 상황에서 벌어지는 일

이제부터는 '다름'이나 '자기 고유성'을 키워 나가는 데 정신을 모으기는 어려워진다. 당장 '주변 환경'에 적응하는 것이 시급하다. 특히 엄마라는 강력한 존재에게 적응하고 그 안에서 살아남기 위한 전략에 가능한 모든 에너지를 집중시킬 수밖에 없다.

엄마가 아이의 다름을 만났을 때 아예 묵살해 버리는 경우보다 '꼬인 반응'은 "넌 참 유별나구나!"와 같은 것들이다. 표면적으로는 '그래, 인정!'일지 몰라도 실제로는 거의 '외계종種' 취급하는 수준의 반응이다. 이 속에서 크게 된 아이는 타인과 자신이 다름을 직면하면서도 '좋은 느낌'을 갖는 데 실패하게 된다. 비아냥과 놀림은 아이 혼자 감당하기 어려운 감정을 불러일으키고 강한 분노나 수치의 감정으로 전환될 수밖에 없다. 계속 투쟁하며 싸우는 '싸움닭'같이 되거나 혼자 웅크리고 위축된 채 자기 확신을 할 수 없는 상태에 빠지게 되는 것이다.

진짜 알아주는 것, 존중

"무엇이 진짜 존중인가요?"라는 질문에 시원하게, 눈에 선명하게 답을 보여 줄 수 있다면 얼마나 좋을까? VIP 고객 응대 매뉴얼에 나와 있는 대로 '존중의 서비스'를 충실하게 배운다고 해도 당신이 '존중'이라는 목적지에 도달한다고 보장할 수 없다. '존중' 그 자체는 눈에 보이지 않는 것이고 제스처만으로 완성되는 게 아니다. 다만 확실히 알 수 있는 사실은 있다. 진심을 담은 반응, '넌 나와 다른 존재로구나!', 이러한 '존중'이 빠진 채로 한 아이가 건강하게 자라날 가능성은 물 없는 웅덩이에서 물고기가 살아남을 확률과 같다.

죽음을 직면한다는 것

'인간은 누구나 죽는다.' 이 대명제는 사람의 불안과 공포를 자극하는 말이 결코 아니다. 누구도 부정할 수 없는 '진실'이라 그렇다. "진리가 너를 자유롭게 할 것"이라는 말에 동의한다. 실제로 내 자신이 언젠가 죽는 존재임을 '명심'하는 것은 나의 리밋limit(한계)에 대해 분명히 자각하도록 돕고, 심지어 삶을 보다 '애틋하고' '맛깔스럽게' 만들기까지 한다.

죽음에 대한 명언 중 에밀리 디킨슨Emily Dickinson의 이 말을 가장 좋아한다.

"That it will never come again is what makes life so sweet."

당신에게 가장 와닿는 죽음에 대한 명언을 한번 찾아보는 것은 어떨까?

살아 있는 느낌을 느낄 수 있느냐 없느냐는 삶의 명암을 좌우한다. 자신의 신체를 스스로 해하는 '자해self-harm 증상'을 정신 역동적psychodynamic으로 분석해 보니 '살아 있는 느낌'을 확인하는 성격이 내포되어 있었다. 보다 의식적으로, 의도적으로 이루어지는 가학-피학sado-masochism 상태가 아님에도 그러한 무의식적 속성이 깔려 있다는 것은 대부분 상상하기 어려울 것이다. (자해 행동은 반드시 치료가 필요한 증상이니 괜찮은 것으로 오해하는 것은 금물이다.)

그만큼 사람에게서 살아 있다는 느낌은 '본질적'이라는 것을 발견하게 된다. 어쩌면 '내가 살아 있다I am still alive!' 이 느낌 하나면 한 삶을 살아 내기에 충분할지도 모른다.

대조, 대비는 무엇인가를 확실히 아는 좋은 방법 중 하나다. '살아 있음'은 아이러니하게도 '죽음'을 등장시킬 때 보다 명료해지는 측면이 있다.

생전 장례식 체험, 임종 체험이라는 말을 들어 본 적이 있는지 모르겠다. (이것과는 조금 다르지만, 실제 일본에서 생전에 장례식을 한 사례도 있다.) 생각보다 꽤 많은 곳에서, 살아 있을 때 자신의 마지막을 상상해 보고, 실제 관에 들어가 보기도 하며, 자신의 비석 앞에 쓰일 (혹은 쓰였으면 하는) 문구나 남은 가족들에게 남기고 싶은 말을 적어 보는 시간들로 구성된 프로그램을 운영한다. 나는 10대에 어느 방학 프로그램에 참여해 '생전 장례식 체험'을 해 본 적이 있다. 그 당시에 묘비명과 유서 같은 것을 쓰는 시간을 가졌는데 내용은 정확히 기억나지 않는다. 다만 '내 마지막에 대해 요약하는 것, 이거 생각보다 어렵구나' 하나는 또렷이 느꼈었다. 그리고 알쏭달쏭한, 뭐라고 콕집어 설명하기 힘든 묘한 느낌과 함께 여러 가지 생각이 뭉게뭉게 피어올랐던 게 아직도 기억난다. 그 뒤로도 나는 종종 내 마지막에 무슨 말을 남길지 생각해 보곤 했었다.

결론부터 말하자면 '죽음'에 대해 한 번쯤 깊이 있게 생각하는 것은 현실을 살아가는 데 필요한 부분이다.

자기의 죽음 이슈에 대한 진지한 생각이 당신에게 어떤 도움을 줄 수 있을까?

1. 죽는 것, 죽음에 대한 막연한 두려움이 오히려 줄어들 것이다.

2. 그리고 죽음에 대한 생각 자체는 그렇게 두렵거나 무서운 일이 아니라는 것을 체험적으로 깨닫게 된다. 생각하는 것만으로는 사실 아무 일도 일어나지 않는다.

죽음에 대한 생각이 너무나 부풀어 올라서, 그런 생각에 사로잡혀서 마치 무슨 큰일이 나지는 않을까 겁을 먹고 오는 환자들에게 나는 괜찮다고, 당신의 그 생각 때문에 공포스럽고 두려운 일이 생길 확률이 더 커지는 것은 아니라고 말해 주곤한다. (물론 처음에는 잘 믿지 않지만 내가 하도 신념에 차서 얘기하니 내 모습을 보고 안심하는 경우가 많다.)

죽음에 대한 생각을 너무 깊게 하면 정신 건강에 안 좋다는 생각은 정말 치명적인 오해라고 본다. 죽음과 연관된 생각들에 너무 자주 산발적으로 빨려 들어가는 것과 제대로 '각 잡고' 죽음을 통찰하는 것은 다르다. 이 둘을 구분하자.

('죽음' 소리만 들어도, 이러한 생각을 수면 위로 떠올리는 것만으로도 자신을 통제할 수 없어서 압도되는 증상을 가진 경우엔 약물 치료를 해야 한다. 그렇지만 그러한 경우에도 죽음류의 생각이 나를 어찌할지도 모른다는 일종의 '망상적' 공포 때문에 힘든 것이지 죽음에 대한 생각이 당신을 괴롭힐 힘이 있는 건 아니다. 생각은 그저 생각일 뿐이다.)

내가 보기에 우리는 조금 더 죽음에 대한 생각을 '철저히' 해 볼 필요가 있다. 죽음은 그저 '삶의 유한한 속성'을 칭하는 말이다.

내가 한 생각들

1. 내가 죽으면 난 이 세상에서 어쨌든 끝인데 그에 비해 애도하는 기간은 너무나 짧은 거 아닌가. 보통 사람으로 살다 죽으면 내 죽음에 영향을 받거나 슬퍼할 사람은 내 주변 친한 사람들이나 남아 있는 가족들 정도일 텐데 결국 그들이 살아 있는

동안일 거고, 유명 인사라면 한 100년? 기껏해야 수백 년이겠지. 그게 살아온 햇수에 비해선 엄청나다 할 수 있지만….

2. 내가 없는 것은 '영원', 무한대∞인데 무한대에 비하면 (수백 년이든 수천 년이든) 너무 짧다.

이런, 얄궂은 결론에 도달했다.

3. 결국 혼자 가는구나.

죽음을 생각하면서 나는 '사람은 결국 혼자다'라는 심플한 결론을 얻었던 것 같다.

그 심플한 진실은 나를 우울하게 만들지 않았다. 오히려 나는 삶에 대한 일종의 경각심을 갖게 되었다. 말하자면 그때부터 10대, 20대를 거쳐 30대를 넘어서까지 '한 사람으로 홀로 살아가는 것, 독립'에 대한 나의 진지한 고민들이 계속 이어졌다.

당신의 감정과 느낌은 옳다: 생존을 위한 감정 시스템

감정을 성찰하는 기술

한 정신분석 교과서에 이런 이야기가 있다.

> Three aging baseball umpires were bragging about their exploits at judging on the field and compared their sense of conviction about calling balls and strikes.
>
> One declared, "I call them the way I see them."
>
> The second umpire averred, "I see them the way I call

them."

The third, most senior umpire quietly ended the discussion by saying, "They ain't nothing until I call them."

In analysis the patient, not the analyst, is the umpire.

-by Herbert J. Schlesinger

연륜 있는 야구 심판관들끼리 경기장에서 볼과 스트라이크를 얼마나 잘 판별할 수 있는지를 두고 서로 자랑하면서 자신들의 판독 감각을 비교하고 있을 때, 가장 연장자인 심판관이 조용한 한마디로 마무리 짓는다.

"내가 외칠 때까진 볼도 스트라이크도 아무것도 아닌 거야."

즉 정신분석 치료에서 환자의 무의식을 두고 어떤 해석을 할 때, 그게 정말 맞는지 아닌지를 판정하는 '마음 심판관'은 분석가가 아닌 바로 환자 자신이라고 말한다.

우리는 늘 느낀다. 다만 그 느낌을 매 순간 자각하고 있지 않을 뿐이다. 심지어 아무 느낌이 없다는 것, '무감각' 또한 일종의 느낌에 대한 표현이다.

원래 무엇이든 느끼도록 만들어진 게 사람이다. 자극이 오면 '느낌'은 생성되도록 그렇게 설계되어 있다. 내가 뭘 느끼든지 간에 그건 나만이 가장 잘 알 수 있고, 최종적으로 그 느낌, 그 감정이 무엇인지 판단할 권한 또한 나 자신에게 있다.

정신과 치료법 가운데 인지 치료^{cognitive therapy}라는 것이 있다. '생각'을 교정하는 것이 핵심인데, 여기서도 사람의 느낌이라는 것은 수정이나 변화를 주기가 매우 어려운 것으로 본다. 그래서 느낌과 생각 중 의식적인 변화가 좀 더 수월하다고 보는 '생각'을 가지고 작업하는 것이다. 부정적이고 비합리적이라고 판단되는 왜곡된 생각을 말 그대로 상식적이고 합리적인 생각으로 바꿔 준다. 이런 방법은 당장의 행동 문제를 해결하는 데 도움이 될 수 있다. 그렇지만 '무의식적' 생각과 이에 따른 행동 패턴까지 교정하지는 못한다. 그래서 어느 사이 같은 행동을 반복할 수밖에 없는데, 이는 또 다른 좌절을 안겨 준다. 이를테면 보이지 않는 '굴레'에 갇힌 느낌과 마주할 수밖에 없다. 우리의 무의식적 사고방식이라는 것은 겉으로는 비합리적인 듯 보여도 의식에 올라오지 않은 '진짜 감정'의 입장에서 보면 정상적이고 합당한 생각 체계라 그렇다. 우리가 근본적인 감정의 문제를 덮어 버린 채 겉생각만 보기 좋은 모양으로 뜯어고치게 되면, 기껏 생각을 교정해 놓아도 일상에서는 별 힘을 발휘하지 못한다. 오히려 '생각 고쳐먹기'나 '행동 교정'에 너무 많은 정신적인 에너지를 소진해서 지쳐 버리는 부작용마저 낳는다. 우리가 맘에 안 드는 생각을 그토록 고쳐

믹으려 다짐을 하고 또 해도 결정적인 순간엔 도루묵 경험을 하게 되는 이유가 여기에 있다. (그러니 애써서[?] 좌절 경험을 늘릴 필요가 없다!)

느낌―〈생각〉―행동

우리는 원치 않는 행동을 수정하고 해결하기 위해서 생각(이성)을 중재자로 삼는 수법(?)을 많이 써 왔다. 여기에는 1) '잘못된' 느낌이 잘못된 행동을 유발한다는 전제가 깔려 있고, 2) 건전하고 바른 '생각'이 문제 행동을 바로잡는 거의 유일한 해결책이라는 믿음이 작동하고 있다. 그렇기에 '당신의 느낌이 언제나 옳다'고 주장하는 것은 이러한 오래된 믿음에 대한 대단한 도전일 수 있다. 사람이 뭔가를 느끼는 것은 원천적으로 자연스러운 현상이며 그래서 그것은 언제나 옳을 수밖에 없다고 거듭 얘기하지만, 현실에선 다음과 같은 '이의 제기'에 부딪치곤 한다.

"그래도 전 제 느낌을 신뢰할 수 없어요. 이 세상에 제 느낌만큼 불확실한 게 없다니까요."

Q. 과연 느낌의 속성 자체에 '불확실성'이라는 것이 있는 걸까?
A. 느낌의 체계만큼 뚜렷하고 확실한 것은 없다.

느낌만큼 '생존'의 문제와 직접 맞닿아 있는 것이 없다. 동물적 본능과 인간의 느낌 체계가 사실상 다를 바 없다는 것을 알면 깜짝 놀랄지도 모르겠다. (모든 포유류들과 동일한 기본 감정 시스템이 인간에게 있다는 것이 밝혀졌다.) 느낌이라는 단어는 모호할 수 있지만, 우리의 느낌, 감정 체계는 생각보다 '사실적'이다. 느낌이 불확실한 것이 아니라 자기 느낌을 항상 옳다고 판단하지 못하는 게 핵심 문제일 테다. 왜냐하면 '나의 느낌을 잘 다루는 능력'은 태어나면서 완성되는 게 아니기 때문이다. 그래서 느낌은 세상 확실한 내 것이 맞지만, 우리는 내가 느낀 그것을 가지고 당장 무엇을 해야 옳은 건지는 모를 수 있다. 세 살 아기에게 멋진 스마트폰을 쥐여 주면 이것저것 만지며 관심을 보일 수는 있어도 무엇에 쓰는 물건인지는 잘 모르는 것과 마찬가지다. 더군다나 느낌은 느끼는 당사자를 제외하고는 당최 보이지도, (감이) 잡히지도 않는 것이다. 내 느낌을 가지고 무엇을 할지, 어떤 결정을 내릴지, 자기 느낌을 정확히 판단하는 능력과 생각하는 기술을 키워 나가야 한다.

How 이전에 What이다

"느낌과 감정을 대체 어떻게 사용하면 되죠?" 인타깝게도 이 주제로 바로 들어갈 수는 없다.

"Whatever you feel, you are only one who can know it."

뭔지를 알아야 어떻게 쓸지가 결정되는 법이다. 나의 느낌과 감정 그 자체를 알아야 하고 알고 싶어져야 한다. 그래서 기본 감정 시스템의 구조와 성격을 아는 것부터 시작하려고 한다.

당신이 느끼는 것은 항상 옳다. 당신이 느끼는 것을 잘 따라가다 보면 세상을 살아가는 답이 보인다. 잘 알려지지 않은 비밀 가운데 하나는, 당신이 느껴지는 대로 해도 항상 옳은 행동을 하게 되어 있다는 점이다. 단, 자신의 느낌을 모르겠거나, 뭔가를 느꼈다 해도 여러 종류의 느낌들로 버무려진 '복잡한' 마음 상태가 되어 버리는 경우가 문제일 것 같다. 제일 중요한 부분은 여기인데, 내 감정을 잘 모르겠다고 하는 경우엔 제대로 느끼는 것부터 시작해야 한다. 자, 내 감정을 오롯이 느꼈다 하자. 소위 '옳은 행동, 옳은 결정'이라는 것을 바로 할 수 있을까? 아직 그것만으로는 부족하다. 내 마음에 어떤 강렬한 느낌의 인상은 남지만, 다음의 과정이 빠지면 순간 들었던 느낌은 곧 파편화되거나 시간이 지날수록 흐물흐물해지기 쉽다.

옳은 느낌을 더욱 옳게 만드는 것은, 감정의 진정한 소유자인 당신 자신이 그것을 정확히 이해해서 '온전한 자기 것'으로 만드는-내 의지will가 반영된-생각 작업을 통해서이다. 이를 통해서 우리는 느낌-생각-행동의 완벽한 삼중주를 꿈꿀 수 있다.

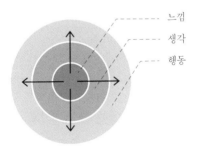

1. 생각을 교정하기 전에 당신이 느끼는 것을 정확히 그리고 깊이 아는 것이 먼저다.

2. 감정을 오롯이 느낄 뿐만 아니라 또 온전히 알아주는 것

그게 필요하다. (생각)

3. 그다음에 무슨 행동을 할지 결정하는 단계로 자연스럽게 이어진다. (두 번째 단계를 거치는 동안 마음에서 여러 가지 행동 선택지와 관련해 아이디어들이 떠오르게 되어 있다.)

감정 시스템을 이해하기: 당신을 보호하는 무기로서의 감정

앞서 우리 인간에게는 이미 기본 감정 시스템이라는 것이 내재되어 있다고 말했다. 생존에 필요한 기본 무기가 이미 주어졌다는 것은 정말 고마운 일이다. 인간이라면 기본적으로 있다고 하니 이보다 공평할 수가 없다. 이제 이 무기를 어떻게 잘 활용하고 써먹을지에 대한 관문만 남았다. 다행히 우리 눈에 잘 보이지 않는 감정 시스템을 최대한 명료하게 설명해 주는 개념이 있다. 다음의 네 가지 베이직 감정 시스템을 이해하고, 각각이 또 어떤 연관성을 가지고 상호 영향을 주며 톱니바퀴처럼 돌아가는지를 아는 것만으로도 한층 감정의 세계가 명료하게 들어올 것이다. 다음은 '생존을 위한 기본 감정 체계 네 가지'이다.■

■ 마크 솜스Mark Solms 및 자크 판크셉Jaak Panksepp 등의 '감정 체계 연구'에 바탕을 두었다.

갈구/찾기-분노-공포-공황

구하고 추구하고 탐색하고
얻고, 만족과 즐거움, 쾌락과
보상, 재미와 돌봄을 찾는다.

좌절에 대해 화내고 저항하고
싸우고 대치하고 방어하고
공격한다.

SEEKING   RAGE

FEAR   PANIC

겁나고 무섭고 두렵고
도망가고 싶고 피하고 싶고
외면하고 숨고 싶어 한다.

망연자실, 중요한 대상을
잃어버리게 될 때, 분리 또는
상실의 반응이다.

이제, 각 감정 시스템에 대해 하나씩 살펴보면서 본격적으로 감정 여행을 떠나 보려고 한다. 제일 먼저 '두려움^{fear}' 시스템▪부터 볼 작정이다.

"불안해요.""매사에 두려움이 많아졌어요.""자신감이 떨어졌어요."

현대인이 가장 많이 호소하는 정신과적 문제가 '불안증'이

▪ Fear System. 공포 시스템으로 부르기도 하지만 '공포'라고 하면 특정 공포증이나 불안한 상태보다 심한 수준의 '공포에 질린 상태'로만 연상이 제한될 수 있기 때문에 이 책에서는 조금 더 일반화된 '두려움'이란 단어를 주로 사용하려고 한다.

다. 정신과 진단명인 '불안 장애'의 하부 카테고리는 굉장히 다양하며, 우울증이나 정신병증 및 다른 정신 질환에서도 '불안과 두려움'은 흔하게 동반되는 증상이다. 겉으로 일상생활이나 직업적 능력에서는 별문제 없어 보이는 '신경증neurosis'의 핵심 증상도 '내적 갈등inner conflicts'인데, 이게 바로 불안과 두려움의 또 다른 표현이다.

불안한 느낌이나 두려움은 그 상태 그대로 머물러 있기보다는 나머지 세 가지 시스템에 영향을 주면서 어느 쪽으로든 건너가게 되어 있다. 두려움 시스템으로 다시 돌아온다고 해도 말이다.

그럼 1) 두려움에서 분노rage 시스템으로, 2) 두려움에서 찾기/시킹seeking 시스템▪으로 어떤 방식으로 옮겨 가는지, 또 서로 어떻게 건드릴 수 있는지 자세히 들여다보도록 하자.

▪ Seeking System. 갈구 시스템이며 인간의 모든 '찾기' 행동과 관련 있다. 찾기 시스템 혹은 '시킹' 시스템 그대로 쓰고자 한다.

두려움,
분노로 넘어가느냐 마느냐

Fight or Flight

우리에게 위험 대상이나 위험 현실이 나타났을 때 그다음 이어지는 반응에는 어떤 것이 있을까? 고전적으로 크게 두 가지로 분류하고 있다. 즉 맞대응^{fight/defending} 혹은 회피^{flight/avoiding}이다.

일차적으로 '두렵고 무서운 대상'을 맞닥뜨렸다는 징후로서 우리 몸의 자율신경계 중 교감신경^{sympathetic tone}이 활성화된다는 것은 많이 알려져 있다. 이마와 손에 땀이 송글송글 맺히고 아드레날린^{adrenalin}™이 뿜어져 나올 때 일어날 수 있는 모든 신체 징후들이 여기에 포함된다. 여차하면 싸우거나 도망갈 준비를 하는 것이다.

심인성^{psychogenic} 신체 증상들을 정신분석적으로 해석한 사례는 꽤 많이 있다. 많이 알려져 있는 것 중 '심인성 설사'라는 것이 있는데 장 운동성이 마구 증가되어 장이 거의 싹 비워지는 상태이다. 정신분석적으로 장을 비우는 것은 소위 '배알(=창자)도 없는 겁쟁이'를 상징한다고 본다. (넓게 보면 오늘날 과민성대장증후군으로 불리는 것의 원형이라 할 수 있다.) 또한 식은땀이 흘러내리는 것도 분명 '공포'에 대한 자율적 반응이다.

거의 모든 두려움과 무서움 반응 뒤에는 '공격성'이 도사리고 있다고 보는데, 엄밀히 말해서 그 뒤에 '맞대응'이나 '저항' 반응으로 전개될 것을 염두에 둔 것이다. 기본 감정 체계를 놓고 보면 Fear에서 Rage 시스템으로 배턴터치 하기 일보 직전이라고 볼 수 있다. 어떤 면에서는 두려움이 탁 오면 어찌 될지는 모르나 몸은 그 대상에 맞서 싸울 것을 자동으로 '준비'하고 있다고 볼 수 있다. 화내고 분노하는 것을 '나쁜 행동'이라고 보고 다스리는 데 집중하는 '문화'에 익숙해서 그렇지, 불안하고 두려울 때 '공격'하는 것은 생존을 위한 아주 본능적

■ 아드레날린은 운동경기를 포함하여 모든 종류의 '싸움'과 연관된다.

이고 동물적인 반응이다. 겁을 먹은 고양이나 개는 원래 더 잘 물고 이빨과 발톱을 더 많이 드러내게 되어 있다.

하지만 실제로 두려움이나 공포 반응 뒤에 항상 '분노와 싸움' 반응이 뒤따르지는 않는다. 단적으로, 맨 처음 두려움이란 걸 느꼈을 땐-특히 뭔지 잘 모르는 두려움에 대해선-일단 공격적으로 반응하지만, 실제로 화를 내 봤자 전혀 소용이 없고 더 큰 타격을 입는(이빨을 드러내고 으르렁거렸더니 더 혼쭐이 나는) 경험을 하게 되면, 완전히 망각하지 않고서야 그다음 번부터는 반응이 달라질 수밖에 없다. '깨갱' 하고 알아서 기게 되는 반응으로 바뀌게 되는 것이다. '순응의 방식'은 대체로 이런 과정을 통해 형성된다. 어떤 식으로든 길들여진다는 의미이기도 하다. 사람은 마음의 구조가 훨씬 복잡해서 동물보다 다양한 양상을 보이는데, 현실에서는 각 사람의 기본 성향에 따라, 처한 상황에 따라 매우 다채롭게 전개된다.

우선 다음 세 가지 경우를 비교해 보자.

S 씨는 회사에서 일을 하던 중 갑작스런 식은땀과 함께 업무를 계속하다가는 큰일이 날 것 같은 심한 좌불안석 상태를 경험한다. 마냥 집에 가고 싶은 생각뿐이었는데, '이유 모를' 공포 시스템이 활성화된 직후 바로 '신체적 증상'을 살피는 여러 가지 행동을 한다. 예를 들면 일찍 퇴근해서 따뜻한 목욕

Seeking 시스템이 활성화된 상태

을 한 후 잠을 청하는 것이다. 혹은 그다음 날 전날 경험했던 다한증이 걱정되어 병원을 찾아갈 수도 있다. 또 주말에는 '허해진' 느낌이 들어 맛집을 찾아 몸보신을 하기로 결심한다면 자기 돌봄^{care}을 동반한 찾기^{seeking} 시스템으로 건너간 것이다. 여기서는 Rage 시스템은 건드려지지 않은 채 계속 Off되어 있다.

R 씨는 S 씨와 유사한 신체 징후(식은땀이 나고 속이 안 좋아 화장실을 수차례 들락거림)와 불안증을 겪은 후 자신이 뭔가 스트레스를 받고 있는 게 틀림없다는 불길한(?) 느낌이 들었다. 그날은 무리하지 않고 일찍 잠을 자려던 중 갑자기 그 '스트레스 원흉'이 며칠 전 자신에게 일을 잔뜩 몰아서 던진 K 과장이란 생각이 떠올랐다. 그러자 짜증과 화가 치밀어 오르기 시작하며 도저히 잠을 잘 수가 없게 되었다. Rage 시스템이 작동된

제2부 ────────

Rage 시스템과 Seeking 시스템이 활성화된 상태

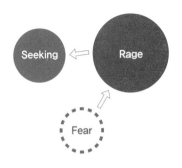

것이다. 한참 혼자 욕을 하며 애먼 책상 위의 물건을 탁탁 던지면서 화풀이를 하다가, 이대로 있을 수는 없다며 뾰족한 수가 있는지 고민하기 시작했다. (슬슬 찾기 시스템에 불이 켜지기 시작한 것이다.) 언뜻 몇 달 전에 기가 막힌 조언을 해 준 옆 부서의 P 입사 동기가 떠올랐고, 조금 늦었지만 실례를 무릅쓰고 전화를 걸어 도움을 청했다. 친절하고 똑똑한 P의 위로와 조언에 힘입어, R 씨는 내일 당장 K 과장에게 개인 면담을 신청해서 "도저히 혼자서 처리할 수 없습니다!" 확실히 선언하기로 마음먹었다. 부당하게 업무를 몰아 준 것에 대해 좀 따져야겠다는 생각과 함께 말이다. 그렇게 마음을 정하고 나니 R 씨는 화가 한결 풀리는 느낌이 들었다. 그제야 R 씨는 다시 잠을 청할 수 있었다.

Fear 시스템이 활성화된 상태

F 씨는 일하는 내내 화장실을 수십 번 오가느라 진이 다 빠진 상태였다. 밥도 제대로 먹지 못해 손이 덜덜 떨리는 지경이 되었다. 도저히 일을 할 수 없을 것 같아 결국 그다음 날 무단결근을 하고 말았다. 사실 F 씨는 중요한 프로젝트의 발표를 하기로 되어 있었다. 준비를 나름대로 하기는 했지만, 막상 D-day가 임박해 오자 또 팀장으로부터 어떤 모욕을 직격탄으로 맞을지 구체적으로 상상이 되면서 도저히 출근할 엄두가 안 난 것이다. Fear로 시작해서 Fear로 끝난 예이다. 물론 약간의 안정을 취하거나 안심을 하는 등의 Seeking 시스템이 부수적으로 작동되기는 했지만, 근본 해결책에 준하는 그 어떤 대책도 못 세운 상태이다. 즉 F 씨의 경우 가장 주되게 돌아가는 것은 여전히 Fear 시스템이라고 볼 수 있다.

Rage를 통한 시킹 시스템의 활성화 기법을 배우자

압도되는 스트레스 앞에서 일시적으로 두려움을 느낀 R 씨의 일련의 반응 과정을 살펴보자. R 씨는 굉장히 현실적인 사람이다. 그는 자기 몸의 반응에 일단 주목했다. 우선 '자기 돌봄'을 시작하며 스스로 최선의 '여유(=생각할 틈)'를 주고자 했고, 그러면서 곰곰이 생각하기 시작했다. 그가 도출해 낸 첫 번째 스트레스 원인 분석이 정확히 들어맞았을 수도 있고, 부수적 이유에 불과할 수도 있지만 '관련 원인'을 하나라도 찾아냈다는 것이 중요하다. 그리고 그는 '분노'했다. '빡침'을 안에 담아 두지 않았고, '실행' 방법을 연구했다. 이 단계에서 평소의 '신중함'과 '안전 지향 모드'가 비교적 잘 뒷받침하고 있는 것도 눈여겨볼 필요가 있다. 자신의 문제 해결 아이디어의 한계를 인정하고 가능한 한 도움(인적 자원 포함)을 '찾은 것'이다. 여러 옵션들을 놓고 '선택의 시간'을 가졌으며, 그중 '최상의 방법'을 골랐다. 그러고는 자신의 결정을 존중하고 '결의(=의지Will를 다짐)'의 순간도 가졌다. 마음이 누그러지고, 한숨도 못 잘 것 같았는데 '잠이 들게 된 것'은 그의 문제 해결법이 비교적 괜찮았음을 알려 주는 증거이다.

우리가 힘이 빠졌을 때는 '충전'이 필요한데 분노 시스템은 '자가 발전기' 역할을 꽤 많은 순간에 하게 된다. '분노는 나의 힘'이 괜히 생겨난 말이 아니다. 분노는 나쁜 것이 아니다. 오히려 현실을 살아가는 데 필요한 '필수 장비'이자 무기이다. 분노 = 복수심에 한정 짓는 것은, 인간이 살아가는 힘의 원천 중 하나를 애써 외면하는 것이라 할 수 있다.

문제는 '무엇을 위한 분노인가?' 하는 것이다. 현실을 제대로 살기 위해서라도 복수만을 위한 1차원적인 분노에서 벗어날 필요가 있다. 현실과 미래를 위한 분노여야 의미 있는 것이고, 진정한 승리를 위한 밑거름이 된다. 나의 생존과 발전을 위해 의미 있는 분노에 집중하는 연습과 그에 걸맞게 적절한 분노 표현법을 연구해야 한다. 이를 위해 분노 표출 자체를 자꾸 차단하거나 금기시하는 문화는 경계할 필요가 있다. 분노 감정은 본질적으로 우리의 생존을 거스르거나, 전진하는 데 방해가 있을 때 자연스레 일어나는 감정이기 때문에 그 자체로 우리 행동의 '내적 근거'가 된다. 즉, 행동을 추진해 나가는 '원동력'이라 할 수 있다. 현실에서 '맞서 싸우는 것'이 문제 해결의 방법이 되는 경우가 상당히 있다. "밖에서 싸우지 말아라"를 단순 반복적으로 읊는 것만으로는 아이들이 스스로 자기 보호를 제대로 하도록 도울 수 없다. 부당한 것은 시정을 요청하고, 마땅한 권리는 주장함으로써 새로운 타협을 끌어내는 과정과 기술 같은 것들이 세상을 살아가는 데 꼭 필요하다.

분노, '문제'는 언제 생길까?

무엇과 혹은 누구와 맞설 것인지, 싸울 만한지 아닌지, 싸워서 뭘 얻어 낼 것인지, 싸움의 수위를 어느 정도로 조절할 것인지에 대한 나름의 틀이 없을 때가 문제이다. 자기 분노의 기준과 틀을 '어른스럽게' 세워 나가는 것도, 아이가 자라 가며 마땅히 밟게 되는 과정이다. 앞서 말한 각 항목들을 얼마나 '미세하게' 조정할 수 있는지에 따라, 소위 '분노 표현의 세련됨'의 수준도 결정된다. 이 역시, 시행착오의 연습을 통해 얻는 기술이기 때문에 '글로만' 배우는 데에는 한계가 있다. 집에서 보다 '안전한 대상들'과 가능한 한 많은 싸움의 기술들을 터득할 수 있도록 도와주자. 그런 면에서 아이들과의 건강한 논쟁을 즐기고, 자기주장을 충분히 수용해 주고 견뎌 주는 것은 매우 중요하다.

'도망가기' 역시 싸움의 기술 중 하나다. 아이들을 야단치거나 혼을 낼 때도, 소위 '도망갈 길'은 내주고 해야 한다. 사방이 막힌 코너에 마구잡이로 몰리는 경험은 아이들에게 상당한 '공포와 무력감'의 상처 경험으로 남을 수 있다.

본능적 생존 감각에 의해, 당장 싸워 봤자 소용없다는 결론이 났을 때, 힘에 있어서 상대도 안 되는 대상을 마주했을 땐, 걸음아, 나 살려라~ 줄행랑이 최고의 묘책이다. 그래서, 불안이나 두려움 뒤에 '숨거나 피해 도망가는' 행동이 잇따르는 것은 너무나 자연스럽다. '도망만이 답'일 때도, 간혹 '비겁한 느낌'이나 '패배자의 심정'이 걸림돌이 될 수 있다. 그럴 때는, '싸움이 완전히 끝난 것이 아니다'라는 점을 상기시키고, '2보 전진을 위한 1보 후퇴'라는 것을 다짐하며 '싸울 힘'을 조금 더 키우고 준비하는 데 에너지를 쏟는 게 좋다.

'숨을 곳' 혹은 '비상구^{exit}'를 찾는 것 역시, 시킹^{seeking}의 한 과정이라는 점도 주목하자. 그 이후에, 더 나은 '시킹'을 시도해 나가면 되는 것이다. 또한, 보다 나은 문제 해결법을 찾는 과정에서, '분노 시스템'으로 건너가는 게 '전략상' 도움이 될 수 있다는 점도 기억하면 좋겠다. 당신에게 실질적으로 필요한 '용기와 파워'를 제공해 줄 수 있다. 마치, 어린 시절 깜깜한 데서 담력을 키운답시고 눈에 보이지 않는 '귀신이나 유령'들을 향해 "다 나와 보라 그래!" 주먹 불끈 쥐고 소리 지르며 배짱을 부려 보듯 말이다.

감 정
공 부
하 기
004

맞서 싸울 수 없는 두려움,
결국 '시킹'으로 향한다

어른인 당신을 두려움에 빠트리는 것은 무엇일까?

'비디오 시절'을 지나온 사람이라면, 본 상영 전 경고문으로
인해 누구나 '호환, 마마'라는 단어가 익숙할 것이다. '호환虎患'
은 우리나라 대표 맹수인 호랑이의 습격을 뜻하고, '마마媽媽'
는 천연두(두창痘瘡, Smallpox) 바이러스 전염병을 지칭한다.

아이들이 우스갯소리로 "난 우리 엄마가 제일 무섭더라."
하곤 했었는데 흥미롭게도 '마마'의 유래를 따라가다 보면 만
나는 지점이 있다. 민간에서 천연두 전염병을 두고 '마마'라
부른 것은, '높이' 칭하며 '바짝 엎드림'을 표현하는 그 상징성
을 통해 '마마, 지나가십시오. = 제발 병이 지나갔으면' 하고
간절히 바랐기 때문이다. 그만큼, 크나큰 전염병 앞에서 '속수

무책'의 심정이 담겨 있다고 볼 수 있다. (천연두는 심리적으로 일종의 '상징성'을 담고 있는 대표 전염병인데, 단지 치명적이어서가 아니라, 살아남아도 마치 평생 '낙인'이 찍힌 것처럼 얼굴이 얽게 되는 '곰보'가 된다는 사실 때문이다. 말하자면, 사람에게 죽어도, 살아도 일종의 '천형'을 얻은 것으로 인식된다. 사람이기에, 죽는 것 그 이상으로 두려운 게 '낙인 찍히기'라고 볼 수 있다. '코로나 불안'에서도 상당히 유사하게 나타난다.)

솔직히, 지석영 선생님의 '종두법'을 통한 천연두의 '박멸'을 시작으로, 각종 감염병들을 하나씩 '클리어'해 나가면서 바로 몇 년 전까지만 해도 이제 전염병은 완전 정복 단계에 이르는가 싶었다. 자신만만함이 사회 전반에 팽배해 있었고 가끔 위기는 있었지만, 평소엔 바이러스니, 박테리아니 '시시콜콜'하게 여기며 별 겁 없이 지냈던 것이 사실이다. 그러다가 느닷없이 등장한 'COVID-19 팬데믹' 앞에 다들 패닉 상태에 빠져버렸다. 호환, 마마 얘기가 나올 때만 해도 '옛날 어린이'란 단서가 붙었고, 그 당시 나는 '요새 어린이'들로서 비디오 중독이 제일 무섭다는 경고를 듣고 자랐다. 그런데, 그 시절이 얼마 못 가서 내 아이들 시대에 '코로나 마마'가 기승을 부리게 된 것이다. '마스크 한 장'을 방패막이 삼아 살고 있는 우리나, '마마'라 에둘러 표현하는 것 외엔 속수무책에 빠져 있었던 옛날 사람들이나 별반 다를 게 없어 보인다. '마마'라 부르면서 제발 나와 가족들만큼은 피해 가기를 바랐던 '옛날 사람들' 심정에 저절로 공감이 간다. 그만큼, '대책 없는 느낌'과 '무력함'이 우리 마음을 상당히 좌지우지했다는 뜻이다.

딱히 피하거나 빠져나갈 묘수가 떠오르지 않는 두려운 대상 앞에서 '나'라는 존재는 너무나 힘이 없고 말 그대로 '속수무책'임을 느낄 때는 '피하고 숨는 게' 상책이다. 그리고, 막강한 대상 앞에서 무조건 머리를 조아리며 나를 건드리지 않고 지나쳐 주기를 속절없이 기다리게 된다. 그러면서 '천운'이 작용해서 천연두와 같은 치명적 바이러스를 쫓아내 줄 '무언가'를 기대하게 되는 것이다. 그래서 천연두 바이러스를 '마마'라며 높여 부르는 것 같지만, 그 이면에는 '나와 우리를 구해 줄' 제3의 존재에 기대는 심정도 같이 담겨 있다고 볼 수 있다. 사실상 그 무언가는 '백신'이나 '치료제'이다. 천연두나 현재의 COVID-19나 비슷한 면도 있지만, 지금의 인간은 '천연두 정복 이전'의 사람들이 아니라는 점이 중요하다. 두려움은 거의 비슷한 수준일지 몰라도, '아는 것'은 옛날과 비교할 수 없을 정도로 많아지고 수준도 높아졌다. 말하자면, 훨씬 똑똑해졌고, 생각하는 대처 방안들도 매우 '현실적'이다. 그래서, '천운'이 아니라, 과학과 의학의 더 많은 개발과 더 기민한 정책적 대응을 촉구하고 있다. 초창기의 전 세계적 '패닉 상태'도

아주 오래가진 못했다. 내가 보기엔, 이제 어른으로서 우리에게 '완전한 두려움의 대상'은 현실 자체에는 거의 없어 보인다. 적응도 빠르고 대처 능력도 진화하고 있다. 현실은 때론 성가실 때도 있고, 고민거리이자 스트레스 요인이 될 수는 있어도 더 이상 두려움에 떨 필요는 없다. 만약 있다 해도 전 지구적 대재앙 정도인데, 이조차도 인간은 열심히 '살 궁리'를 하고 있다. 실제로, 지구의 멸망 위기에 대해 심각하게 우려하면서, 한편에선 달이나 화성 탐사를 포기하지 않고 계속 추진할 정도다.

'가장 두려워할 만한 대상'은 당신 안에 있다

정신분석적으로 내적 두려움이나 불안은 굉장히 중요하게 다루는 영역이다. 대체로 유아기 때 발생하는 것으로 되어 있다. 내 자신이 상대방에 비해 한참 모자란 느낌, 너무 약해서 감히 대적할 수 없다는 느낌, 소위 '잽도 안 되는 느낌'은 실제로 미약했던 어린 시절에 가장 많이 경험하게 된다. 그 첫 번째 대상은 대부분 '부모'이다. 아이들은 불안하고 두려움을 느끼면, 자동적으로 시킹 시스템으로 건너가는데, 누가 가르쳐 주지 않아도 제일 먼저 '엄마를 찾는다'. 보편적으로, 아이가 불안과 두려움을 마주하는 방법이기도 하다. 그런데, 무언가가 두려워서 찾고 의지하는 그 대상, 세상의 그 무엇보다 더 압도적인 존재로서 여긴 그 대상이 오히려 '가장 두려운 대상'이 되어 버린다면 무슨 일이 생기게 될까? 사실상, 그것보다 더 큰 삶의 좌절이 없을 것이다. '마음이 깜깜해지고 홀로 남겨진 기분'이라는 것을 경험하게 된다.

도깨비에서 하느님까지 표상화된 대상들

사람을 압도하는 두려움이란, 내 자신이 어떤 사물이나 사람, 상황 앞에서 '너무 미미하고 미약하다'라고 느끼는 것이다. 그 분명한 자각이 뭘 해도 "이미 게임 끝!"을 미리 선언해 버리기 때문에 '분노 시스템'으로 건너가는 것이 불가능하다. 그럴 때, 숨거나 도망가야 하는데 현실에서 피할 수도 없고, 꼼짝없이 갇혀 버렸을 땐 어떤 행동을 취하게 되는 걸까? 그럴 때 본능적으로 '바짝 엎드리는 방식'을 취한다. 완전히 굴복해서 항복 선언해 버리거나, '종속'되는 편을 택하는 게 생명 부지에 최선이기 때문이다. 제3의 길도 있다. 우리의 조상들은, 이 제3의 방식을 일상 깊숙이 장착시켜서 아예 붙박이 시스템처럼 만들어 버렸는데, 인간 이외의 존재, 초월적 존재를 상정하고 '상상적' 대상에 자신의 두려움을 투사하거나 반영시켰다. 실제로 여러 가지 표상화^{representation}된 대상들-도깨비, 귀신, 저승사자, 무서운 인상의 장승배기, 산신령이나 바다의 용왕님, 하늘님 등—을 놓고, 앞서 말했던 '굴종과 구원 요청'을 번갈아 하면서 두려움과 불안을 다루곤 했다. 즉, '바짝 엎드리며 싹싹 용서를 빌거나' 아니면, 미리미리 혹은 필요할 때마다 수시로 '도와달라고, 잘 보호해 주십사 하고' 간청하는 의식을 치렀던 것이다.

　전통적으로 이미지를 통해 표상화를 해 두는 방식은, 두려움을 다루는 데 여러 가지 이점이 있다. 뭐든 안 보이는 것보다는 보이게 해 놓는 것이 덜 무서운 법이다. 그렇지만 사람의 더 깊숙한 내적 두려움, 공포에 대한 스스로의 통찰을 막거나 더디게 할 수 있다는 단점이 있다.

아이들은 상상력과 꿈을 통해 '무서운 존재'를 다룬다?

　만 3세 이후가 되면 아이들은 무서운 존재를 이미징imaging하기 시작한다. "엄마, 꿈에 괴물이 나왔어요." 꿈으로 꿀 수 있고, 현실에서도 유령이나 도깨비와 같은 대상에 관심을 갖고 반응하기 시작한다. 어른이 "저기 도깨비가 있나 봐" 하면, 아이들은 금방 즉각적인 반응을 보인다. 이런 도깨비, 유령이나 '괴물'의 존재에 대한 믿음은 5~6세까지, 보다 길게는 초등학교 저학년까지 이어질 수 있다. (이 무렵의 아이들이 괴물 백과사전이나 유령 이야기에 꽂히고 매우 흥미를 보인다 해서 너무 놀라거나 경계할 필요가 없다.) 그 이후가 되면, 알겠지만 잘 먹히지 않는다. 초등학교 고학년 형아들은 "그런 건 없어!" 자신 있게 답할 수 있다. 그러면 성인이 되면 이러한 것들을 완전히 믿지 않게 되는 걸까? 사실, 그렇지도 않다. 실제로 우리나라 성인의 절반 가량은 도깨비나 유령은 없지만 '귀신은 있을 것'이라고 답할 것이다. (외국 설문 조사에서, 대략 절반 이상이 귀신을 믿는다는 통계가 있다.) 종교적, 문화적 영향 때문이든, 자신만의 신념이든, '내 눈에 보이지 않지만 힘을 가진' 존재에 대한 믿음의 흔적들이 다 남아 있다. 기본적으로 우리는 '샤머니즘'▪의 문화권 안에 있기 때문에, 개인적으로 그 영향을 완전히 걷어 내기란 정말 어렵다. 설화나 역사적 자료를 통해서 조상들의 생활을 엿보면, 보이지 않는 두려운 대상에 대한 반응이 현대 사회보다 확실히 원초적이고 유아적 단계에 있었던 것 같다. 나는 이 변화가 '정신 영역'에서의 발전과 무관하지 않다고 본다.

농담 삼아 말하듯, 정신분석적으로 제일 무서운 것은 나 자신의 '무의식'이다. 사실상 '내 눈에 보이지 않는 것'은 나의 '감정 경험'이다. 그래서 두려움의 실체는 외부가 아닌, 마음속에 있다고 보는 것이다.

▪ 샤머니즘은 기본적으로, 특별한 인간(무당, 무속인)은 '초자연적 존재'와 소통이 가능하다는 것을 전제로 한다.

과거에는 정신세계에 대한 구체적인 이해를 할 수 없었다. 그런 면에서 프로이트의 연구와 무의식의 발견이 인류 역사에 큰 획을 그은 셈이다. 내 자신의 마음 세계를 잘 모를 때는 일상 중에 내면에서 올라오는 두려움이나 불안의 실체를 제대로 들여다보는 것이 불가능했다. 그래서 내적인 문제를 외부 현실로 던져서 엇비슷한 무서운 이미지들을 형상화하는 데 공을 들이는 것이다. '외부의 특정 대상'을 경외하고 무서워하는 것으로 관심을 돌림으로써, 일단 내적 불안과 두려움을 잠재울 수 있다. 어쨌든 마음의 '평화'를 유지하는 데 성공한다. 그러나 이제는 알고 있다. 사람의 감정은 사라지거나 없어질 수 있는 성질의 것이 아님을 말이다. 그래서 무의식적인 말과 행동을 여전히 하면서도 정작 자기 무의식에 대해 영 멍청이가 되는 셈이다. "나도 나를 몰라요!" 이 상태가 되어 버린다. 그렇게 되면, 내적 깊이감이 없을 수밖에 없고 외부의 자극에 보다 예민해지며 타인에 의해 쉽게 선동되거나 휘둘리기 쉬운 상태에 놓이게 된다. 정신적으로 어린아이 상태에 머물게 된다.

두려움을 다루는 두 가지 '시킹'

크게 두 가지 방식이 있다는 점을 기억하자.

첫째는 자기 '외부'를 향하는 것이고, 둘째는 자신의 '내면'을 향하는 방식이다. 이 둘 중 어느 것이 옳다는 것은 없다. 다만, 개인의 삶 속에서 두 가지 방식이 적절한 조합과 균형을 이루어야 '두려움과 불안'의 문제가 효율적이고 유연하게 처리된다는 사실이 중요하다.

무속 샤머니즘을 포함해서 인간의 여러 가지 종교적 행위는 '외부' 세계를 향해 손을 뻗음으로써, 혹은 내면의 두려움을 밖으로 던져 버림으로써 불안과 두려움의 문제를 해소한다는 의미를 가지고 있다.

전적으로 이러한 방식에만 의존하는 경우에는 당연히 내적 성찰이 빠지게 되고 '외형상의 격식'에 치중하거나 거의 모든 것을 우연적 요소에 내맡기고 살게 된다. 그래서 불안을 해결하고자 '의식을 따르고 빌기 시작'했음에도 불구하고, 오히려 무언가를 어길까 봐, 보이지 않는 존재의 '심기'를 거스를까 봐 전전긍긍하며 또 다른 불안을 달고 사는 이상한 모습이 되어 버릴 수 있다.

외부의 그 어떤 힘도 믿지 않고 오로지 자신의 욕구와 목표만을 중시한다면, 겉으로는 강한 듯 보이지만 소위 '불통' 상태로 자기 안에 갇혀 버리는 셈이 된다. 자신과 외부 현실 간의 상호작용과 그 영향력을 간과하기 때문이다.

자신의 내면을 들여다보고 살펴보는 것은, 자기를 외부와

단절하거나 고립시키는 게 아니다. 오히려 외부에 대한 '자신의 반응성과 그 양상'에 주목하는 것이다. 자신의 존재는 외부의 자극이나 현실 조건과 무관하지 않다는 것을 기억하자. 그래서 두려움과 불안 역시 '어떤 자극과 트리거'에 반응한 것인지를 '찾는 게' 가장 도움이 되는 시킹이며, 궁극적 문제 해결의 길로 가는 첫 관문이다. 이 과정 뒤에, 실제로 자신에게 필요한 것이 무엇인지 정확하게 판단해 볼 수 있다.

구체적인 계획이 부실한 데서 불안이 자극되었다면, 하나하나 경우의 수를 놓고 플러스(+)/마이너스(-) 목록을 써서 구체화해 본다. 표를 이용해도 좋고, 여러 가지 툴을 사용해서 각 경우의 수를 '점수화'해서 비교해 보는 방식으로 가시화하는 것이다. 뭐든, 좋고 싫음을 눈에 보이게 하는 편이 꽁꽁 숨겨두고 막연한 불안을 느끼는 것보다 낫다.

혼자만의 힘으론 역부족임을 느끼는 게 두려움의 자극 요소였다면, 자신이 동원할 수 있는 '인적 자원'을 검색해 보는 게 먼저다. 접근 가능한 '도움이 될 만한 사람'을 찾거나, 전문적 자문을 요청하는 게 근본적인 문제 해결을 위해 꼭 필요한 것일 수 있다.

감정 조절하기에서
감정 요리하기로

내 감정을 내가 먹는 법

"화가 너무 나. 이번 건은 잘 삭혀지지가 않네. 아… 소화도 안된다."

갑자기 밥맛이 뚝 떨어질 때가 있다. 지난 주말 저녁엔 고기를 한가득 해치웠는데 이번 주엔 커피 한 잔도 소화하기 어려운 건 왜일까? 신체 질병의 이상 신호가 아니다. 대개 건강한 사람들이 상담을 요청할 때도 흔히 듣게 되는 이야기다.

감정은 '소화력'과 밀접하다. 정신 신체 의학에서 몸과 마음의 연관성으로 많이 설명하고 있다. 신경 네트워크로서 몸과 마음의 현상이 연결되어 있는 것은 맞다. 이제 이것을 무의식 적인 의미로서 해석해 보고자 한다.

결국 감정, 그것은 내가 먹어야 하는 게 아닐까? 비약해서, 마음의 양식은 감정이라는 결론에 다다른다. 단, 남의 감정이 아니라 '내 감정'이다. 옛 어르신들이 자주 읊는 말 중 하나가 이것이다. "제 먹을 건(밥그릇) 제가 타고나는 법이지." 각자 밥 그릇이 정해져 있고, 먹을 것을 태어날 때부터 가지고 태어난 다는 게 도대체 뭔 말인가 했었다. 물론 다른 의미로 쓰인 줄 알지만, 나는 사람의 감정이 바로 내 마음의 양식이란 생각이 든다. 실제로 제 감정을 제대로 먹어 소화시키지 못하면 정신 의 질환으로, 신체의 병으로 나타나는 것을 심심치 않게 목격 하고 있다.

'스트레스'는 한마디로 감정이 소화가 안 되고 있다는 생생 한 표현이다. 감정의 색깔과 강도에 따라 수많은 양상들을 보 일 것이다. 갑작스런 성공과 성취가 삶에서 의외의 부작용을 낳고 결말이 안 좋게 되는 것도 사실은 감정의 소화력 문제로 볼 수 있다. 즉 정신적으로 '체한' 것이다(설사이거나). 이를 두 고 과거에는 "그렇게 사람이 분수에 맞게 살아야지. 그게 최고 야." 이렇게 표현했을 것이다. 하지만 특별히 힌두교의 '카스 트 제도'를 믿는 게 아니라면, 태어나면서 무슨 정해진 분수가 있을까. 우리는 자신의 감정적 소화력의 문제로 보는 대신 애먼 분수 탓을 했던 건지도 모르겠다.

"You are what you eat.(당신이 먹는 것이 곧 당신이다.)"라는 말이 있다. 이와 같이 당신이 매일 먹고 있는 감정은 곧 당신의 마음과 정신의 상태를 결정하게 된다.

감정 그것이 내 마음이 먹을 바로 그것이라면 '요리'를 할 줄 알아야 할 것 같다. '날것'을 바로 소화하는 것은 어려울 테니까. 소화시키기 어렵다고 아무것도 안 먹으면 마음이 빈곤해지는 '기아 상태'에 빠질 수밖에 없다. 하다못해 미음(죽보다 더 묽고 멀건 것, 이유식의 첫 단계)이라도 먹어야 할 테다. 때론 갈아 먹는 주스 같은 '감정 퓨레(프랑스어 Puree에서 유래, 걸쭉한 형태의 초기 이유식)' 정도라야 겨우 소화가 가능한, 그런 마음적으로 힘들고 어려운 상태에 놓일 수도 있다.

직장 대표나 상사에게 연신 매출 압박을 받고 정신적으로 초토화가 된 날에는 아무것도 생각이 안 나고, 그냥 누군가 '내 마음 알아줬으면' 하고 간절할 때가 있을 것이다. 이런 때가 바로 '감정 퓨레'가 필요한 날이다. 그리고 그 누군가는 곧 내 마음속 엄마(이유식을 만들어 친절하게 입에 떠 넣어 줄 수 있는)일 것이다. 그래서 이러한 날에는 가까이 있는 아무라도 붙잡고 이 말 저 말 하게 된다. 감정이 전혀 소화가 안 된 채 내 입과 말을 타고 흘러나오는 것이다.

아이가 자라서 스스로 먹거리를 조리해 먹을 정도가 된다면 정말 대견할 것이다. 그렇게 성인이 된 우리는 자기 감정 정도는 적당히 요리해 먹을 수 있게 되면 참 좋겠다. 죽이 필요한 날에는 죽으로, 기름기가 당길 때면 튀겨서도 먹고, 담백한 것들과 곁들여 정갈한 정식으로 먹을 수도 있게 말이다. 날것의 재료를 다듬고 자르고 버리는 것 말고(감정 조절) 본격적으로 '요리(감정 소화와 대사 metabolization)'를 하는 게 필요하다. 그래야 우리의 마음과 영혼이 조금 더 풍요로워지지 않을까?

나쁜 감정은 왠지 먹으면 안 될 것 같은 불안에서 벗어나기

음식에는 좋은 것 나쁜 것이 있다. 감정도 그와 같다고 비유를 많이 한다. 언뜻 맞는 말 같다. 그래서 정말 오랫동안 우리는 나쁜 감정을 어떻게 솎아 내고 처리할 것인지를 놓고 고민하고 연구해 온 것이 사실이다. 이제 분명히 알아야 할 것이 있다. 당신이 느끼는 감정들 중에는 버릴 것이 하나도 없다고!

"너의 감정은 무엇이든 소중해." 이것은 당신의 처참한 마음을 잠시 위로하는 달콤한 속임이 아니다. 100퍼센트 진실 그 자체다. 아이가 울거나 웃거나 다 소중하고 사랑스럽듯이 말이다. 음식들 중에는 당신과 안 맞거나 건강을 증진시키는

데 별 도움이 안 되는 것들이 있을 수 있지만 당신이 느끼는 감정은 그렇지 않다. 오히려 먹을 수 있는 만큼 다 먹어야 '마음의 영양소'를 온전히 채울 수 있다고 보는 것이 맞다. 잘 생각해 보면 음식은 나와 동일한 선상에 있지 않다. 일단 그것은 외부, 밖으로부터 온다. 하지만 당신이 느끼는 감정은 당신 안에 '함께' 존재하는 것이다. 다시 말하면 감정은 당신 외부의 이질적인 것으로 볼 수 없다는 뜻이다. 그렇기에 나의 존재 안에서 내 감정들을 '소화시키고자' 애쓰는 것이 본질적으로 필요하고 중요하다.

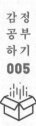

전 오이디푸스기에 대하여

여러 가지 이유로 많은 사람을 만난다. 한 사람의 역사^{history}를 듣는 것은 개인적으로 좋아하는 일들 가운데 하나다. 시시콜콜한 이야기부터 뜻하지 않게 숨겨진 마음의 고통에 관한 이야기까지 인간 역사의 스펙트럼은 참 다양하다.

의외의 상황에서 나는 어떤 사람의 '고통'의 과거력^{past history}을 듣게 되었다. 과거형이었기에 처음에는 큰 부담 없이 들었던 것 같다. 그렇지만 세 번째 정도 만났을 때는 다소 충격적으로 다가오는 부분이 있었다. 참고로 그 사람은 내 환자가 아니다. 그럼에도 이야기 끝에 나는 '직업적' 코멘트를 하게 되었다. "다시 치료를 받으시는 걸 꼭 고려해 보세요!" 일이 이렇게 진행된 연유를 좀 설명하고 싶다.

내가 왜 그랬을까? 이후에도 더욱 곰곰이 생각해 보았다. 첫 번째는 그 사람에 대한 인간적 안타까움이 컸고, 두 번째는 새 지평^{new horizon}을 소개해 주고 싶은 열망이 크게 작동했다는 것을 깨닫게 되었다.

미안하지만 잠시 한 사람에 대해 오픈하려고 한다. 갓 서른이 되었을 무렵 심적 고통을 해결하고자 6개월 이상 정신분석이라는 걸 경험한 사람이었다. 현재는 꽤나 많이 좋아졌다고 했는데, 내가 보기에 자기만의 전문 분야에 대해 큰 자부심을 갖고 있었다. 한 우물을 오래 파 온 40대에게서 느껴지는 단단한 고집 같은 것도 있었다. 그것은 무언가를 '진짜로' 겪어 낸 시간 없이는 얻을 수 없는 소중한 것임을 단번에 알 수 있었다. 그렇지만 그는 여전히 내면 상태의 기복 — 일상에 영향을 줄 정도의 — 을 경험하고 있었고, 다행히도 부가적인 치료는 꾸준히 받고 있었다. 역시나 '약물 요법'의 도움을 받고 있다는 말을 듣는 순간 아쉬움이 들었다. 약물 치료에 대한 거부감 때문이 아니다. 앞서 나는 약은 현대의 크나큰 선물 같은 것이라고 언급한 적이 있다. 나의 아쉬움은, 그가 자세히 설명하지 않았음에도 '정신분석'에 대한 실망이 언뜻 보였기 때문이다. (그 자신은 실망이라 표현한 적이 전혀 없다.)

그래서 조금 집요하게 물고 늘어졌다. 그가 왜 조금 더 오래 분석 치료를 받지 않았는지, 다시 받을 생각은 없는지 등. 무례하게 느껴졌을 수도 있는데, 다행히 그는 계속해서 솔직하게 자신에 대해 얘기해 주었다.

정신분석을 받은 결과 자신이 겪고 있던 고통이 '원인 모를 죄책감'에서 비롯된다는 사실을 알았고, 그게 끝이라는 것이었다. 그리고 분석 과정은 지금 생각해도 정말 고통스러웠다고 회상했다. (정신분석 하면 '고통'이 링크된 느낌이었다.) 이제 자기 심리 문제가 무엇 때문이라는 원인(=죄책감)을 알았으니 더할 게 없다는 것, 그리고 말 그대로 Unknown이라 알 수 없는 것으로 결론 내린 것이다. 그리고 무엇보다 그 치료가 너무 힘들고 어려웠기 때문에 그런 과정을 다시 밟는다는 생각은 그로 하여금 절로 고개를 젓게 만들었다.

나는 다시 그가 말한 '원인 모를 죄책감'을 붙들고 파고들었다.

"원인 모를 죄책감이라고요? 그러니 그 원인, 죄책감의 뿌리를 알아내야죠. 왜 더 찾아보지 않았어요?"

약간의 설전이 이어졌다.

"아니, 제 치료자가 저의 마음의 고통이 전 오이디푸스[pre-oedipus] ■ 시기에 형성된 원인 모를 죄책감 때문이라고 그랬거든요. 그러니 어쩔 수 있나요. 그래도 그걸 안 것만으로도 정말 많이 좋아졌어요."

뒤에 좋아졌다는 말은 귀에 잘 들어오지 않았다. 뭔가 진짜

■ 대략 우리나라 5~6세를 기점으로 그 이전을 전 오이디푸스기라고 부르자.

알맹이를 놓친 게 분명하다는 촉만 강하게 올라와서.

"그렇죠. 전 오이디푸스기니까 원인을 알 수가, 본인이 인식할 수가 없죠. 그러니 그 원인을 더 들어가서 보는 '스페셜' 과정이 필요한 건데요. 그냥 의식적 수준의 대화나 상담으로는 알 수 없는… 그런 거거든요. 말 그대로 무의식적인 건데… 아니, 그리고 원인을 정확히 알아야 고통을, 문제를 해결하죠."

원인을 몰라도 문제는 해결할 수도 있지 않느냐는 그의 반박도 있었지만, 난 거의 무시하다시피 했다.

"그건 수습하는 수준이지 근본 문제 해결이라 볼 순 없어요!"

얼마 동안 상호 간에 말이 안 통하는 것 같은 답답한 논쟁 느낌의 대화가 이어졌다.

지금 생각하니 그도 참 수용성이 좋은 사람인 듯, 어쨌든 나의 고집스런 추궁 같은 질문과 설명들을 듣더니, "처음 듣는 이야기인데, 음… 수용할 만한 얘기예요." 겨우 절반의 긍정을 얻어 내는 데 성공했다. 그렇지만 내겐 충분치 않은 떨떠름한 수준의 반응이었고, 되려 '처음 듣는 이야기'라는 사실이 더 충격적이었다.

그래도 오이디푸스니 심지어 전 오이디푸스니 이런 일상에선 잘 쓰지도 않는 용어를 여과 없이 입에 올리며 진료실 밖에서 이야기할 수 있다는 게 신기한 점도 있었다.

이 대화 덕분에 나는 전 오이디푸스 시기에 대한 무지가 생각보다 많을 수 있다는 점, 그로 인해 그 시기에 일어나는 무수한 개인의 내적 경험들이 간과되고 있는 게 분명하다는 인식을 하게 되었다. 또한 앞으로 다룰 내용들이 보다 선명해졌다.

우리의 기억이 아주 선명하기 이전이라 볼 수 있는 전 오이디푸스 시기에 발생하는 감정들과 그것들이 처리되는 방식을 전혀 모르고는 우리 자신의 깊은 내면을 제대로 읽어 낼 수 없다.

전 오이디푸스기야말로 비언어화된 수많은 감정들의 숨은 원천이다. 우리가 자신만의 언어를 갖기 이전 *꼬꼬마*였을 적에 느꼈던 감정들이 어떤 방식으로 처리될 수 있는지, 스스로에 의해서 제대로 이해되지 않은 상태에서 어떠한 과정을 밟게 되는지 어른이 되어 다시 공부할 필요가 있다.

끈 떨어진 감정들은 표류한다

Feel Connected?

"너무 외로워요. 연결되고 싶어요."

외로움과 '연결되고 싶은 갈망'은 자주 짝을 지어 등장하는 감정 문제다. 이런 주제가 등장하면 대개는 주변 사람들 혹은 '세상'과 자주 접촉하라고 하거나 그런 방법을 찾는 데 열중하게 되는 것 같다. 그렇지만 과연 외부적 접촉의 문제일까?

컴퓨터가 작동이 안 될 때 전선과 전원을 체크하기도 하지만 컴퓨터 자체의 성능과 상태를 점검하는 것과 마찬가지로, '연결성'의 문제가 과연 주변에 마음에 맞는 사람이 없기 때문인지를 진지하게 진단해 볼 필요가 있다. 나와 타인의 연결만 중요한 게 아니다. 오히려 근본적으로 가장 중요한 연결은 '자기 내적 연결성'이다.

내 마음의 파랑새: 무언가에 연결되고 싶다

누군가 간절하게 "무언가에 연결되고 싶다."고 혼자 말하고 있다면 마치 우주적이고 영적 spiritual 인 영역의 이야기로 들릴지 모른다. 실제로 많은 사람들이 우주를 헤매며 연결될 만한 무언가를 찾고 있기도 하다. 그렇지만 정신분석적으로는 내 마음 나도 모르는 상태일 때 '연결이 끊어진 느낌'을 가진다고 본다. 무의식에 있던 나의 생각, 환상과 소망을 의식할 수 있고 이해하게 되면 공허했던 마음속이 채워지고 스스로 불이 들어오는 '연결된 느낌'을 얻을 수 있다. 내 자신이 나와 연결되는 게 먼저다. 안에서 퓨즈가 나가 버린 상태에서는 어쩌다 현실의 누군가와 만난다 해도 연결된 느낌을 가질 수 없다.

감정 보존의 법칙 이해하기

억압된 화라는 것이 정말 있을까? 감정 억압이라는 말을 습관적으로 많이 쓰고 있다. "당신의 감정을 너무 억압하는 것 같다."라든지 "마음에 억눌린 게 많아 보인다."고 더러 이야기하곤 한다. 그런데 감정은 그 속성상 의식에서 억누를 수는 있어도 진짜 억눌릴 만한 성질의 것은 아니다. 물 풍선과 같다. 눌렀다 해도 다른 채널로 표출되기 마련이다. 수많은 충동적 행동과 정확히 이해되지 않는 '분노 발작'들은 억눌러도 결코 억눌러지지 않는 감정의 증거라고 볼 수 있다.

일상에서 무수히 출몰하는 우리의 알 수 없는 실수나 뜬금포 화풀이(종로에서 뺨 맞았는데 한강에서 풀고 있는 행동들) 같은 무의식적 행동들도 마찬가지다. 감정은 일단 생겨나면 완전히 숨겨지거나 억눌러지지 않고 호시탐탐 자신의 존재를 드러내곤 한다. 내 자신이 알아주지 않은 감정들은 언제까지나 내 마음과 몸을 맴돌며 남아 있다. 이것이 감정 보존의 법칙이다.

이렇듯 감정이 있긴 있되 내 의식^{conscious} 선상에는 올려지지 않는 감정들을 '끈 떨어진 감정들'이라고 부르고자 한다. 어떤 끈이냐 하면, 나의 자아^{ego}(의지^{will}, 이성^{reason}이 작동하는 영역)와 연결된 끈이다. 마치 엄마 잃은 어린아이마냥 내 마음 곳곳을, 내 몸 여기저기를 방황하며 돌아다닌다. 그 끈을 이어 붙여 주는 작업을 하는 것이 정신분석 치료이다.

억압되는 것은 경험에 대한 기억

실제로 완전히 억압될 수 있는 것은 기억이다. 생겨난 감정은 '무의식' 안에 얌전히 머물러 있지 않지만, 감정의 최초의 출처와 그에 대한 기억은 치료와 같은 방식이 개입되기 전까지 억압된 채 갇혀 있을 수 있다. 그 기억이 수면 위로 나오기까지는 시간과 노력, 특별한 기법들이 필요하다. 감정의 에너지란 일단 생성되면 해소되거나 발산되어야 한다. 자기가 좋아하는 것, 어떤 대상을 바라고 원하는 마음처럼 '좋은 감정good feeling'들은 '의지'가 이끄는 특정 행동의 길로 들어설 때 만족되고 해소된다.

끈 떨어진 불쾌한 감정들은 '공격적 행동'으로 발산되거나, 내가 알아주고 정확히 이해해서 적절하게 반응해 줄 때 비로소 풀어져 없어진다.

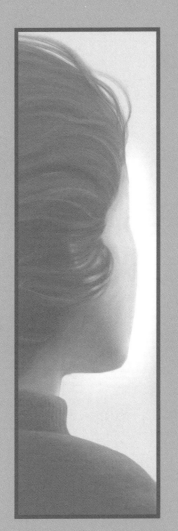

제3부

감정은 어떻게 생겨나고
어떻게 읽을 수 있는가?

eMotion!
감정은 원래 움직이는 거야

영어로 보는 감정

라틴어에 그 어원을 둔 이모션^{emotion}은 그 자체가 감정은 움직이는 것이라고 말해 주고 있다. 심리학에서는 감정^{emotion}과 함께 아펙트^{affect}, 정동^{情動}이라는 단어도 즐겨 쓴다. 영어가 자주 등장하는 이유는 '감정'에 대해 이성적 연구가 먼저 발전한 곳이 서구이기 때문에 어쩔 수 없이 그렇다.

아펙트는 "당사자의 마음에 결국 무슨 영향을 주었는가?" 하는 객관적으로 관찰 가능한 감정의 의미를 담고 있다. 치료자는 환자의 아펙트를 관찰하고 추적한다. 어떤 면에서 이모션이 감정을 느끼는 주체, 당사자 편의 단어라면, 정동은 관찰자, 그 감정을 이해하고 바라봐 주는 객체의 단어라고 할 수 있다. 관찰자로서 치료자는 주로 어떤 사건이나 인물, 그 무엇인가가 환자에게 '어떠한 영향'을 남겼는가에 주목한다. 이를테면 '족적'으로서의 감정에 의미를 두는 것이다. 그 '발자국, 흔적' 같은 감정을 통해 환자가 겪은 상황과 경험을 역추적해서 구슬을 꿰어 가듯 하나씩 유추해 내고 마침내 숨어 있던 '진실'에 도달하게 된다.

나는 아펙트를 우리말로 옮길 때 '정동'이라 한 것이 재밌다고 생각한다. 우리말 '감정'이란 단어에는 없는 '운동성'의 의미를 '정동'에 포함시킨 것이다.

'정동'이라는 단어는 일반적으로는 감정보다 생소하고 조금은 낯선 단어이지만, 우리는 감정의 움직임, 본래의 '운동하는 속성'에 주목할 필요가 있다.

우리말 '느낌'의 느낌

순우리말의 '느낌'은 순간과 찰나적 성격이 강하다. 뭐랄까, '직관적 속성'을 그대로 반영한 '느낌'이다. 요새 쓰는 말인

'느낌적 느낌'이라는 기발한 표현은 우리말의 느낌을 창의적으로, 제대로 활용한 것이라 생각한다.

느낌은 일종의 낌새이자 촉에 가깝다. 그래서 느낌은 그 실체를 파악하기가 난해한 측면이 있다. '휘발성'도 강하다. 어느 사이엔가 왔다가 휙 가 버릴 수도 있는 게 느낌이다. 그래서 '아련함'만을 남긴다거나 모호한 형태로서 인식되기 싶다. "뭐지? 이 요상한 느낌은…" 하고 말이다.

그렇지만 느낌 가운데 '강렬한 인상' 또는 '뼈아프고 깊은'과 같은 진한 단어가 결합될 때는 절대 무시할 수도, 지울 수도 없는 형태로 마음에 새겨지게 된다. 당장은 뚜렷한 증거나 합리적 설명이 불가능한 순간에도 말이다.

맞다. 느낌에는 가볍게 스쳐 지나가는, 스윽 왔다가 휙 날아가는 느낌이 있는가 하면, 진하게 아로새겨지는 느낌이 있다. 하지만 그 어느 쪽이건 느낌을 논할 때 이성적 사유와 추론, 분석 따위는 자칫 한껏 오른 감성에 찬물을 끼얹거나 김을 빼는 '반갑지 않은 손님'이 되어 버릴 수 있다. 느낌에 대해 생각하거나 분석을 시도하려는 순간 당신은 답답하고 고리타분하며 뭘 모르는 사람으로 치부될 위기에 놓인다.

"그냥 온몸으로 느껴 봐!" "느낌에 널 맡겨!"

이러한 자세야말로 느낌에 대한 '멋지고 올바른 태도'라 권장되는 것들이다. 우리에게 조금 더 익숙한 문화이자 풍토일 것이다. 실제 우리는 '갬성'을 좋아하며 비슷한 감성을 공유하기를 즐긴다.

머리 아플 수도 있는 감정 공부

단적으로 말하면 감성보다는 감정이 조금 더 어렵고 무게감이 있는 게 사실이다. 난이도가 있는 '감정 공부'에 도전하는 당신은 아마도 '감성'의 한계를 아는 사람일 가능성이 높다. 감정을 다룰 때는 확실히 '이성^{reason}'을 배제하고 뭘 하기가 불가능하다.

느낌을 느끼는 것은 이성 없이도 가능할지 몰라도, 운동성을 가진 '감정'을 다룰 때는 사정이 다르다. 감정은 그냥 왔다 그냥 사라지지 않는다. 그 시작과 끝이 존재하며 감정의 주체자는 물론이고 외부의 객체 역시 그 움직이는 궤적을 따라갈 수 있는 것으로 본다.

감정에는 발생과 소멸의 이유가 있고, 감정이 해소되는 과정도 '순간'이 아닌 일련의 시간적 흐름으로서 존재한다. 예를 들어 화가 나고 억울했던 감정이 순간에 뿅! 하고 풀리지 않는다는 말이다. 물론 그 깊이와 강도에 따라 풀리는 모양새도 다르지만 말이다.

감정-이성-의지, 자동차의 비유

의지가 당신의 삶을 움직이는 바퀴이자 운전대라면, 이성은 기어와 페달이면서 이를 조작하는 손과 발이다. 감정은 엔진에 해당하며, 자동차가 생산될 때부터 장착된 각종 센서다.

"감정에 근거하여 이성이 작동할 때 당신의 의지대로 삶이 굴러갈 수 있다."

감정이 무언가를 결정하지 말도록 하자는 것은, 감정에 대한 해석 없이 순간적 느낌이나 감정적 충동과 폭발에 휘둘리지 말라는 의미이다. '정상적' 이성이 당신의 삶을 조작하고 판단하고 결정할 수 있도록 해야 한다. 이성을 정상적으로 유지할 수 있도록 돕는 것 또한 당신의 감정이다. 감정은 삶의 위험과 생존의 위협들을 감지하여 당신에게 신호를 보내 준다. 그걸 놓치면 기어와 페달에 문제가 생겼는데도 무시하고 '비뚤어진 이성'이 삶을 만지도록 내버려 두게 된다. 이성이 정상적으로 작동하는지 아닌지를 알려 주는 것 또한 감정이다. 만성적 우울은 물론이고 시시때때로 강박증이나 공황증에 시달린다면, 나의 이성과 뇌 신경의 활동 또한 On/Off를 반복하며 깜빡깜빡할 수 있다는 사실을 잊지 말자.

근본적으로 인생의 가치^{value}가 빠져 있으면 바퀴 빠진 자동차처럼 어딘가에 처박혀 있기 쉽다. 의지는 실제로 당신만의

'가치'를 반영하게 되어 있다. 당신이 중요하게 생각하는 것, 가치 있다고 생각하는 쪽으로 의지는 향한다. 삶의 방향성을 상실하면 열심히 살았지만 '헛발질'하거나 공회전하는 삶이 되기 쉽다.

사람들은 삶의 동력을 '의지'로 착각하곤 한다. 그래서 힘이 하나도 없이 늘어져 있는 사람을 향해 도와주기는커녕 "쯧쯧, 의지박약이로군!" 가차 없이 비난의 화살을 쏘는 모습을 종종 보게 된다. 우울한 사람을 가장 맥 빠지게 하는 말 중 하나이자 금기어가 "의지를 가져 봐!"이다. 아니, 의지를 가지고 싶어도 그게 안 되는 게 우울의 증상 중 하나(무의욕증^{avolition}은 우울 증상의 리스트 중 하나이다)인데 이렇게 무지할 수가 없다. 당신의 삶을 움직이는 것은 의지가 아니다. 차라리 한낱 '느낌'이 자다가도 일어나게 할 수는 있어도 말이다. 지속적인 동력은 그 사람의 '감정'에서 비롯되며, 삶의 엔진에 비유한 이유가 여기에 있다.

그래서 가장 기본인 감정이 빠져 버리면 누가 내 삶을 이리저리 견인해 가도 속수무책이 된다. 가스라이팅^{gaslighting}이나 스톡홀름 신드롬^{stockholm syndrome}이 존재하는 본질적 이유는 당사자가 굉장히 무기력한 상황 속에서 '타의든 자의든' 자신의 감정 끈을 놓쳐 버렸기/놓아 버렸기 때문이다. 자기 감정을 철저히 묻어 두어야, 즉 엔진을 꺼 두어야 가능한 상황이다.

그렇다. 감정에 귀 기울이지 않는 것은, 타인에게 내맡긴 삶은 아니라 할지라도, 센서에 알람과 경고등이 아무리 요동쳐도 무시한 채 위험한 질주를 하는 것과 같다. 그러다가 진짜 삶의 의지마저 완전히 상실할 수 있다.

감정은 어떻게 일어나고
사라지는가?

감정 발생의 메커니즘, 그리고 알고리즘

감정을 분석적으로 이해하는 것이 가능한 것은 '알고리즘'의
형태로 전환할 수 있기 때문이다. 알고리즘이란 쉽게 말해 '입
력^{input}-출력^{output}'의 순서도^{flow chart}를 만들 수 있다는 말이다.
어떤 감정이든 발생시킨 '원인'이 존재하고 또 이에 따른 '결
과물'이 생기게 마련이다.

　자, 감정 혹은 느낌은 입력 값^{input}일까? 출력, 결과 값^{output}일
까? 아무런 전제 조건을 달지 않았다면 둘 다일 수 있다는 것

이 정답이다. 그렇지만 기본적으로 감정은 어떤 자극에 대한 반응, '출력 값, 아웃풋'이라는 개념을 가지면 좋겠다. 물론 그러한 감정이 하나의 입력 값으로 작용하여 다른 결과(대개는 어떠한 행동이다)를 만들어 내기도 하지만, 거기서 생성되는 최종 결과 값 역시 감정이다. 인간의 모든 행위의 마지막엔 어쨌거나 '감정'이 남게 될 수밖에 없다. 당신이 누구를 만나건, 어떤 일을 하건 가장 마지막 결과 값은 당신 내면에 남겨진 '느낌'이며 그 자체가 행불행을 결정하게 될 것이다.

"선생님, 오늘 너무 졸리네요. 누워 자고 싶은 심정이에요."

어떤 환자가 유난히 피곤해하며 진료실 안으로 힘없이 들어온다. 힘이 너무 빠져서 병원에도 못 올 뻔했는데 겨우 왔다는 것이다. 지난 세션과 오늘 사이에 정신적인 것뿐만 아니라 신체 에너지까지 소진될 정도의 무슨 일이 벌어진 게 틀림없다.

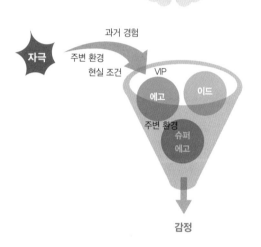

환자가 털썩 의자에 앉는 사이 나는 무엇이 그의 신체와 감정을 탈진하게 만들었는지 추적할 준비에 들어간다. 원활한 추적 작업을 위해서는 결정적 단서가 필요하다. 우선은 결정적 단서 이전에 여러 가지 가능한 것들부터 수집해 보는 수밖에 없다. 심증이든 물증이든 여러 가지 근거와 증거물들을 채집하는 과정이 만만치 않다. 왜냐하면, 다행히 병원에 도착하기는 했지만 이미 힘이 빠져 있는 상태가 대부분이고, 유일한 목격자이자 증인인 환자가 입을 열지 않으면 기다리는 것 외에 솔직히 별다른 뾰족한 방법이 없기 때문이다. 선불리 치료 작업에 들어가기 전에 탈진한 환자를 '돌보는 것'이 일차적이다. 환자가 긴장을 풀고 숨통이 트이도록, 최소한 무언가 말이라도 할 수 있게 마음의 여유가 생기도록 돕는다. 환자가 탈진해 버린 결정적 원인을 찾는 과정은 한 세션 이상이 걸리는 경우가 많기에 집요함이 없으면 같이 지쳐 버릴 수 있다.

우선은 지난 세션과 오늘 사이에서 중요한 단서들이 있는지 체크한다. 지난 세션에서 의미 있는 것들을 발견하고 일종의 '통찰insight'이 생긴 뒤에 이러한 반응이 있을 수 있다. 아이러니해 보이지만, '새로움'과 '옛것'은 늘 충돌하기 마련이라는 점을 기억하면 충분히 이해가 간다. 변화와 관성은 언제나 팽팽하게 맞선다. 환자는 자신의 고통에 대해 한 꼭지를 깨닫게 되었지만, 집에 가서는 늘 그대로인 가족과 마주할 수밖에 없었다. 사실 바뀐 것은 아무것도 없다. 그 자신의 마음에만 '변화'가 생겼을 뿐. 이때 치료 세션 중에 경험했던 마음의 커다란 반향조차 '가족의 공감이나 나눔'을 얻지 못한다는 뼈아픈 현실과 부딪치게 되면 마음은 말 그대로 '심란'해진다.

이러한 부분을 조금이라도 인식한 경우에는 '다음 세션'이라는 것을 기다리며 버티려고 최선을 다하게 된다. 그렇지만 현실과 마주하는 데서 오는 충격과 격차가 클수록 마음의 고통은 커지게 되고, 자신의 감정 끈을 놓쳐 버린 환자에게 '허탈'이 찾아오는 것이다. 혹은 마음의 고통을 방어하는 데 너무 많은 에너지를 써 버린 결과이기도 하다.

'왜 이렇게 지쳐 버렸을까?'를 설명하는 진짜 원인은 단번에 찾아지지 않는 경우도 많다. 수많은 잠재적 원인들 가운데 주된 원인과 부수적인 원인, 진짜와 가짜 원인을 하나씩 던져 보면서 분별해 간다. 항상 그 답은 분석가나 치료자가 아니라 환자에게 있다. 앞서 말했듯이, 환자의 최종 출력 값인 감정이 지치고 허탈한 상태에서 벗어나 원래의 '안정된 상태'로 원상 복귀되는가를 확인하는 과정을 반복한다.

치료 세션 중에 다행히 환자의 몸과 마음을 총체적 탈진 상태로 만들어 버린 진짜 원인을 찾아냈을 때 대표적으로 만나게 되는 반응은 다음과 같다.

"선생님, 지끈지끈한 게 사라졌어요! 너무 시원해요!"

이보다 정확한 사인은 없다. 자기 마음을 이해하게 되면 늘 상쾌함이 찾아온다.

시그널로서의 감정 1.
미세 감정 활용법

'감정대로'가 아니라 '감정으로'

감정은 나의 경험이 내 마음에 남기는 족적과 같은 것이다. 매일 아침 눈뜨면서 시작되는 수많은 개인적 경험들은 그에 상응하는 '감정'을 발생시킨다. 좋거나 싫거나 그저 그렇거나 각양각색의 감정을 일으키는데, 이는 다시 나에게 영향을 주게 된다. 나의 행동 방향과 결정을 내리는 과정에 발생된 감정이 어떤 식으로든 개입하게 되어 있다.

경험 뒤에 생기는 감정은 한 가지 종류만이 아니다. 또 한

번만 생기고 마는 것도 아니다. 대개는 크고 작은 여러 감정들이 복합적으로, 연쇄적으로 발생하게 되어 있다. 그중에서도 '첫 감정'이라는 것은 매우 중요하다. 이는 내가 방금 겪은 것이 어떤 성격의 경험인지 정확하게 알려 주는 '첫 번째 단서'이기 때문이다. 이 최초의 단서에 해당하는 감정에 주목할 줄 아는 능력만 키워도 삶의 온갖 위험 요소들을 조기에 차단하고 자기를 보호할 수 있는 가장 강력한 무기를 장착하는 셈이라 할 수 있다. 그렇지만 안타깝게도 첫 감정은 바쁜 일상을 살아갈 때 '스윽' 지나가고 마는 경우가 많다. 감지를 했다 하더라도 그저 물음표만 띄워 놓고 의식적으로 붙들어 매 두지 않으면, 그 감정은 실제로 나의 행동과 결정에 별다른 영향을 미치지 못한 채로 묻혀 버린다.

보다 표면에 흐르고 있는 강력한 감정이나 의식적인 지시, 곧 의무나 도덕률이 나의 행동을 장악하곤 한다. 예를 들어 이사 갈 집을 본 후 뭔가 '아닌 느낌'이 들었지만 암묵적인 부담이나 불안에 못 이겨 덜컥 계약을 하고는 후회하는 경우가 있는데, 이는 처음의 '뭔가 아닌 느낌'을 놓쳐서 생긴 일이다.

나는 신이 인간에게 준 가장 좋은 선물이 매 경험마다 자연스럽게 느끼는 '감정'이라고 생각한다. 그 감정은 나를 보호해 주고 내게 바른 길을 안내해 준다. 감정의 그러한 가치를 모른 채 하찮은 취급을 하는 것은 사실 끔찍한 일이다. '사람이 무엇으로 사는가?'에 대한 진지한 고민을 통해 나의 감정을 그 본연의 자리에 되돌려 놓을 수 있다.

사람들은 감정대로 사는 삶을 두려워하는 경향이 있다. 우리는 사실 '나의 의지대로' 살기를 원한다. 그런 면에서 감정은 내 의지를 구현하는 데는 별 도움이 안 되고 오히려 거추장스러운 것으로 인식되곤 한다. 이는 사실이 아니다. 감정은 그 어떤 것보다 당신이 의지대로 사는 것을 가장 잘 도와줄 협력자이다. 그래서 감정대로가 아닌 '감정으로', 감정을 가지고 잘 활용하며 사는 법을 터득할 필요가 있다.

우선 시그널로서의 감정과 대표적인 감정에 대해 알아보자.

감정 시그널을 잘 활용할 것: 감정의 '이상 신호'를 놓치지 말자

다음 그림에 나오는 언어 표현들을 '감정'이라 하지 않고 시그널이라고 붙인 이유는 진짜 감정으로 들어가는 길목에서 자주 사용되기 때문에 그렇다. 특히 '뭔가' 혹은 '왠지' 이런 유의 단어가 앞에 덧붙여 나오게 될 때는 시그널로 보는 게 맞다.

예를 들어 잘 모르는 사람을 처음 대면한 후에 "좀 어색했어."라는 이야기가 나올 때는 굳이 그 어색한 느낌을 심층 분석할 필요가 없다. 그냥 '낯선 사람에게 느끼는 낯선 느낌'으

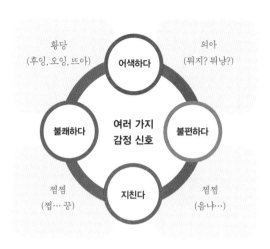

황당
(후잉, 오잉, 뜨아)

의아
(뭐지? 뭐냥?)

어색하다

불쾌하다

여러 가지
감정 신호

불편하다

지친다

쩜쩜
(쩝… 끙)

쩜쩜
(음냐…)

로서 충분히 설명된다. 이때는 왜 어색했는지 캐묻는 것이 오히려 이상하다.

그렇지만 일상의 루틴과 같은 상황이나 익숙한 대상을 두고 다음과 같은 말이 툭 나올 때는 말 그대로 '뭔가' 이유가 있다.

"뭔가 어색했어." "왠지 불편하더라고." "아, 오늘은 뭔지 모르게 지친다." "이번엔 뭔가 좀 불쾌하고 쎄한 느낌이었어." 실제로 이러한 표현들은 낯설음, 불편함, 지친 느낌, 불쾌함 그 이상의 감정들을 함축하고 있다.

시그널은 그 자체가 진짜 감정은 아니기 때문에 더 조사해봐야 한다. 당신이 미처 시간이 없어서 그 즉시 살피지 못했다면 체크를 해 두고, 그날 자기 전에 혹은 늦어도 한 주가 지나기 전에는 한두 단계라도 더 들어가 보는 게 좋다.

특히 완전 처음이 아니고 서너 번째 만나는 소개팅 대상, 스터디 그룹 모임, 비즈니스 미팅 이후에 이런 시그널과 마주했다면 더욱 주의하자. 단순히 그 사람이나 그룹원들을 처음 봤기 때문에 느끼는 어색함이나 낯섦이 아니라 당신에 대한 존중이 빠진 결례, 무례함, 안하무인의 특성 혹은 밀고 당기기와 같은 파워 게임의 시작을 감지한 신호일 수 있다.

빠른 시간 안에 복기할 것

뭔가 느꼈다면 그다음 할 일은 최대한 빠른 시간 안에 많은 단서들을 떠올리는 것이다. 제일 중요한 것은 어느 포인트에서 당신이 '감정 시그널'을 감지하기 시작했는지 찾아내는 일이다. 그리고 그 지점이 타임라인상 어디인지 감이 왔다면, 당신이 처했던 상황과 등장인물들의 말과 행동, 전반적인 분위기의 특이점을 파악하도록 하자.

어떤 특정 단어나 제스처, 얼굴 표정이나 손짓 등 사소해 보이지만 분명 당신의 '심기'를 건드린 부분이 있을 것이다. 그게 왜 당신의 마음에 유쾌하지 않은 자극을 줬는지까지 알아

내지 못해도 상관없다. 중요한 것은 당신의 마음에서 '이 부분이 싫다'라는 것을 느꼈다는 사실이다. 어쨌거나 나는 좋은 느낌을 받지 못했고, 설명할 수 없는 미묘하고 불편한 마음 상태가 되었다는 점을 기억해 두는 것이 핵심이다. '어, 이상하다?'라는 의문이 들었을 때는 무조건 붙들어야 한다.

다음 가연 씨의 경우를 보자.

"혜정이는 봉사 활동 하면서 처음 만났는데 너무 귀엽고 순수해 보여서 금방 친해졌어요. 그런데 2개월 정도 지나니 이상하게 걔한테서 메시지가 오면 '짜증'이 올라오기 시작하더군요. '내가 왜 이러지?' 하면서 '가능한 한 친절하게' 답은 보냈지만, 실제 제 얼굴은 귀찮고 성가신 표정이 한가득이었답니다."

혜정이란 친구는 말 그대로 세상 물정을 잘 모르는 순진한 친구였다. 그래서 매사에 가연 씨에게 이것저것 잘 물었고, 처음에는 가연 씨가 혜정 씨에게 상당히 호감을 느꼈기 때문에 전혀 귀찮지가 않았다. 친구이면서도 마치 언니가 동생 대하듯 자상하게 알려 주며 가까이 지냈던 것이다. 그렇지만 혜정 씨는 직장 생활을 해 보지 않아서 사회적 경험이 부족할 뿐만 아니라 심각한 바운더리 문제를 안고 있었다. 말하자면 공과 사를 잘 구분하지 못하였고, 가연 씨의 회사를 불쑥 찾아와 퇴근 때까지 기다린다든지 가연 씨로서는 다소 부담스러운 행동을 하고 있었다. 이를 딱히 거절하기도 그래서, 약간의 불편한 느낌은 있었지만 혜정 씨가 하는 대로 몇 차례 받아 주며 넘어 갔던 것이다.

가연 씨는 지나고 나서 돌아보니 자신이 실은 많이 불편해 하고 있었다는 것을 깨닫게 되었다. 그렇지만 그 당시에는 정확하게 의식한 적이 없다는 사실도 알게 되었다. 그러니 혜정 씨에게 직접 이에 대해 말할 수도, 드러내서 표현할 수도 없었던 것이다. 의식하지 못하는 사이 이런 불편함들은 가연 씨 마음속에서만 점차 쌓여 가고 있었다. 매 순간 쌓인 불편함들이 한계치를 넘어 가연 씨의 온몸이 '혜정이가 연락하는 것도 너무 싫다!'는 거부 반응을 일으켰을 때에야 비로소 가연 씨의 의식 선상에 명확히 포착될 수 있었다. 그리고 미세하게 피어올랐던 불편한 시그널의 정체와 이유도 한 달이 지나서야 밝혀진 셈이다.

이상 신호를 감지했을 때 어떤 행동을 취해야 할까? 가장 좋은 것은 '일단 멈춤'이다. 그리고 어떤 결정적인 결론이나 결심을 내리지 말고 최대한 보류하는 것이 좋다.

이상 신호를 느끼고도 멈추지 않은 채 한 발 내딛게 되면 반드시 '스텝이 꼬이는' 현상들이 생기게 마련이다.

시그널로서의 감정 2.
부정적 감정 사전

답답한 심정

'답답하다'는 한국 사람 고유의 감정 언어로 보아도 좋다. '답답'은 매우 다양한 감정적 상태를 표현할 때 쓰인다. 그래서 영어로 번역하려고 할 때 상당히 고민을 많이 하게 되는 단어이고, 맥락과 상황 없이는 적절한 단어 선택을 하기가 어렵다.

구글링을 해 보면 '답답하다'와 연관된 이미지 중 가장 많이 등장하는 것은 가슴을 치는 행위이다. 이 '답답하다'라는 단어를 영어로 옮겼을 때 가장 빈번하게 사용되는 단어로

Frustrated가 있는데, 재밌게도 이 단어를 치면 머리를 양손으로 감싸 쥔 이미지가 많이 등장한다. 한국과 영미권 문화의 지역적 차이인 걸까?

실제로 답답할 때 자신의 가슴을 치거나 옷섶을 쥐어뜯는 모습은 우리에게 굉장히 익숙하다. '답답하다'라는 감정은 내가 하고자 하는 대로 일이 안 풀릴 때, 추구하는 대로 안 될 때, 욕구나 바람이 꺾일 때, 목적지로 가는 길이 막혔을 때 생긴다. 타인이 내 마음을 몰라줄 때도 답답하고, 소통이 안 되거나 공감대가 없어도 답답하다. 그뿐만 아니라 있어야 할 게 없다든지 어떤 결핍을 느낄 때도 '답답함'으로 표현될 수 있다. 답답함에 대해 조금 더 생각해 보고자 한다면 한국 문화에서 자주 표현되는 감정 언어 중 '속이 상하다'에 주목해 볼 필요가 있다.

속상해 gut feeling

"나, 속상해."

'속상하다'라는 말은 매우 광범위하게 쓰인다. 개인적으로 매우 쓸모 있는 단어라고 생각한다. '속상함'에 대해 분석하면서 직관(영미권에서 Intuition은 Gut feeling이라 불린다)과 연관시켜 보게 되었다. Gut feeling의 'Gut'은 우리의 배 속 내장, 곧 속을 의미한다. 우리 한국말에서는 은연중에 신체적 '속'이 마음의 '속'과 수시로 혼용되거나 중의적으로 사용된다. 자, 우리는 일상생활에서 '(배) 속 감정'과 직관을 어떻게 연결할 수 있을까? 몸과 마음은 정말 연결되어 있는 걸까?

실제로 속상하면 배가 아프다?

보편적으로 신체상의 머리는 이성, (배) 속 위장 또는 가슴은 감정, 직관을 의미한다. 마음은 우리 배 속에 존재하고 있을 것이라는 고대적 믿음으로 거슬러 올라가 볼 수 있다. 잠시 어린 시절로 돌아가 보자. 진료실에서 환자들을 통해 '어렸을 때 자주 배가 아프곤 했다'는 보고를 심심치 않게 들어 왔다. 어린아이에게서 위장관 계통의 증상은 스트레스와 연관하여 매우 흔하게 발생한다. 아이가 유치원이나 학교를 결석하게 되는 빈번한 이유 중 하나가 갑자기 '배가 아파서'이다. '정상적으로' 감정의 언어화가 잘 되지 않던 어린 시절부터 사람의 몸은 늘 자신의 감정을 대변해 오고 있었다. 감정이 언어적 소통을 통한 배출을 제대로 못하고 억압된 상태에서 오랜 시간 만성화 과정을 거치며 마침내 '화병'이라는 한국형 질환으로 발전한다는 사실은 이미 잘 알려져 있다. (화병은 한국에서 유래한 국제적으로 인정되는 질병군이다.)

Q. 나는 언제 속이 상하고 배가 아픈 걸까? (시기와 질투, 그리고 결핍감에 관하여)

속이 상하다 못해 심지어 배가 아픈 상황의 대표 격이 바로 다음의 속담이다.

"사촌이 땅을 사면 배가 아프다."

한국에서 사용되는 '속 감정' 관련 표현은 이와 같은 부정적 상황에서 자주 표면화되어 왔다. 어찌 보면 한국의 직관, Gut feeling은 긍정적인 것보다는 부정적인 감정과 연결되어 많이 쓰인다고 볼 수 있다. 사촌이 땅을 사는 것이 왜 부정적인 자극 요인이 되는 걸까?

땅은 한국인에게 사회적, 문화적, 역사적으로 여러 가지 복합적인 의미와 상징을 담고 있다고 본다. 땅은 재화, 재물의 총칭이자 어떤 의미에서는 자신이 보유한 '권력power'의 범주와 크기를 대변한다고 볼 수 있다. 말하자면 소유한 땅이 넓고 기름질수록 소유자의 가치 역시 동반 상승한다. 그렇다면 본질적으로 땅을 샀다는 것은 그 사람의 전반적 지위 향상과 발전을 상징한다고 볼 수 있다. 그런데 그러한 타인을 볼 때 왜 내 배가 아프고 요동을 치냐는 거다. 잘나가는 타인과 나를 '비교'할 때 '배알이 꼬일 정도'로 강력한 자극을 주는 '감정'이 발생했기 때문이다.

답답함과 속상함은 서로 겹쳐서 많이 쓰이긴 하지만, '속상함'은 어감상 '날카롭고 예리함'과 심부를 찌르는 듯 조금 더 깊은 상처의 느낌을 담고 있다. 그 감정이 곧 시기와 질투심이다. 시기나 질투의 감정은 인간 발달의 유아기 초창기부터 등장하는 말 그대로 유아적이면서 원시적인 감정이다. 그래서 강력하고 다루기 어렵다. '저쪽은 있고 나에겐 없다'는 '비교'를 통한 '결핍 인식'이 뚜렷해지면 일단 좋지 않다. 특히 결핍된 것이 내게 중요하고 반드시 있어야 할 필수적인 것일수록 괴롭고 불쾌한 감정은 거세진다. 이 감정을 다루기 위해서 '응, 난 없지만 그래도 괜찮아'가 기본적으로 되어야 하는데, 말로 한다고 해서 내 마음이 그대로 따라오지 않는 게 문제다. 마음에서 정말 괜찮아질 때까지는 타인의 행복을 마음껏, 기꺼이 축하해 줄 수 없다. 한 사람을 아낌없이 축하하고 행복을 빌어 준다는 것은 인간의 위대한 측면이다. 다르게 이야기하면, 자기 결핍과 마주할 만한 마음의 성숙이 없으면 해소되지 않는 시기와 질투 감정 때문에 다른 사람을 고약할 정도로 괴롭게 만든다는 뜻이기도 하다.

결국 배가 아프다는 것은 실제로 '배가 고프다(결핍)'는 것의 다른 표현이고 강조법이다. 실제로 아주 어린 아이들은 배고픈 것과 아픈 것을 구분 없이 쓸 때가 종종 있다. 아이가 말을 배우기 시작할 무렵 "엄마, 배 아야!" 하면서 아프다고 해서 깜짝 놀란 적이 있는데, 알고 보니 먹고 싶다는, '배고픔'을 표현하는 말이어서 서로 웃으며 안심했던 기억이 있다. 배가 고픈 것이든 진짜 아픈 것이든 '불편한 감각'이라는 것은 매한 가지다.

무너져 내려요: 폭격당한 마음

어떤 건물이 폭격을 맞으면 말 그대로 폭삭 주저앉게 된다. 폭격 맞은 곳 주변은 그 화력에 따라 파괴되어 만신창이가 된다. 핵폭탄을 맞는다는 것은 곧 타깃 지역의 '초토화'를 의미한다.

마음이 초토화되어 버리는 상태, 그것은 답답함 그 이상일 것이다. 뉴스나 공식 서신에서 '참담하고 허탈하다'로 점잖게 표현되곤 하지만, 그 실제 마음은 '처참하기 이를 데 없어' 차마 눈 뜨고 못 보는 끔찍한 상태를 뜻한다. 실제로 무너져 내리는 당시나 직후에는 '말도 할 수 없는' 상태에 있거나 '얼어 붙어' 아무것도 할 수 없는 상태에 놓이게 된다. 스스로 뾰족한 대응을 못하고 우왕좌왕하거나 멍하게 있게 되는 경우에는 내면에서 '공포의 감정'이 자극되었을 가능성을 항상 염두에 두어야 한다. 동물적으로 얼음 frozen 상태로 만드는 것이 바로 공포이기 때문이다. 내가 상대할 수 없는, 감당할 수 없는 적을 만나게 되면 순간적으로 누구나 '얼어' 버린다.

고등학교 시절 어느 영어책에서 마음이 구멍 난 그림에 Frustration을 연결해 놓은 것을 본 적이 있다. 이 이미지가 매우 인상적이었고, 나는 꽤 오랫동안 Frustrated를 마음에 구멍 난 느낌(허망, 허무)과 연결 짓고 있었다. 그런데 실제 '마음에 구멍이 난 상태'를 묘사하는 영어 단어는 Devastated에 가까웠다. 대중가요의 '총 맞은 것처럼'은 이를 묘사하는 절묘한 표현이라 할 수 있다. 대홍수가 나서 집을 포함해서 지역 일대가 물에 잠기듯, 커다란 충격이나 공격을 받은 후 슬픔과 절망감에 사로잡힌 상태이다. 우리말에서는 한 단어로 묘사할 만한 것이 마땅하지가 않지만, 자주 등장하는 것이 "어찌해야 될지 모르겠어요. 그냥 마음이 막 무너져 내려요." 같은 표현이다.

무너짐. 바깥에 있는 무언가가 아니고 내 마음의 무너짐이라는 점에 주목하자. 이러한 무너짐 뒤에 이어서 나올 수 있는 실질적 마음 현상은 '허탈'이다. 탈진이라 표현될 수도 있다. 몸의 힘, 정신적 에너지가 다 빠져나가는 느낌이다. "마음을 추스리기가 어려워요."라는 말은 실제 그러한 상황에서 애써 마음을 추스려 가장 공적으로, 가장 담담하게 할 수 있는 말이다.

이런 마음 상태일 때 동반되는 신체 반응이 무엇일까? 눈물이 앞을 가리고, 머리를 떨구고 방구석에 처박혀 웅크리고 있게 된다. 에너지가 다 빠져나가고 껍데기만 남은 듯한 심정, 수분이 다 빠져 버리고 완전히 쭈그러진 상태로 묘사되곤 한다.

짜증 나

'짱' 나는 상태는 앞의 상태에 비하면 '귀엽다'고 할 정도로 마음에 미치는 타격 강도가 상대적으로 약한 것처럼 인지되곤 한다. 그렇지만 이 '짜증 나는 상태'는 그 자체로 끝나는 경우가 별로 없다. 다른 더 큰 무게의 감정으로 넘어가는 도화선이 되거나 어떤 '신호' 역할을 하는 경우가 많기 때문에 관심을 둬야 하는 감정 표현이다. 말하자면 가벼운 먼지 정도로 여기고 있다가 어느 순간 뭉치로 호되게 당할 수도 있다는 의미이다. 그리고 뒤에 얘기하겠지만, 짜증스러움은 그 강도와 빈도, 유지 시간, 반복 간격 등에 따라 아주 고질적이고 집요한, 집착과 연관된 상황에서 느끼게 되는 감정들과 이어질 수 있다. 소위 지긋지긋한 지겨움으로 표현되곤 하는 '징글징글한 느낌'이 올라오기 전의 맛보기 감정 시그널일 수 있어 잘 관찰해 둘 필요가 있다.

구역질 나, 웩!(난 이 상황을 더 이상 참을 수 없다!)

감당하기 어려운 감정의 신체적 표출이다. 구역질은 대개 멀미, 아찔함, 현기증, 어지럼 등과 짝지어 등장하곤 한다. 영어의 Disgust, 역겨움을 떠올려 보면 좋겠다. '오바이트(overeating, 과식)'이라는 표현은 구역질이라는 것이 어느 상황에서 빈번한지를 알려 준다. 너무 많이 먹을 때인데, 감정 상황에서는 욕을 너무 많이 먹거나, 과도하고 지나친 비난이나 지적에 반복적으로 노출되는 상태, 감당할 수 없는 책임이나 부담을 져야 하는 상황을 의미한다. 과도한 압박이나 외부의 어떤 힘으로부터 밀어붙임을 당하고 있을 수 있다. 이와는 약간 다른 경우인데, 낯설고 생소한 상황, 나와 비슷하다고 느꼈던 상대가 정말 다르다는 것을 깨닫게 되는 순간에 등장하기도 한다. 즉 '여기는 어디이고 나는 누구?'와 같은 이인감이나 비현실감을 동반하는, 정체성 혼란을 초래하는 상황들이 여기에 포함될 수 있다. 생애 '한 번도 경험하지 못한' 상황 중 도저히 받아들일 수 없고 견딜 수 없는, 부당하고 불쾌한 경험을 하게 될 때도 '구역질 느낌, 역겨움'과 같은 신체화된 감정 현상이 동반된다.

부끄럼, 얼굴이 화끈거리네, 좀 숨고 싶다

'부끄럼은 내 몫'이라는 말이 있다. 타인의 실수를 봤는데, 정작 당사자는 인식도 잘 못하는데 그걸 봤을 뿐인 내가 괜히 부끄러워진다는 뜻이다. 여기서 부끄러운 감정이 생기는 이유의 힌트를 얻을 수 있다. 부끄럼이란 '타인의 잘못이나 책임'을 어떤 이유에서든 자기 것으로 가져올 때 생겨나는 감정이다. 화를 실제로 내야 할 때 내지 못하면 그 화가 수치^{shame}로 변한다. 누군가 당신을 공격하고 모욕을 준다면 당연히 '화'가 나는데도 불구하고 체면상, 수직적 관계의 특성상, 혹은 오래된 습관처럼 스스로 있는 그대로의 분노 표현을 막으면, 대표 감정인 분노는 '수치'라는 가면을 쓰고 표면에 등장하게 되는 것이다.

거절 뒤의 반응으로서의 수치

모든 거절 반응은 '부끄럼'과 연관이 깊다. '거절'이라는 것은 결국 내가 원하는 대로 되지 않았다는 것이고, 내 마음이 상대에게 수용되지 못했다는 뜻이다. 그 속성은 '좌절'이며, 좌절은 주로 '분노 시스템'을 건드리게 되어 있다. 앞서 이야기했듯 분노의 표현이 막히면 다시 '수치'로 포장되어 전면에 나타난다. 발표하려고 앞에 섰는데 불안이 발동하면 얼굴이 '홍당무'가 되는 까닭을 설명하는 메커니즘이기도 하다. 즉 어

린 시절 어떤 식으로든 '무안'을 당했던 경험, 외부로부터 손
가락질이나 지적 등 일종의 '공격'을 받은 경험, 인정이나 관
심을 제대로 받지 못했던 경험이 내적 분노를 일으켰고 최종
적으로는 '수치'의 기억으로 새겨졌으며 더 나아가 '자동 반복
적 패턴'을 만든 것이다.

성적 욕구의 억압도 부끄럼으로 남는다

리비도, 몸 감정의 온전한 발현을 막은 경우에도 '부끄럼'이
라는 탈을 쓰게 된다. 성적 욕구가 '자극'을 받았을 때 자연스
럽게 '풀어지고 만족이 되는' 경험 대신 자신의 성적 표현이
나 섹슈얼리티를 억압당하게 되면 리비도가 '수치의 길'로 들
어서게 된다. 성은 부끄러운 것, 수치스러운 것으로 남아 있는
경우는 자기의 성욕이 존중받기는커녕 억압이나 공격받은 경
험과 깊은 관련이 있다.

사랑, 그 프로세스와
감각 살려 내기

인간의 궁극적인 시킹, 사랑

이제 대표적인 감정들에 대해 살펴보자. 먼저 '사랑'이다. 사랑, 이게 바로 우리 인간의 가장 궁극적인 '시킹seeking'이 아닐까? 사람이 무엇을 추구하는가, 왜 사는가 했을 때 공통적으로 만나게 되는 지점이 '사랑'이다. 에리히 프롬Erich Fromm의 《사랑의 기술Art of Loving》은 정말 고전 중의 고전이라 할 수 있다. 명사가 아닌 동사형, 현재 진행형의 러빙loving은 그 단어 자체로서 내게 많은 것을 생각하게끔 했다. 사랑은 가만히 있는 정물

화가 아니라 활발하게 움직이고 변화하는 '동영상'이다. 그래서 사랑의 대상, 사랑의 순간을 '포착'하라는 말도 나오는 것이다. 움직이는 게 아니라면 굳이 캡처할 필요도 없다. 요새 아이들은 정지된 사진이나 그림보다 움직이는 영상을 훨씬 좋아한다. 그냥 사진을 보여 주면 움직이는 게 당연하다는 듯 작은 손가락으로 톡톡 찍으면서 "왜 안 움직여?" 묻고 다른 동영상을 보여 달라고 조른다. 이유는 간단한데, 움직이는 게 훨씬 '재미있기' 때문이다. "어떻게 사랑이 움직이니?"라는 말은, 야속하지만 사실이다. 그렇지만 분명한 것은 사랑에도 여러 종류가 있으며 '레벨'이 존재한다는 것이다. 사랑도 생명체처럼 자라고, 분화하고, 발전한다. 그리고 단순히 미숙하냐 성숙하냐의 문제가 아니라, 진짜인 척 둔갑한 가짜 사랑도 존재한다. 사랑이 아닌데 사랑으로 포장하는 '프리텐더^{pretender}'들이다. 이를 분간하는 것도 큰 숙제이다. 대개의 사랑으로 인한 트라우마는 프리텐더에게 감쪽같이 속았을 때 온다. 세상에는 돈이나 재산을 가로채는 사기꾼만 있는 게 아니고 사랑 사기꾼도 있다. 애인으로 위장해서 실제로는 돈을 빼먹는 사람이 보통의 사기꾼이라면, 한 사람의 '사랑하는 따뜻한 마음' 그 자체를 갉아먹고 튀는 게 사랑 사기꾼이다.

  어느 신경과학 연구자는 "사랑도 일종의 '중독'"이라고 표현한 바 있다. (사실 나는 이 말이 매우 마음에 안 든다.) 중독 시스템에서 가장 중추적 역할을 하는 '도파민'이 관여한다는 점에서, 그리고 많은 사람들이 사랑에 퐁당 빠지면 헤어 나오기 어렵고 답이 없다는 말에 크게 공감하는 걸 보면 중독일 수 있겠다. 과학이 그렇다고 하니 더욱 그럴듯하게 들리는 것도 사실이다. 그럼에도 마음 깊숙이 사랑은 중독이라는 말에 거부감이 드는 것은 왜 그럴까? 막연하고 너무나 이상적일지 모르지만, 우리 마음 한편에서 갈망하는 사랑은 세고 강한 그런 것이 아닌, 부드럽고 따스하고 포근하면서도 '변함없는' 이미지가 분명히 있기 때문이다. 그 원형은 엄마의 품, 젖가슴의 보드라움과 그를 통한 '배부름'의 경험에 있다. 신기하게도 모유 수유를 했든 안 했든 사람들은 실제 어린 시절의 경험과는 상관없이 따뜻하고 진정 어린(건성 말고) 관심과 애정을 공통적으로 선호하고 바란다.

자기를 존중해 주는 그 사랑이 없어서 병이 생기고, 그래서 오히려 '중독적 사랑', 섹스에 중독이 되거나 아예 사람을 믿지 못하는 상태가 되고 만다. 자신의 리비도가 몸적으로 발현되는 것 자체를 포기한 채 무성asexual의 삶을 사는 방식을 택할 수도 있다.

사랑의 프로세스

'어린 시절의 상처와 결핍을 극복하고 진정 사랑하는 사람을 만나서 오래오래 행복하게 살았답니다.' 이런 동화 속 이야기는 현실에서 '사랑만으로도 삶이 치유되고 병이 고쳐진다'는 여러 가지 목소리를 통해 계속 등장하고 있다. 하지만 사랑이 인생의 근본 문제를 해결하는 강력한 치유력이 있다는 것은 '진짜 사랑'이라는 전제에서만 진실이다.

사랑은 순간의 점이나 찰나가 아니라 1차원, 2차원, 3차원 등 다차원적으로 얼마든지 진화해 나갈 수 있는 것이다. 몸의 느낌과 감정, 정신 활동과 몸으로 나타나는 행동이나 반응들을 하나하나 담아내고 있는 아주 입체적인 복합 구조물과 같다. 거기에다 자기 자신이 아닌 직간접적으로 얽힌 타인들과 끊임없이 상호 반응하는 '네트워크'의 성격을 가지고 있다.

'연애'라는 로맨틱 사랑이 벌어지는 프로세스는 구체적으로 세 단계로 나눠서 살펴볼 수 있다.

1) 몸의 욕구 발동과 반함.
2) 자석 같은 끌림의 단계: 멀리 떨어져 있던 N극과 S극이 '자기장' 내에 진입하면 실제로 서로를 향해 움직인다.
3) 애착 단계: 딱 붙어서 웬만한 힘으론 떨어지지 않는다.

몸에서는 각 프로세스마다 다른 화학작용이 일어난다. 실제 '육적인 꿈틀거림'을 유발시키는 욕망의 발동 자체에는 테스토스테론(남성호르몬)/에스트로겐(여성호르몬) 같은 성호르몬이 관여하고, '끌림'의 과정에서는 뇌와 마음의 불꽃을 튀게 하는 도파민과 스트레스 상태에 준하는 신경전달물질이 활발히 작동한다. 뇌에서 계속해서 몸이 '반한 대상'을 향해 움직이도록 강력하게 지휘한다. 이런 작용은 이성을 잠시 Off시킬 수도 있는데 소위 'OO 바보', '~바라기'로 만든다. 밥 먹는 것도 자는 것도 잊게 만드는 수준이 될 수도 있다. N과 S가 만나서 '껌딱지'처럼 결합이 되면 이제는 강력한 흥분성 반응보다는 결합을 유지하는 방향으로 옮겨 간다. 옥시토신 등이 관여해서 서로를 아끼고 돌보며 상호 반응성이 일어나게 된다. 실제로 커플은 '안정기'에 접어들고, 나무가 땅속에 뿌리를 내리듯 서로 간의 충성도와 결속력이 깊어지게 된다. 이렇게 보면 '중독적 사랑'은 이 세 번째 프로세스로 건너가지 못한 것이다. 그래서 '붙을 듯 말 듯' 애타는 상태만 지속되다가 결국 에너지가 다 소진되고서야 끝이 나는 결말을 맞을 수밖에 없다.

사랑은 도파민 그 이상

진정한 사랑의 수준에 도달하기 위해서 우리는 도파민이 뿜뿜하는 상태 말고 '옥시토신'이라는 보다 따뜻하고 부드러운 터치에 대해 관심을 가질 필요가 있다. 대개 화려하고 진한 것들은 우리를 당장 매료시키고 정신을 잃게 할 수는 있지만 속에서부터 차오르는 내적 만족감과는 거리가 멀다. 그렇다면 내적 만족이라는 것은 '어떤 감각'이 좌우하는 걸까? 바로 '따듯한 온도감'이다. 따뜻하냐 차가우냐, 마음의 온도와 내적 만족감은 직결된다.

우리가 사소한 것에 기쁨을 느끼고 한가롭고 단조로운 상태 속에서도 은근한 미소를 지을 수 있는 것은 그 사람이 작은 것에 만족하는 특별한 능력을 지녀서가 아니다. 바로 '마음이 따듯해지는 것'을 느끼기 때문이다. 따뜻한 느낌 자체가 '친밀함'이라 해도 좋다.

차가운 것에 길들여지면 온도감 자체를 잃어버린다

너무 추운 곳에 오래 있으면 몸이 얼얼하다 못해 전반적인 감각이 마비되어 버리고 추위 자체에 대해서도 무뎌진다. 더 이상 무엇이 따뜻한지 차가운지 분간을 못하게 된 상태에서는 당연히 보다 자극적인 것, 커다란 흥분을 일으키는 상태에 끌릴 수밖에 없다. 마음의 온도감만 제외하고 나머지 다른 감각들은 오히려 과도하게 활성화되는 경향이 있다. 그래서 시각, 청각, 후각, 미각, 촉각 등 신체의 오감을 충족시킬 만한 자극을 찾는 행동은 더 왕성하게 일어난다. 하지만 그런 감각들을 자극할 만한 요소가 상대적으로 적은 경우, 즉 단순하고 소박한 것, 무색무취의 것들에선 별다른 재미와 즐거움을 발견할수 없다. 심심하고 권태롭다고 생각하게 된다. 서로 미묘한 신경전을 벌이거나 복잡한 밀당이 실제로 일어나는 관계에 대해선 뭔가 설레고 다이내믹하다고 느끼지만, 상대적으로 편안한 관계를 만나면 '따듯함'을 느끼는 온도 감각이 고장이 났기 때문에 재미없고 지루하다고 말한다.

무뎌진 오감부터 살려 내기

마음의 온도 감각이 되살아나야 상대와 '따듯한 마음'을 나누고 있는지 정확히 구분할 수 있다. 이 온도감을 바로 회복시킬 수 있다면 좋겠지만, 자기의 신체 감각을 일깨우는 과정에서부터 시작해야 한다. 사람이 사랑을 느끼는 통로가 곧 '감

각', '오감'이기에 그렇다. '과도한 자극'에만 반응성을 보인다는 것은 실제로는 민감도가 떨어졌다는 뜻이고 감각신경이 상당히 '피로'해졌다는 뜻이다. 감각신경에도 '릴랙스 타임'을 준 뒤에 작지만 새로운 자극에 대한 반응성을 조금씩 살려 나갈 때 훨씬 생기 있게 되는 경우를 많이 보았다. 눈을 감고 하는 명상이나 요가 같은 것이 마음이 안정되고 정신이 맑아지는 데 도움이 된다고 하는데, 이는 과도한 감각적 자극을 일단 차단하고 '내적 신체 자극'을 감각하는 데 집중하는 원리 때문이다. 호흡이나 장의 움직임, 눈동자의 운동성, 심장의 울림 등 몸 감각에 집중하고 관심을 기울이는 것 자체가 그동안 피로감이 누적된 '감각기관과 신경'들을 어느 정도 '리셋'하는 효과를 낼 수 있다. 나는 가끔 자연이 있는 곳으로 나가든 한가로운 전시관을 가든 '멍 때리는 시간'을 갖는 것도 적극 추천한다. 그러면서 자기 주변 세상을 마치 처음부터 다시 경험해 나가듯, 자신이 좋아하고 선호하는 감각들을 하나씩 새로이 깨닫고 지각하는 기회를 가질 수 있다. 내 귀가 어떤 소리와 리듬, 멜로디에 '좋고 싫음'의 반응을 보이는지, 내 코는 어떤 향에 특히 반응하고 끌리는지, 나의 미각은 어떤 맛에 즐거워하는지, 뭘 거부하고 밀어내는지 등 보다 정돈된 상태로 나의 오감에 대한 '감각적 데이터'를 수집할 수 있다.

한 번에 한 가지 감각, 한 종류의 자극

이유식을 할 때 일종의 '규칙'이 있는데, 미음에서부터 밥 수준에 이르기까지 알갱이 굵기도 횟수도 단계별로 진행한다. 또 새로운 음식을 시도할 때 초기 단계에서는 재료를 한 종류씩 맛보게 하라고 한다. 쌀 종류로 시작하고 거기에 야채를 종류별로 한 종류씩, 그다음 고기를 한 종류씩 시도해 보면서 여러 가지 맛에 익숙해지도록 돕는다. 아이의 소화 발달 상태를 고려한 것이기도 하지만, 그러면서 아이의 입맛에 대한 정보를 하나씩 알아 가는 것이다. 처음부터 한꺼번에 섞어서 주면 아이가 '좋아한다'고 해도 구체적으로 무엇을 좋아하고 싫어하는지를 잘 모르게 된다. 물론 나중에는 한꺼번에 '볶음밥'을 만들어도 상관없지만, 알레르기 반응은 없는지, 아이가 어떤 맛을 선호하는지 구체적으로 알려면 '하나씩' 시도해 보는 것은 안전하고 좋은 방법이다. 나의 감각 정보를 재정비하는 것도 마찬가지다. 물론 우리가 인위적으로 한 가지 감각만 열어 두고 나머지는 모조리 닫아 버리는 식으로 완벽한 통제를 하긴 어렵다. 그렇지만 주요한 감각적 자극을 무엇으로 할지는 선택해 볼 수 있다. 한 번에 한 가지 감각에 집중해서, 가능하다면 한 종류의 자극을 주면서 천천히 시간을 가지고 실험해 보자. 감각의 호불호를 정확히 알아 가는 것이 중요하기 때문에 조급해할 필요는 없다.

아이들이 이유식을 완료하는 데만도 최소 1년 이상이 걸리고, 그러고도 유아식이라는 단계를 4~5년 더 거쳐야 '어른 수준의 식사'를 할 수 있다.

감각들이 살아나면서 생기는 일들

당연히 자기에 대한 정보가 늘어나고 훨씬 구체적으로 된다. 자신에 대해 많이, 자세히 안다는 것은 '자기 이해'로 가는 지름길이다. 자기 이해가 깊어지면 자연스럽게 자신을 돌보는 일에도 능숙해지고 어떤 필요가 발생할 때마다 적절한 대처를 하기가 쉬워진다.

오랜 시간 사그라들었던 삶의 의욕이 살아나고 뭔가 해 보고 싶은 의지가 생겼다는 고백은 치료 과정이 거의 마무리될 무렵에 자주 듣게 된다. 자기를 더 잘 알수록, 복잡했던 마음에 대해 더 깊은 이해를 할수록 신기하게도 싫었던 자기 자신이 더 좋아진다. 드디어 자기에 대한 '따듯함'을 회복했다는 증거이기도 하다. 그러면서 "이젠 제 자신을 좀 더 사랑하고 싶어요!"라고 힘주어 말하는 것을 보며 사랑과 우리 오감의 활성은 불가분의 것임을 한 번 더 알 수 있다.

사랑은 크게 자기를 향하거나 타인을 향할 수 있다. 어느 것이 먼저인지는 수수께끼 같다. 그리고 사랑을 받는 게 먼저인지, 사랑을 하는 게 먼저인지도 어려운 주제다. 현실적으로 '사랑이 필요하다'는 아우성이 가득한 걸 보면 사랑은 '받는 게' 먼저인 게 분명해 보인다. 나를 사랑해 줄 사람을 밖에서 찾는 행동은 '끊기지 않고' 연애를 하는 패턴에서 가장 극명하게 볼 수 있다. 때로는 완전한 이타주의자나 숭고한 박애 정신으로 무장한 어떤 사람이 나를 구원해 줄지도 모른다는 판타지에 젖어 있을 수도 있다. 그렇지만 엄마를 제외하고 세상의 누가 당신 한 사람만 바라보며 돌보고 사랑해 줄 수 있을까? 아무리 어렵고 힘들다고 해도 자기 자신이 타인보다는 다루기가 낫고 당신 마음대로 해도 되는 유일한 대상이다. 자기를 사랑해 줄 첫 번째 사람으로서 자기 자신을 선택할 결심을 했다면 대단히 현명한 결정이다.

분노는 사랑을 밀어낸다

사람들과 친해지는 게 어렵고 사랑 한번 제대로 해 본 적이 없어서 분석 치료를 원한 환자가 있었다. 치료를 시작하고 얼마 지나지 않아서 그에게 '이상한 사이클'이 있다는 것을 찾아냈다.

　일종의 악순환^{vicious cycle}이었는데, 누군가에게 호감을 느끼고 다가가서 구애를 할 때는 매우 적극적인데 상대가 그 애정을 받아들이고 '연인 관계'에 들어서는 순간 마음속 열정이 급속도로 사그라져 버리는 것이었다. 의식적으로는 관계를 이어나가고자 노력하지만 별것 아닌 것으로도 자꾸 싸우게 되었고, 상대의 결점을 들추고 확대하는 방식으로 힘들게 해서 결국엔 상대가 먼저 떨어져 나가게끔 했다. 어쩌다 인내심 많은 상대를 만나는 경우에는 더 끔찍했는데, 상대에게 잊을 수 없는 상처를 입혀 차 버리기도 했다. 표면에서는 연인이 그를 버리고 떠나간 듯 보이지만 실제로는 스스로 상대를 밀어내고 있었던 것이다.

　이별 뒤에 곧 다른 대상을 찾아내는 데 성공했지만, 과거에 스스로 '몹쓸 짓'을 한 것에 대한 죄책감이 틈만 나면 떠올라서 스스로를 자주 학대하기도 했다. 이러한 면도 새로운 대상에게 집중하고 관계를 좋아지게 하는 것을 당연히 방해했다. 그뿐만 아니라 이런 식으로 반복되는 연애 패턴은 시간이 흐를수록 그 자신의 자존감과 자신감 역시 서서히 깎아 먹고 있는 게 분명해 보였다.

　관계가 막상 '성사'된 이후에 등장하는 '변심'의 정체는 무엇일까?

무엇인가 결정적인 순간에 그의 열정과 애정 전선에 찬물을 끼얹고 있다는 것인데, 오랜 치료를 통해 마음속 분노가 그 원인이라는 것을 찾아냈다. 환자는 집에서 많이 무시당하고 가혹하게 양육되는 과정에서 많은 분노가 가슴을 가득 채우고 있었다. 그 분노로 인해서 얼마나 많이 사람들을 밀어냈는지, 그러고는 또 얼마나 많은 후회와 죄책감으로 자기 자신을 괴롭혔는지 알아내게 되었다. 그는 자신이 사람들을 밀어내 놓고는 다시 자기 쪽에서 그 사람이 날 떠나 버리면 어떡하나, 싫어하면 어쩌나 불안에 떨고 있는 식의 '이상한 순환 고리'를 인식하고 나서야 문제 해결의 실마리를 얻게 되었다. 사랑의 적은 타인의 미움이 아니라 자기 마음속 분노이다.

리비도,
몸 감정 보살피기

성 본능의 발달에 관하여

사랑은 언뜻 '정신적 활동'으로 보이지만, 철저히 몸의 '오감'에 바탕을 두고 있고 실질적인 '액션'을 동반한다. 이제 오감의 '종합 선물 세트'와 같은 성적 감각, 리비도^{libido}에 대해 조금 더 들어가 보자.

　인간의 리비도, 성 본능은 '진정한 사랑'을 위한 중요한 도구이자 가장 확실한 통로이다. 성 본능은 '생의 본능'이라고도 할 정도로 사람을 살아가게 하는 힘이라 할 수 있다. 어린아이의 발달을 '성감대의 발달' 차원에서 보는 것은 가장 '인간적인' 관점이다. 생후부터 6세 무렵까지 구강기-항문기-생식기의 단계를 거치면서 식욕, 배설 욕구, 성욕이 정교해지고 구체화된다. 아이들은 자기 몸에 대해 관심이 많아지고 '필요'를 스스로 돌보는 능력도 키워 간다. 배가 고프면 젖 달라고 울 줄만 알던 아이가, "엄마, 배고파요. 밥 주세요!" 요청하거나 간식을 찾아 먹을 줄도 알게 된다. 기저귀에 그대로 싸 버리고 갈아 주기만 기다리던 아이가, "엄마, 쉬~쉬." 하는 시기를 지나 "응가하고 올게요." 하고 알아서 화장실을 다녀오는 수준으로 발전한다. 자기 고추를 자랑스러운 듯 내보이거나 만져 보기도 하고, "기분이 좋아요."라는 표현도 할 수 있다. 몸이 보이는 온갖 감각적 표현에 아이는 그때그때 반응하고 나름의 방식으로 표현하는데 이 과정을 지켜보면 참 대견하다. 아이들은 생각보다 훨씬 더 '독립적'이다. 일단 스스로 해결하려고 하고 그러다가 잘 안 되면 가장 가까이 있는 엄마나 아빠를 급히 '콜'한다. 거침없이 도움을 요청하는 모습 또한 어른보다 낫다는 생각을 한 적이 있다. 아이들이 느끼는 몸 감각이 모호하고 막연할 때도 있지만 이 또한 가감 없이 표출한다. 떼를 쓰거나 짜증을 내는 식으로 말이다. 이를 통해 어른은 아이의 몸 상태를 확인해 볼 수 있고 어디 불편한 데가 있나 없나 살펴볼 수 있다. 말을 좀 할 줄 알게 되면 "좋아요", "싫어요",

"힘이 나요", "아파요", "편안해요", "불편해요"라고 심플하지만 아주 '확실하게' 몸 상태에 대해 알려 준다. 심지어 "열이 나요", "추워요", "시원해요" 등 온도도 구분하며, 전반적인 에너지가 생생한지 졸리고 늘어지는지도 감각할 수 있다. 기분이 좋은 느낌과 흥분되는 감각에도 민감해지며 '간지럼'에 대한 반응도 제각각 발달해 간다. 부드러운 자극과 거친 터치도 구분할 수 있고, 놀랍게도 실수로 자신과 부딪쳤는지 일부러 때렸는지도 '감각적으로' 알아낼 수 있다.

몸 감정으로서의 리비도

사랑의 감정이 한 사람의 의지가 반영된 구체적이고 적극적인 대상 선택이나 이를 표현하는 행위로 연결될 수 있는 감정이라면, 몸 감정은 그 자체가 특정한 사랑의 대상과 상관없이 '자기 욕구의 만족/불만족'과 직접 맞닿아 있다. 몸 감정의 만족과 불쾌를 정확히 느낄 수 있게 된다는 것은 '생존'에 점점 유리해진다는 뜻이기도 하다. 만족감을 주는 것을 추구하고 불쾌와 불편을 유발하는 것을 멀리하는 것만 원활하게 해내도 넉넉히 살아남을 수 있다. 자기 몸의 어떤 부분이 자극에 민감한지를 잘 알고 자신의 '흥분된 감각'을 즉각적으로 자각할 수 있다면, 그리고 이를 자기 혼자서도 적절하게 '해소'할 수 있을 정도가 되면 이제 세상에서 크게 두려워할 게 없다. 또 누구를 만나든 '주체성'을 잘 유지할 수 있다.

사람이란 허공 속의 유령 같은 존재가 아니라 '몸'이라는 그릇에 정신과 영혼을 담고 사는 실체이다.

성 본능의 원형을 베이비 마사지에서 찾다

어느새 '베이비 마사지'라는 육아 기술이 주목받기 시작했다. 산모들을 대상으로 한 산전, 산후 프로그램들을 통틀어서 가장 인기 있는 수업이자 임신, 출산 마케팅에도 빠지지 않는 아이템 중 하나가 베이비 마사지이다. 내가 아이들을 출산했을 때 이미 베이비 마사지는 육아의 '필수과목'이었다. 임신 중에도, 조리원에서도 한 번 이상 베이비 마사지 실습을 한 적이 있다. 실제로 아이들은 마사지를 엄청 좋아한다. 배시시 웃는 반응부터 까르르 깔깔 자극적인 반응까지 다양한데, 신생아 시기를 벗어나도 정말 좋아하는 것 중에 하나가 목욕 후 마사지 시간이다. 그때 '러빙rubbing'이라는 살과 살의 마찰을 통해 엄마와 아기는 서로 눈을 맞추고 교감한다. 아이들은 부드러움과 '역동성'으로 가득 찬 자극에 아낌없는 반응을 보여 준다. 세상 즐거운 시간이다. 단 엄마가 피곤할 땐 안 하는 것이 좋은데, 몸만이 아니라 '정서'까지 소통하는 시간임을 잊지 말자.

나는 이를 통해 성인의 '섹스' 원형을 발견하게 되었다. 바로 몸과 몸의 접촉과 문지름, 자극 말이다. 그리고 인간은 누구나 신체 접촉과 마찰, 역동적 자극을 좋아한다는 것을 확실히 알게 되었다. 신생아들 가운데 부드럽고 정성 가득한 엄마의 손 마사지를 싫어하는 아기는 없다.

인간은 성적인 존재이다. 몸의 성적 감각을 배제한 '플라토닉 러브'는 우아하고 멋있게, 심지어 순수하게 묘사되기도 하지만-특별한 사정이 없다면-사실 멀쩡한 몸의 즐거움과 재미를 완전히 포기해 버린 '이상한 상태'다. 이와 반대 극에 있는 현상으로, 섹스 하면 신체 기관 중의 하나인 '생식기, 성기'에만 집중되는 기현상을 경계할 필요가 있다. 또한 '성기'만 뺀 다른 유형의 성적 활동을 과대 포장하는 것에 대해서도 반대한다. 우리는 그 어느 때보다 성적인 존재로서 인간에 대해 제대로 공부할 필요가 있다. 어른과 아기의 차이를 이해하고, '성적인 것'은 어느 날 하늘에서 뚝 떨어지는 신기하고 묘한 느낌이 아니고 시간의 흐름과 신체와 정신의 '발달'을 따라 계속해서 성숙하고 변화하는 '움직이는 것'임을 잘 알아야 한다.

이러한 이해는 많은 물의와 대혼동을 일으키는 '소아 성애'

라는 깊고도 심각한 사회적 문제 현상을 제대로 진단할 수 있는 단초가 된다. 결국 소아 성애는 전혀 성숙하지 않은 성 본능에서 비롯된 '병적 상태'일 뿐이다. 아이는 정상적 발달 과정에서 얼마든지 어른을 대상으로 성적 반응을 보이거나 표현할 수 있지만, 어른이 아이에 대해 성적 느낌을 갖는 것은 내적으로 자신의 성 에너지를 제대로 감당하지 못해 길을 잘못 찾은 상태, 즉 성 본능이 길을 잃은 상태로 본다.

정서적 안정과 신체 활력 증진이라는 두 마리 토끼

베이비 마사지를 '섹스'에 비유해서 아주 거북한 사람들이 있을 줄로 안다. 그렇지만 나는 '섹스'라는 것이 본래 베이비 마사지처럼 즐겁고 활력 있는, 인간 본연의 자연스러운 것이라 생각한다. 섹스를 언급하는 순간 19금이 되는 경우는 어느 정도 이해할 수 있지만, 더럽고 음침한 느낌, 역겨움이 끼어든다면 본래 성性이 퇴색되었거나 마음에 병이 난 전형으로 이해할 수 있다.

진정한 섹스는 서로 안정감을 주고 친밀하며, 상호 간에 활력을 불어넣어 준다. 기본적으로 '상호 존중'이 살아 있느냐가 중요한데, 이러한 것들이 다 빠져 있다면 겉모습은 섹스의 범주에 넣을 수 있어도 상호 호혜적 섹스는 분명 아니다. 성관계도 '관계'이다. 마스터베이션을 포함한 성적인 활동과 관계로서 섹스는 다를 수밖에 없다. 사람은 몸의 '전기적' 흥분 그 이상을 원하고 기대하도록 되어 있다.

사람은 원래 '양성애적'이다?

프로이트는 모든 인간은 양성애적bisexual이라고 봤는데, 한 사람 안에 '남성성'과 '여성성'이 어느 정도 공존한다는 의미만이 아니라 실제로 양쪽 성을 다 좋아할 수 있다는 파격적인 주장이다. 하지만 애당초 아이가 '양성兩性'인 부모를 둘 다 좋아하고 필요로 했다는 점에서, 또 아이가 자라면서 자신의 엄마, 아빠의 특성을 각각 나름대로 '내면화'한다는 점을 잘 알고 있다면 자연스럽게 받아들여지는 사실이기도 하다. 어른이 되어서 누구를 자신의 성적 파트너로 삼을지와 같은 '대상 선택'의 문제는 또 다른 지점이다.

좋아하는 느낌은 함께할 때 편안하다는 것과 '한 번 더' 혹은 지속하고 싶은 감정과 무관하지 않다. 더 많은 긍정적인 느낌들이 동반될수록 '좋아하는 느낌'은 강력해질 수밖에 없다. 예를 들어 몸의 흥분감과 밀착, 친밀감도 뚜렷하고 강하면서 상호 교류성과 내면의 안정감이 더 커질 경우, 거기에 어떤 '섬세하고 구체적인' 요구 사항도 만족될 수 있다면 성관계를 통한 신체적, 정신적 만족도는 당연히 상승한다.

다시 말하지만 성관계도 관계이다. 자신의 성적 흥분과 해소만을 목적으로 하는 섹스는 '나와 그것'의 관계와 같다. 원하는 것이 '나와 그것'의 섹스가 아니라 '나와 너'의 섹스라면 서로의 필요를 묻고 만족의 조건들을 소통하는 '대화'는 필수 요소임을 기억하자.

마치 전신 마사지처럼, 자신이 성적으로 센 자극을 선호하는지 부드러운 감촉을 선호하는지는 개인마다 다를 수 있고 때마다 달라질 수 있다. 내 안의 능동성과 수동성은 내 자신의 상태나 파트너에 따라서 다르게 표현되기도 한다. 어떤 자극에 어떻게 반응하는지는 오로지 자신만이 정확히 알 수 있다. 소통은 만족스러운 성생활로 가는 가장 빠른 지름길이다.

진정한 이니셔티브 필링
Initiative Feeling

앞 장에서 감정을 아웃풋^{output}이라고 생각하자고 제안했다. 과거에 느꼈던, 혹은 현재 경험하고 있는 감정 현상을 효과적으로 분석하기 위한 전제였다. 그렇지만 진짜 이야기하고 싶었던 '나만의 감정'은 이것이다. '내가 하고 싶은 것, 내가 원하는 것에 대한 마음'-이것이야말로 인풋^{input}으로서의 감정 중 유일한 것이라 볼 수 있다.

나는 고통스러움도 인간의 본능 중 하나로 추구할 수 있는가에 대해 많은 의구심을 가져 왔다. Pleasure, 곧 Libido는 원래 설계되어 있었던 근원적 감정이라고 볼 수 있다. 프로이트의 견해를 다시금 끌어오게 된다. (아이러니하게도 그는 말년에 약간 다른 관점으로 빠져나가는데, 죽음 본능^{death instinct}에 대해 고민하다가 온전한 결론을 내리지 못한 채 삶을 마감했다.) 사람이 태어나서

여러 가지 일을 하고 많은 감정을 느끼며 사는 것 같지만, 본
질적으로 '하고 싶은 것' 그것 하나가 남는다. 나머지는 이를
이루기 위해 애쓰다가 '현실적으로' 겪는 좌절에서 비롯되는
감정들일 뿐이다.

《그리스인 조르바》의 '내 키에 맞는 행복'은 본능대로 사는
것을 두려워하는 우리에게 현명한 지침이 될 수 있다. 혹시라
도 이 말을 현실에 순응하고 안주하는 의미 정도로 받아들인
다면 정말 안타깝다. 진짜 자유에 대해 말하고 있으니까 말이
다. 핵심은 이것이다. 인간에겐 '내 키'라는 한계가 있고 또한
외부의 여러 가지 것들의 영향을 받는 존재라는 점만 명심한
다면, 자신이 바라고 원하는 것을 맘껏 추구한다고 해서 '퇴폐
적'으로 망가지는 일 따위는 없을 것이라고 안심과 용기를 불
어넣어 준다.

내 키에 맞는 행복은 무엇일까?

"나는 내 키 높이를 열심히 재고 있다네. 자네도 알겠지만, 사람의
키 높이란 늘 같은 게 아니라서 말일세. 인간의 영혼이란 기후, 침
묵, 고독, 함께 있는 사람에 따라 눈부시게 달라질 수 있는 것이네!"

-《그리스인 조르바》에서

당신이 아기였을 때는 '즐거움'을 가장 온전하게 느낄 수 있었다. 즐거움의 감각은 자라면서 가장 많이 오염되고 훼손될 수 있는 영역이다. 즐거움의 감각은 스스로를 지켜 낼 힘이 전혀 없고 약했던 아기 때부터 '가지고 있던 것'이지만, 그 감각을 존중해 주고 지켜 주는 환경을 만나지 못하면 파괴되기 쉽다. 그러면서 고유하게 가지고 있던 '즐거울 수 있는' 마음을 잃어버리게 된다.

내가 무엇을 하면 즐겁고 기쁜지 아이 때는 오히려 잘 알 수 있었지만 어른이 되어 가면서 모르게 되는 경우를 많이 본다. 다행스럽게도 즐거움의 원천은 자신의 무의식 가운데 보존되어 있는데 그것이 '이드id'이다. 겉으로 잊어버린 것처럼 보일 뿐, 당신이 스스로 조금 더 안전하다고 생각되는 무의식의 깊은 창고에 묻어 둔 것이다. 부디 죽기 전에 하나라도 더 꺼내어 볼 수 있길 바란다.

즐거움의 원천인 식욕, 성욕, 수면욕 등 인간 공통의 영역이 있다 하더라도 그 색깔과 결은 각자 고유하게 타고나는 것이다. 즐거움이란 '무엇what'의 문제도 있지만 '어떻게 얼마나how' 즐거운지에 따라 무척 달라진다.

그래서 결이 같은 부모를 만나는 것은 아이에게 큰 행운이자 복이다. 그렇지만 같은 결을 가져도 부모가 중심을 못 잡고 이리저리 다른 결의 목소리에 휘둘리거나(자신의 결을 잘 모르는 경우), 혹은 아이가 좋아하는 것을 잘 안답시고 자신도 모르게 주도해 버리면 아이는 더 큰 혼란에 빠지게 된다. 엄마가 자신을 존중했다가 말았다가, 왔다 갔다 하기 때문에 마치 두 얼굴의 엄마처럼 느껴지는 것이다. 이런 경우는 결이 서로 같은데도 더 나쁜 상황이 된다.

리비도는 '친밀함'을 추구한다

사람은 가장 성적일 때 가장 친밀할 수 있다. 가장 '섹슈얼'하다는 것은 자기가 타고난 섹슈얼리티^{sexuality}를 제대로 이해한다는 뜻이고, 몸의 감각을 잘 누리고 표현할 수 있다는 뜻이다. 이럴 때에만 불안과 두려움 없이 사랑할 수 있다.

　'섹슈얼'한 것은 눈에 보이지 않는 것임을 사람들은 자주 잊어버린다. 보이는 성행위나 성적 표현에만 몰두하면, 친절로 포장하고 친밀함으로 가장한 성^{sex}을 분간하는 것은 불가능하다. 물론 결과를 가지고 판단해 볼 수 있다. 가짜 섹슈얼리티에는 '핫'한 것은 있지만 가슴 따뜻한 만족은 찾아볼 수 없다. 화려하긴 하지만, 불 꺼지면 쓸쓸해지듯 돌아서면 허해진다. '섹슈얼리티'란 평생을 두고 추구해 가야 할 것 중 하나다.

　아이의 리비도는 발달 시기마다 다양하게 나타나는데, 어른과 같은 수준의 성적 느낌은 아이에게 아직 없다. 성감대의 발달이 어른 단계에 이르지 못했기 때문이다. 아이는 미처 분화되지 않은, 전체로서의 리비도를 경험한다고 볼 수 있다.

신체적으로 정서적으로 아이는 굉장히 부드럽고 친밀한 애착의 느낌을 본능적으로 알고 있다. 그 즐거운 감각이 그로 하여금 무언가를 향해 움직이게 만들고 다가가게 만든다. 즐거움과 만족pleasure을 얻기 위해 그렇게 세상을 향해 나아간다.

온전한 만족이란 신체적 즐거움을 떠나 생각할 수 없고, 자기의 신체적 성질, 특성을 제대로 알고 있는 것은 매우 중요하다. 바로 '내 키'에 해당하기 때문이다. 이에 걸맞은 즐거움이 느껴지는 상황이라야 깊은 정서적 만족과 친밀함도 따라온다.

대표 감정 3.
분노, 자기애에 난 상처

누구도 자기애의 상처를 피할 수 없다

분노라는 감정에 관해 이야기할 때 '자기애'는 빼놓을 수 없다. 인간의 가장 깊숙한 분노들은 하나같이 '자기애'를 잘못 건드린 경우라고 할 수 있다.

자기애란 무엇일까? "난 나를 정말 사랑해." "저 예쁘지요?" 똑같은 이 말을 다섯 살 어린아이가 하는 것과 50세 어른이 하는 것은 그 느낌이 사뭇 다르다. 한쪽은 귀엽고 사랑스럽게 느껴진다면, 다른 한쪽은 미안하지만 징그럽게 여겨질 수도 있다.

자기애, 자기 사랑이란 본질적으로 자신을 '존중'하는 마음이다. 여기에 남녀노소의 차이가 있을 수 있을까? 그럼에도 불구하고 현실에선 '자기애' 혹은 '자기애적'이라는 단어는 이미상당히 나쁜 감정 그 자체가 되어 버렸다. 거의 이기적^selfish, 이기심과 동의어로 쓰인다.

자신을 긍정하고 자신감이 넘치는 모습에 대해 사람들은 자신도 모르게 비아냥거리는 톤을 넣곤 한다. 비록 혼잣말일지라도 말이다. "와, 자기애가 '빵빵' 넘치는데." "자신을 정말 사랑하시나 봐요?"

그리고 이 말을 어쩌다 듣게 된 사람들은 놀라서 반사적으로 튕겨 내는 반응을 보이는 경우가 허다하다. "뭐? 내가? 넘치기는…. (어쩌다 그런 것임을 강조하듯) 원래는 되게 소심해." 하면서 한발 물러서 버린다.

자기를 사랑하는 것을 자제해 달라는 당부(심지어 극악 내지병으로 몰면서 금지하기도 한다)는 종교의 이름을 빌려 남용되기도 한다. 이러니 자신에 대해 도대체 얼마만큼 생각하고 긍정의 마음을 어느 정도 가져야 '정상'인지 한참 혼란스러워진다. 재미있는 테스트와 이에 대한 흥미로운 반응들을 접한 적이있다. 바로 자기 긍정 테스트인데, 핵심은 뭐냐 하면 점수가너무 낮아서도 너무 높아서도 안 된다는 것이다. 그러니 피험

자는 양 극단 사이에서 '적당한' 점수를 유지하고자 저도 모르게 애를 쓰게 된다. 우리 사회는 암묵적으로 자존감이 바닥을 칠 때 이를 걱정하고 문제로 삼지만 자기 긍정이 극에 달하는 것에 대해서도 상당히 경계한다. 어떤 경우에는 '혐오' 반응으로 맞대응하게 된다.

매우 원론적인데, '인간이란 어떤 존재일까?'의 문제로 돌아가 보자. 갓 태어난 어린아이를 떠올리는 것이 훨씬 편안하겠다.

인간은 마땅히 사랑받아야 하는 존재이며, 당연히 뒤따라야 할 존중을 받지 못하면 화가 나게 된다. 사람은 존중받지 못하는 것이 몹시 싫고, 타인으로부터 함부로 대해질 때 '분노의 감정'이 일어나게끔 되어 있다. 그것이 '사람'이다.

사람은 처음부터 어른인 채로 태어나지 않는다는 것을 떠올리자. 모든 문제는 거기에서 시작된다. 첫 시작은 혼자 살아 나갈 수 없을 정도로 연약한 상태에서 출발했다. 그렇기에 사람이 태어나서 한 번도 화가 나지 않는 상황 속에 있기는 불가능하다. 그런 상황은 마치 '무균실'에 있는 것과 같은 것이다. 우리는 눈도 제대로 뜰 수 없고 혼자 팔다리를 가누지도 못하며 누군가 먹여 주고 재워 줘야만 하는 시기를 '필수적으로' 거쳐 와야 했다. 너무 작고 약하다는 것은 함부로 취급될 위험에 언제든지 노출될 수 있다는 뜻이다. 어린아이는 눈에 띌 정도로 거칠게 다뤄지지 않는다 하더라도, 바쁘고 부산스러운 틈바구니에서 쉽사리 무시되고 간과될 수 있다. 이 세상에 단 한 순간도 존중의 분위기를 벗어나 살아 본 적이 없다고 단언할 수 있는 사람이 누가 있을까? 소외나 무시감은 인간 보편의 감정이다.

꽤나 성공적인 궤도를 좇아서 잘 살아왔다고 자부하는 '승자'들도 자세히 들여다보면 상처투성이의 고된 이력이 새겨져 있는 경우를 실제로 보게 된다.

사실 하고 싶은 말은, '자기애의 상처'는 아무도 피할 수 없다는 점이다. 그래서 우리 모두는 내적 분노에 대해 깊은 관심을 가져야 하고, 내 자신이 알아주지 않으면 평생 풀어지지 않는다는 사실 또한 알고 있어야 한다. 내 존재를 향한, 내 마음에 가해진 상처, 바로 거기에서부터 '분노'가 일어난다는 것 자체가 매우 생소할 수 있다. 단순한 진실은 이것이다. 우리는 아프면 화가 난다. 아픔의 감각^{pain}은 마음에서 '화, 분노'라는 감정을 일으킨다. 다치거나 상처받았을 때 '아프구나, 아프네', 이러한 '통각'을 느낀 것으로 끝나지 않는다. 아픈 것으로 인한 '분노'는 이후에 어떻게 전개되는 걸까? 크게 다음 세 가지 갈래로 나뉜다.

1. '아픔' 그 자체가 빨리 수습되고 회복되는 경우. '생각보다 아무렇지 않구나', 스스로 괜찮음을 빨리 깨닫게 될수록 마

음이 분노로 동요되는 것을 줄이거나 막을 수 있다. 아이가 놀다가 다쳤을 때 실제로 가벼운 상처라면 '괜찮다'라는 사실을 빨리 알려 주고 그걸 확인하도록 돕는 것이 최고의 안심법이다.

2. '아픔' 그 자체가 빨리 회복되는 것은 아니지만 '납득할 만한', '이해할 만한', '불가피한', '어쩔 수 없는' 상황으로서 수용하는 경우. 대표적으로 병의 치료 과정으로서 아픔을 감수해야 될 때를 들 수 있는데, 아픈 과정을 거쳐야 하는 '필요성'을 강조하는 것이 도움이 된다. 외부의 힘이나 타인에 의해 상처를 받았을 때도 '납득할 만한' 상황으로 여겨지는지가 굉장히 중요하다. '수용'은 아픔을 견딜 수 있도록 돕는다. 단, 그 어떤 경우에도 회복의 과정은 별도로 이루어져야 한다. 이때 소위 '봐줄 수 있는 마음'으로 분노가 토닥토닥 진정될 수 있다. "뭐 어쩌겠어. 일부러 그런 것도 아닌데. 괜찮아!"

3. 영영 회복되기 힘들 정도로 심각하고 깊은 상처가 남은 데다가 도저히 납득할 수 없는 상황. 내가 왜 아프게 되었는지, 아픔을 당할 수밖에 없었는지 이해 불가인 경우에는 '분노'가 쉽사리 진정될 수도 사라질 수도 없다.

3번의 경우 아픔을 일으킨 대상은 곧 분노의 대상으로 돌변하게 되고 여기에는 오로지 '복수 본능'만 남게 된다. 그에 상응하는 방식으로 풀지 않으면 도저히 풀 수 없는 지경에 이른다. 1번 아니면 2번의 상황으로 전환되기 전까지 분노는 사

제3부 ————

람의 마음에서 가장 큰 괴로움을 일으키는 원천이 된다. 회복력을 키우거나(원상 복구가 가장 좋지만, 어느 정도의 수습만이라도, 1번) 이해력을 키우거나(2번) 하지 않으면, 인생 전반을 끌고 가는 동력은 '복수심'이 되어 버릴 수밖에 없다. 그래서 "복수는 나의 힘"과 같은 문구가 전혀 낯설지 않고 사람들의 무의식적 공감을 일으키는 것 같다. '복수'를 테마로 한 수많은 소설과 영화, 드라마들이 존재하고 여전히 인기가 많은 이유도 너무나 인간의 본질과 맞닿아 있기 때문이다.

대표 감정 4.
슬픔, 아름다운 '감정의 생존자들'

소금 기둥의 비유

이제 슬픔에 관한 이야기를 해 보려 한다. 슬픔의 정의를 언어 안에 담는 것만큼 어려운 게 또 있을까 싶다. 차라리 시적 묘사와 비유, 상징을 가지고 다루는 게 낫다. 그래서 나는 소금 기둥의 도움을 빌려 사람의 기본 감정 중 하나이자 가장 오묘하고 복잡한 감정이라 할 수 있는 슬픔에 대해 풀어 보려 한다.

다음의 작품은 박혜수 작가가 시칠리아에서 염전에 있는 소금으로 만든 나무, '아름다운 슬픔'이다.

박혜수__ **Beautiful Sorrow**__2011

아카이벌 피그먼트 프린트__100×70cm

이 작품에 담고 있는 이야기는 구약 성경의 '롯의 아내(구약 시대 타락의 도시 소돔 성을 탈출하기 전에 놓고 온 것이 아까워 뒤를 돌아보느라 소금 기둥이 된 여인)'와 한국 어머니들의 눈물 없는 슬픔에 관한 것이다. 개인적으로 좋아하는 작품인데, 많은 인상을 남겼다. 이를 테면 너무 많은 것을 기대하고 쏟아부었기에 쉽게 포기할 수 없는 인간의 나약함과 한계, 욕망을 향한 집착과 고집, 허다한 수고를 하고도 직접적인 보상이 없는 데서 오는 한과 슬픔 등 여러 가지를 생각하게 한다.

슬픔에 이르는 과정은 실로 여러 가지다. 기대가 이루어지지 않아 생기는 실망과 좌절, 사랑하는 사람과의 단절과 이별, 믿었던 사람으로부터의 배신, 학대와 버림받음, 노력과 열심이 수포로 돌아가는 경험, 감질나는 애태움의 반복, 희망의 상실, 끝이 보이지 않는 고통의 터널, 가장 소중하게 여기던 것을 송두리째 빼앗기는 경험, 죽음을 마주해야만 하는 순간들을 지나갈 때 우리 마음엔 슬픔의 물이 고이게 된다. 너무 분해도 슬퍼지고, 감당할 수 없는 수치도 슬픔이 되며, 닿고 싶은데 닿을 수 없는 대상을 향한 간절함 역시 슬픔이 될 수 있다. 어찌 보면, 우리가 말하고 노래했던 수많은 슬픔들은 말로 표현하기 힘든 인간의 여러 가지 고통스런 감정들이 응축된 상태일 것이다. 슬픔이 한 방울 두 방울 톡톡 떨어지는 것은 별것 아닌 듯 보이지만, 오랜 시간 반복되면 마음 어느 곳에

'깊은 웅덩이'를 만든다. 세월이 지나면서 슬픔도 굳어져 가는 경험을 하게 되는데 그 자신이 제대로 이해하고 느껴야 마음속에서 풀어지면서 녹게 된다. 결국 자기 슬픔을 스스로 알아주기는커녕, 과거와 영영 결별을 못할 땐 (롯의 아내가 뒤를 돌아보듯) 그 자신이 '소금 기둥'이 되고 마는 것이다.

자고로 소금은 잘 녹아야 한다. 녹은 소금은 적절한 짠맛을 내고, 자라는 데 필요한 영양분이 된다. 아픈 만큼 성장한다는 말은 아픔과 슬픔을 당신이 잘 소화했을 때에만 해당하는 말이다. 덩어리져서 굳은 소금은 쓸데가 없다. 맛도 내지 못한다. 나는 슬픔이 현실을 살아가는 사람의 내면에 잘 녹아 풀어질 때 삶에 진정한 맛깔을 낼 수 있다고 믿는다.

요새 워낙 건강과 질병 예방에 대한 초관심 때문에 덩달아 '저나트륨 식단'이 인기다. 그래서 어느 사이 소금이 덜 강조되고 "너무 짜게 먹지 마!"라며 터부시되는 지경에 이르렀지만, 실제로 사람 몸에 소금기가 부족하면(전해질 불균형을 의미) 멀미하듯 미식거리고 구역질을 하거나 두통을 호소하게 된다. 안절부절못하고 예민해지며, 근력이 전반적으로 떨어지는 것은 물론 근육이 제멋대로 수축하여 경련을 일으킬 수 있다. 그뿐만 아니다. 뇌가 붓고 신체 에너지가 떨어지며 늘어지다 못해 심하면 소위 코마(혼수 상태)에 빠지게 된다. 사람에게 소금은 필수다!

신뢰와 신뢰에 대한 배반의 슬픔

신뢰[trust] -눈물을 흘리는 자는 타인으로부터 위로를 받을 수 있지만, 슬픔이 내면에 굳어 버린 사람은 남을 믿을 수 없다.

아무나 믿는 것이 신뢰가 아니다. 신뢰란 나를 돕는 타인을 믿을 수 있는 마음의 힘이자 능력이다. 신뢰를 쌓아 가야 한다는 말을 많이 하지만, 엄밀히 말해서 '신뢰하는 마음'은 타고나는 것이다. 다행히 보편적으로 '신뢰의 능력'을 가지고 태어나는데, 어린아이들은 자기를 좋아해 주고 도와주는 이들을 '잘 믿는다'. 솔직히 자신에게 젖을 주고 보살핌을 제공하는 사람을 믿어야 살아남을 수 있다. 이를 두고 어른들은 애들은 조금만 잘해 주면 너무 쉽게 잘 믿는다고 걱정하지만, 알고 보면 어린아이가 세상을 살아가는 데 꼭 필요한 마음의 능력인 것이다.

다만 어린 시절 부정적이고 안 좋은 경험들 때문에 본래의 '믿을 수 있는 마음'이 다쳐서 상하거나 스스로 닫아 버리는 경우가 있다. 그리고 커 나가면서 자기 안에 화가 많아져 공격성이 있는 사람도 결코 남을 못 믿는다. '타인은 적'이라는 생각이 무의식을 지배하기 때문이다.

아이들의 본래 신뢰할 줄 아는 마음이 외부로부터 공격당하지 않도록 보호하고 병이 생기지 않게 잘 보살펴야 하는 것은 어른의 책임이다.

　슬픔은 인간을 가장 인간답게 하고 아름답게 만드는 필수 감정이다. 슬픔을 느낀다는 것은 고통 이후 살아남았다는 증거이자 고통을 이긴 '아름다운 승리'를 의미한다. 슬픔은 우리를 죽이는 것이 아니라 살리는 것이다.

　믿음과 신뢰의 느낌은 노력해서 얻는 게 아니라 주어진 것에 가깝다. 아이들의 '신뢰'에 대해 앞에서 말했는데, 알겠지만 모든 사람의 어린 시절이 다 행복하거나 평안하지 않다. 어린아이들이 겪는 고통과 학대에 대해 많은 것들을 이야기할 수 있지만, 나는 그중의 핵심은 '믿는 마음에 대한 배반의 슬픔'이라고 생각한다. 어떻게 보면 부모에게 많이 혼나고 비난받는 것, 폭력을 당하는 것 그 자체도 아프지만, 가장 슬프게 하는 것은 아이가 무한 신뢰하고 믿었던 부모가 그 마음을 제대로 존중해 주지 않았거나 심지어 믿음을 저버렸다는 사실을 마주할 때이다.

　치료하는 과정에서 어린 시절 힘없는 아이가 생존하기 위해 필요했던 여러 가지 환상(생존 판타지survival fantasy라 부른다)들과 사고방식들을 하나씩 발견해 나가고, 결국 이러한 것들은 스스로 만들어 냈다는 사실을 만나게 된다. 실제 자기 고통을 직면하고 이해하게 되면 더 이상 그 '생존 판타지'는 필요하지 않다.

이제 필요한 과정은 다음과 같은 것들이다. '현재 어른인 나'가 '고통받았던 어린 나'를 토닥토닥해 주며 "대견하구나, 장하구나." 인정하고 지지해 주는 것, '과거의 나'를 봐 주면서 함께 서글퍼하고 슬픔을 느끼는 것이다.

슬픔, 그것은 곧 '내가 많이 아팠었구나' 공감해 주는 것이다. 슬픔을 '체감'하는 과정은 과거에서 현재로 빠져나오는 유일한 통로이다. 나를 아프게 했던 것들을 온몸으로 절절히 느끼는 바로 그때가 슬픔을 녹여 내는 시간이다. 그래서 슬픔은 '슬픈 느낌의 순간'이라기보다는 일련의 충분한 시간을 가지고 행해지는 '의식적意識的 행위'에 가깝다. 감정 격동의 물살을 고스란히 느끼면서도 의식을 놓치지 않는다. 피하지도 숨지도 않고, 차가우면 차가운 대로, 물살이 세면 센 대로 그대로 느낀다. 빠져나오는 동안 힘이 빠져 버리고 허탈해지는 게 아니라, 그전보다 탄탄해진 마음의 근육을 선물로 얻게 된다. 슬픔이 마음의 소금으로서 '자양분'이 된다는 것은 그런 의미이다. 그 마음의 근육은 당신에게 현재뿐만 아니라 미래를 살아 나가는 데에도 더없는 원동력과 자산이 될 것이다. 원래 죽다 살아난 사람이 제일 무섭고, 고통의 슬픔을 건너온 사람은 더 이상 두려울 것도 어려울 것도 없다.

아름다운 슬픔은 우리로 하여금 뒤를 돌아보며 머물러 있게 하지 않는다. 과거에 박제되어 정체되어 있지 않다. 그 슬픔은 우리를 현재라는 변화무쌍한 바다로 기꺼이 밀어 주며 앞으로 나아갈 수 있도록 돕는다. 슬픔이 충분히 녹아졌기 때문에 현재라는 시간이 더 충실해질 수 있다. 과거에 미련을 둔 소금 기둥이 아니라, 고통을 고스란히 느끼면서도 앞을 보며 탈출해 나온 자들, 살아남은 자들이 아름다운 슬픔의 주인공들이다.

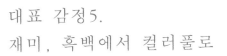

대표 감정 5.
재미, 흑백에서 컬러풀로

아이들은 재미를 진지하게 고민한다

달팽이가 이슬을 먹고 산다면 직장인은 주말을 먹고 산다. 주말은 일하는 사람에게 '이슬'이자 일의 결정체라 할 수 있다.

많은 사람들이 이번 주말에 뭘 할지 기대하면서 평일과 월말의 고됨을 견뎌 낸다. 열심히 일한 대가로 주어지는 게 주말의 달콤함인지, 럭셔리 주말을 위해 달리는 중인지 그 선후 관계는 그리 중요하지 않다. 내가 보기에 '낙(樂)'이 있고 없고가 더 중요한 문제다.

이슬이 없는 일상은 당연히 건조하고 텁텁해질 수밖에 없다. 머리에 흰머리만 소복해지는지, 피곤한 중에도 눈빛만은 여전히 반짝이는지, 얼굴이 설렘과 기대를 머금고 피어오르는지, 모두 '낙의 유무'에 달려 있다.

아이들에게 무슨 고민이 있겠냐 싶지만 실제로 아이들은 자기 전, 그리고 아침에 일어나서 깊은(?) 고민을 한다. "내일은 뭐 하고 놀지?" "오늘은 어떤 놀이를 제일 먼저 할까?"

〈곰돌이 푸〉에 나오는 친구들만의 고민이 아니었다. 그러고 보면 크고 작은 전쟁 중에도, 먹고 살기 열악한 환경 속에서도 틈만 나면 뛰어놀 궁리를 하고 실행에 옮기는 게 바로 어린아이들이었다.

정말 진지하게 오늘 하루의 '즐거움을 위한 고민'을 한다. 그냥 주어지는 대로 노는 게 아니라, 즐거움을 위한 계획을 세우는 모습이 내게 자극이 되었다. 실제 아이들을 키우기 전까지는 인간의 삶에서 '즐거움'의 존재감이 이 정도로 큰 줄은 잘 몰랐던 것 같다.

즐거움의 종류 또한 엄청나다. 감각적인 즐거움, 배움과 습득의 즐거움, 신체적 활동을 통한 즐거움, 교감의 즐거움, 말하기의 재미, 각종 소리를 만들어 내는 유희, 역할 놀이 등의 연극적 즐거움, 그리기/쓰기 등 표현의 재미, 만들어 내는 즐거움, 창작물을 다시 뜯고 부수는 묘미와 희열까지…. 심지어 뒹굴뒹굴 베개와 이불더미 사이에서 나무늘보처럼 늘어지는 것도 놀이가 될 수 있다. 뿐만 아니라 숨기와 찾기, 여러 가지 단순 반복 행동들도 재미와 즐거움을 만들어 내는 소스가 되곤 한다.

말 그대로 별것 아닌 것에도 깔깔대고 배꼽이 빠져라 까르르 넘어갈 수 있는 건 아이들이 가진 신기한 마법 같다. 이러한 시절이 미취학 아동 때만 있다가 사라지는 것은 아니다. 다행히 한 번 더 기회가 찾아오는데, 10대를 넘어가는 '사춘기' 시절이 그렇다. 흔히 사춘기 소녀들을 두고 "낙엽만 굴러도 웃는다."고 하는데, 그만큼 청소년 시기는 온갖 것에 감각이 활짝 열리는 때이다.

성인이 되기까지 크게 세 번 감각의 대확장 시기를 거친다고 본다. 생후 첫 1년이 그렇고, 오이디푸스 시기라 불리는 3세에서 6세, 그리고 2차 성징이 시작되는 사춘기 시절이다. 각자 나의 사춘기는 몇 살에 시작해서 언제 마무리되었는지 되돌아보는 과정도 꽤나 흥미롭다. 자기만의 '개성'이 꽃봉오리 피는 때이면서, 결코 순탄하지만은 않아서 질풍노도의 시기라는 닉네임을 갖고 있는 게 '청소년기'이다. 감정과 정신의 영역에서 폭풍 성장이 일어나는데도 불구하고, 실제로는 학업 스트레스나 주변 여건 때문에 의외로 '숨은 사춘기'를 보내야 하는 경우가 많다. 사람의 성향과 살아온 환경에 따라 감각이 활짝 열리는 시기를 충분히 누리지 못한 채로 지나가야 할 수도 있다. 이러한 경우에는 10대를 훌쩍 지나서 뒤늦게 '사춘기 현상'을 겪게 될지 모른다.

요새는 자신의 평생 직업이나 진로를 결정하는 시기가 10대에 한정되는 것 같지 않다. 파트너를 정하는 것도 마찬가지다. 좋아하는 일과 좋아하는 사람을 선택하고 결정하는 시기는 사람마다 얼마든지 다르게 나타난다. 그럼에도 불구하고, 고리타분하게 들릴 수도 있지만 20대나 30대 정도에는 일이든 사랑이든 자신이 좋아하고 원하는 바를 정하는 게 여러 모로 좋다. 가장 큰 이유는, 인간은 한정된 시간을 살아가는 존재이니까. 가급적 빨리 선택하게 되면 첫 선택이 틀려도 수정할 시간이 있어서 좋고, 구체적인 결정까지는 아니더라도 커다란 방향성 정도는 정해 놔야 너무 많이 헤매지 않을 수 있다.

이 세상엔 재미난 게 생각보다 많고 즐거움의 대상은 넘쳐난다. 즐거움의 바다에 풍덩 빠져서 이리저리 다 맛보는 쪽을 택할 수도 있겠지만, 어떤 맛에 꽂히면 또 그 '깊이의 세계'에 욕심이 날 것이다. 각종 '덕후'들의 탄생이 전혀 이상하지 않은데, 인간은 넓고 다양한 것도 즐기지만 깊숙이 빠져드는 것도 좋아하는 특성을 가졌기 때문이다. 얇고 넓은 편을 택하든 좁고 깊은 편을 택하든 그 역시 당신에게 달려 있다.

솔직히 재미와 즐거움의 양과 질, 둘 다 쉽게 포기할 수 없는 부분이다. 그러니 인간의 유한성과 시간의 제약만이 애석하게 느껴지겠지만, 애석함에 젖어 있을 시간에 진정한 재미를 조금 더 찾아보고 맛보는 게 훨씬 나은 선택이다.

재미가 도대체 뭐기에?

재미는 우리 삶의 자양분

재미의 어원이 자미滋味(자양분이 풍부한 맛)라 되어 있는데, 삶의 양념 그 이상이란 뜻이다. 그런데도 재미라는 말이 너무 가볍게만 쓰이는 게 좀 안타깝다. 재미를 추구하는 것은 베짱이나 게으름뱅이의 길을 가는 것처럼 오해되곤 한다.

"이제 재미없는 일은 더 이상 하지 않기로 했어요!"

치료하면서 듣게 되는 가장 기쁜 말 중 하나다. 이보다 우리 삶을 행복으로 인도하는 선언이 없는 것 같다. 이 결심에 우리의 '의지will'를 틈날 때마다 크든 작든 계속 붙여 나가야 한다.

재미가 의미다

사는 재미가 없어서 괴롭고 힘들어하는 사람에게 "인생을 재미로만 사니?" 이런 야속한 말로 툭 치는 경우를 정말 많이 보았다. 심지어 삶이 다 거기서 거기고 '괴로운 게 인생'이라는 무거운 솥뚜껑 같은 말로 덮어 버리곤 한다. 그때마다 내 안에서 솟구친 의문은 이것이다.

인생에 재미 빼면 뭐가 남을까? 재미가 빠지면 인생의 맛이 없어지고 생의 의미를 상실하는 게 현실인데, 있으면 좋고 없어도 어쩔 수 없다는 식으로 취급된다는 건 전혀 맞지 않다. 재미가 없으면 삶은 더 이상 자라날 수 없다. 사회적으로 정신적으로 고립된 생활을 하다가 치료를 통해 어떤 식으로든 자기만의 재미를 찾은 사람은 다시 사회 속으로 나오려 하게 되어 있다. 그리고 놀랍게도, 어느 정도의 사람 간 불편함도 기꺼이 감수하는 용기를 낼 수 있게 된다. 힘든 것도 견디고 감내하도록 도와주는 것이 바로 '재미'이다. 실의에 빠진 나를 격려하고 독려하며 설득하는 파워가 재미에 있다.

재미는 삶에 색깔을 입힌다

자존감의 문제, 자신감 부재, 여러 가지 형태의 자학 행위, 비관주의pessimism, 세상에 대한 원망에 사로잡히게 되는 공통분모는 바로 '재미 상실'이다. 재밌고 즐거운 게 빠지면 말 그대로 '다크'해질 수밖에 없는데, 전염력도 강해서 실제로 재미없는 사람과 있으면 답답한 공기에 갇혀 버린다. 즐거움을 상실한 사람에겐 좋은 것은 보이지 않고 사물이나 사람, 현실 상황의 나쁜 것들만 부각된다. 마치 블랙홀처럼 세상의 '다크'한 것들을 다 끌어안고 살거나, 이를 견딜 수 없을 때는 결국 세상으로부터 도피하여 은둔하게 된다. 겉보기에는 이들이 안고 있는 문제가 대인 관계나 사회성의 문제처럼 보이지만, 핵심은 '재미 상실'이 아닌지 반드시 점검해 보아야 한다.

삶에 재미가 없을 때는 흑백 TV처럼 편하거나(white) 불편한 느낌(black) 정도만을 구분하지만, 재미의 대상을 찾고 나서는 감정의 희로애락이 생기고, 세상은 원래 컬러풀하다는 사실과 사람은 저마다 다른 색깔과 결을 가지고 있음을 분별할 수 있게 된다.

"세상 사람들이 다 저같이 사는 줄 알았어요. 저처럼 생각하는 줄 알았는데 아니군요."

자신과 타인의 색깔이 어떻게 다른지 또한 자신만의 재미를 찾은 후에 선명하게 인식할 수 있다.

감정 발생의 주요 법칙 : 감정 발생 vs. 감정 표현

우리가 현실을 살아가면서, 사람들과 관계를 맺으면서 체감하는 감정들은 전혀 단순하지 않다. 늘 한두 가지가 아닌 '수십 가지'의 감정들이 동시에 혹은 연속적으로 일어난다. 그래서 "사람 마음은 왜 이리 복잡한 걸까?"라는 질문을 하게 만드는 것이다.

하지만 하나의 감정이 탄생(?)하는 과정은 지극히 단순하다. 이와 같은 사실은 감정을 분석하는 치료 과정에서 발견하게 되었다. 또한 이제 막 감정이 발달하기 시작한 어린아이들을 관찰하면서 얻게 된 진실이다.

마치 물질의 최소 단위가 원자인 것처럼 감정 역시 결국 '좋다' 또는 '싫다'의 기본 단위로 분해해 볼 수 있다. 그렇다면 무엇이 감정을 복잡하게 만드는 걸까? 결국 문제는 '장field'에 있다. 마음이라는 '감정의 운동장(실제로 감정은 움직인다)' 자체가 단층 구조가 아니다. "마음을 상상해 보세요." 하면 보통 드넓은 초원이나 마당을 연상하지만, 실제 마음은 1층의 판상 구조가 아니다. 오히려 다락방도 있고, 한 층이어도 복층 구조에 지하실도 있고 테라스나 앞마당도 있는 그런 주택을 떠올리면 좋겠다. 여기에 굴뚝이나 화장실 배수관 같은 연결 파이프도 있다! 복잡다단한 구조로 이루어져 있다는 특성 때문에, 그리고 각각에서 동시다발적으로 감정을 발생시킬 수 있다는 점 때문에, 우리 마음은 언제든 어지럽혀질 수 있고 복잡 미묘해질 수 있다. 그래서 마음의 구조를 잘 몰랐던 시대에는 인간의 감정 현상은 훨씬 난해하고 다루기 힘든 영역으로 인식될 수밖에 없었다.

감정의 좋고 싫음이 마음 어느 층위에서 발생하고 어디에 위치하는가에 따라 양상은 매우 달라진다. 이드id의 좋고 싫음과 초자아superego의 좋고 싫음은 언제나 충돌을 일으킬 여지가 있다. '내 마음 나도 몰라~' 같은 순간은 대개 마음속 서로 다른 곳에서 각기 다른 목소리를 낼 때이다.

당신의 생존 문제와 맞닿아 있으면서 가장 대표적으로 발생하는 감정 상태 네 가지를 놓고 기본 단위인 '좋고(G: good) 싫음(B: bad)'으로 나눠서 태깅tagging해 보자. (이후에 좀 더 세부적인 감정 이름들을 붙여 나갈 수 있다.) 이를 다시 감정 시스템과 짝지어 보면 감정의 다이내믹(역동)을 입체적으로 그려 보는 것도 가능해진다. 이러한 논리수학 같은 방식이 처음에는 무척 복잡해 보이겠지만, 한번 익혀 두면 당신이 감정을 심층적으로 이해하는 데 상당한 도움을 줄 것이다.

일차적 감정 발생의 법칙 다섯 가지

1. 누가 나를 공격하면 화가 난다. (☹B, 분노 시스템)

2. 내가 좋아하는 사람과 떨어지는 것은 싫다. (☹B, 패닉 시스템)

3. 나의 필요가 채워지면 만족스럽다. (☺G, 찾기/만족 시스템)

4. 존재의 위험과 위기를 맞닥뜨리게 되면 '겁'이 난다. (☹B, 공포 시스템) 모든 감당할 수 없는 두려움과 불안의 뿌리는 어린 시절에 있다. → 성인으로서 현실에서 느끼는 두려움과 불안은 스스로 처리할 수 있을 만한 것들이다.

5. 감정의 생로병사. 감정은 정상적으로 발생과 분화(발달), 소멸의 과정을 거치며, 제대로 된 이해의 과정이 생략될 때 '병'이 생긴다. 한번 생긴 감정은 저절로 늙지 않는다.

위의 다섯 가지 법칙은 감정의 발생 과정에 항상 적용된다.

감정의 빙산

겉으로 보이는 부분은 감정 그 자체가 아니라 '표현된 감정'이다. 어떤 감정들이 그 사람의 표면에 주로 드러나는지를 두고 성격과 성향을 분석하기도 한다. 한 사람이 감정을 표현하는 방식만큼 그 사람의 '캐릭터'를 단적으로 알려 주는 게 없다. 친구나 주변 사람 중에서 누가 조심성 있고 내향적인지, 누가 직설적이면서 외향적인지 심리학을 공부하지 않아도 각자 나름대로 잘 분류하면서 살고 있다. 다만 과거와 현재 차이가 많이 나거나 시시때때로 변화가 심한 사람의 경우에는 정확히 특정 짓지 못하고 갸우뚱하게 된다. 그럴 때 일반적인 경우와 특수한 경우로 나누기 시작한다. 대개 특수한 케이스를 두고 "참 알 수 없는 사람이야. 알다가도 모르겠다니까" 이런 말을 하게 되는 것이다. 혹은, "정말? 그 사람이 그런 면이 있었대? 상상이 안 되는데. 지금은 세상 점잖고 젠틀한데…" 어쩌다 접하게 된 과거력이나 다른 관점의 증언들 앞에서 이런 반응이 나올 수도 있다.

여기서 우리는 또 다른 중요한 사실을 발견하게 된다. 감정 표현 방식은 '사람이 마음먹기에 따라' 변화시킬 수 있다는 점이다. 의식적인 교정과 위장도 가능하다. 감정의 발생은 사실상 의식적으로, 의도적으로 조절할 수 있는 부분이 아니지만,

'표현의 영역'은 얼마든지 사람의 '의지'가 개입될 수 있다. 그래서 역설적으로 감정 표현은 훈련과 연습이 가능하다고 말할수 있다.

감정 표현의 법칙 다섯 가지

1. 문명인의 감정은 반드시 '옷'을 입는다.

2. 이 옷은 어렸을 때는 주로 주 양육자에 의해 입혀지지만, 성인이 되면 스스로 선택할 수 있고 자기 의지로 입게 된다.(자유 선택적 속성)

3. 하나의 감정이 입는 옷은 여러 개이며, 언제든 덧입거나 갈아입거나 벗어 버릴 수 있다.(레이어드/복수 선택 및 탈착의 속성)

4. 감정의 옷은 대물림이 가능하다.(세대 간 전달 generation to generation)

감정의 표현: 감정 옷

5. 감정의 옷은 물려받은 것과는 전혀 다른(모방되지 않은) 패턴으로 새로 만들어 낼 수 있다.(감정 표현의 창의적 속성)

초자아^{superego}가 강한 유형

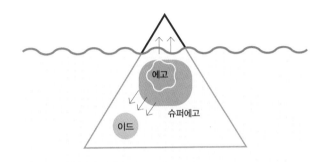

자아(에고, ego)는 초자아(슈퍼에고, superego)의 강력한 힘에 자주 찌그러지게 된다. 전적으로 이드를 표면에 떠올리지 않는 데에다 내적 에너지를 초집중시키는 유형이다. 감정의 옷은 당연히 강한 초자아에 의해 선택이 '종용'되는 상태에서 자아가 '울며 겨자 먹기' 식으로 택한 옷을 입게 된다.

이드가 득세하는 유형

이드가 득세한다는 것은, 이를 밀착 마크하는 내면의 구조가 상대적으로 모두 부실하다는 말이기도 하다. 초자아의 비

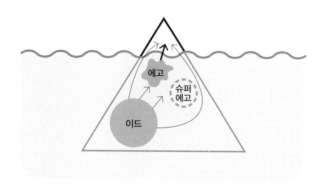

중은 매우 작거나 있으나 마나 한 수준인 경우도 많다. 이런 내면 구조를 가진 상태에서는 이드는 무사통과(필터링을 거치지 않음)하거나, 약해진 에고를 손쉽게 밀어내고 표면 위로 불쑥불쑥 튀어나오게 마련이다. 외부의 통제(강력한 타인 혹은 현실적 규제와 제약) 외에는 이들의 욕망이나 본능을 제어할 방법이 없다고 볼 수 있다. 다만, 에고의 상태에 따라서 생각보다 '그럴듯한', 상황에 맞는 감정의 옷을 입는 것이 가능하다.

건강한 마음 구조, 워너비^{wannabe}

에고는 자신이 더 커지기 위해 자기 발전을 하면서 초자아까지 아우르고자 노력한다. 이드와 슈퍼에고 사이의 갈등도 중재하고, 이드와 '핫라인'을 구축해서 직접적인 소통을 통해 문제 해결을 도모할 수도 있다. 이때 감정의 옷은 자아의 사려

깊고 합리적인 선택에 따라 자유롭게 고를 수 있다.

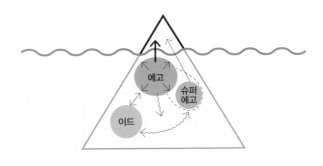

마음의 병과 증상이 생겨나는 메커니즘

에고와 단단히 결합된 슈퍼에고가 아예 월등히 강해서 정제된 반응을 보이는 경우(초자아가 강한 유형)와 달리, 말 그대로 '혼돈의 도가니'에 빠진 상태이다. 여전히 슈퍼에고의 비중과 영향력이 큰 편이지만, 적절한 감정의 옷을 선택하는 것은

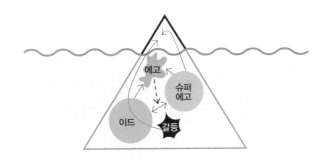

점점 불가능해지고 끊임없이 내적 충돌과 갈등의 분출을 겪게 된다. 에고는 이드의 '아우성'에 시달리기도 하고, 이드와 슈퍼에고 간의 중재는커녕 둘 간의 격렬한 싸움에 휘말리기 쉽다. 이드는 약해지는 에고의 틈을 호시탐탐 노린다. 슈퍼에고도 이드를 통제하는 대신 오히려 표면으로까지 솟아올라서 역으로 자아^{ego}를 공격하는 양상을 띠기도 하는데, 이것이 '자해와 자학'의 상황이다. 대표적으로, 본능적 '분노'가 어쩌다 표출되었을 때 이를 '혼내 주는' 슈퍼에고(초자아)가 뒤이어 콤비로 등장하곤 하는데, 그런 면에서 '분노와 자책감'은 커플링된 감정 세트로 보기도 한다.

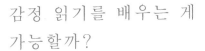

감정 읽기를 배우는 게
가능할까?

살풀이와 정신분석의 차이

정신분석의 가장 핵심은, 한 사람이 감당하기 어려운 고통스러운 감정들의 잉태 과정과 이에 얽혀 있는 과거의 역사^{story}(서사)를 밝혀 내는 것이다. 그리고 그것들을 '현재의 마음 무대'에 또렷이 올려 낸 뒤 그 응어리를 풀어내는 과정이라 할 수 있다. 어떤 면에선 살풀이 굿과 상통한다. 무속의 '살殺'이 그 사람과 삶을 해코지하는 나쁜 기운을 의미한다면, 정신분석에서는 과거 마음의 고통스러운 감정 경험이 곧 '살'에 해당한다고 볼 수 있다. 실제로 이러한 감정 상태 때문에 자해나 자살이 일어나고 심지어 타인을 해치는 일도 벌어진다.

살풀이에선 그 사람의 생년월일에 맞춰서 무슨 살인지 지칭naming을 하고 관련된 스토리를 읊어 낸다. 판타지fantasy적이고 상징적인 요소를 담고 있는데, 고정 스토리(각 살마다 정해진 개요와 줄거리)가 이미 있다. (예를 들면 '도화살' 같은 것이다.) 즉 각 개인에게 개별화되어 있는 것은 아니며 분류화categorizing의 방식을 취한다. 그리고 주로 미래에 해코지가 일어날 것에 대비해 방지하는 목적으로 행해지기 때문에 그 사람이 실제 살아온 과거 인생사와는 뚜렷한 연관성이 없다고도 볼 수 있다. 그러다 보니 어떤 증상이나 병이 생겨서 살풀이를 한다고 해도 구체적으로 어떻게 그 병에 이르게 되었는지는 주된 관심사가 되기 어렵다. 온갖 문제들을 한 보따리에 싸매서 '나쁜 기운 탓'으로 태그tag를 붙인 뒤 태워 버리는 방식에 가깝다. 그 과정에서 개인의 '카타르시스적 반응cathartic reaction'은 이끌어 낼 수 있지만, 정신분석에서 말하는 고통스러운 감정의 진짜 근본 원인과 증상 유발 사건들은 밝혀지지 않은 채로 끝난다.

정신분석의 기반은 철저히 개인사, 이미 살아온 삶 속에 있다. 개인의 과거 경험들에서 비롯된 '독소'를 찾아내고, 그와 관련된 서사들을 세부적으로 정밀하게 추적해 나간다. 독소라고 함은 현재를 살아가는 사람과 삶을 해치는 것을 말한다.

보통 트라우마라고 불리기도 하는데 사건이나 경험 그 자체는 아니다. 오히려 근원 사건에서 발생한 '독한 감정'을 병의 원인으로 보는 것이 맞다. 독한 감정은 한 개인이 정상적인 방식으로는 전혀 해소할 수 없었던 감정이자, 발생 이후에는 그 사람의 가치 체계까지 교란시키는 '이상한 생각-왜곡된 사고방식'들을 심어 놓고 강력한 영향력을 행사하는 것이다. 바로 이것이 실제 '독소toxin'로 작용한다.

치료 과정에서는 앞서 말한 것들(사건과 감정, 연관된 사고방식 및 영향을 끼친 파트 등)을 하나씩 의식의 테이블conscious table(스스로 인식할 수 있는 마음 영역) 위에 올려놓기 시작한다. 그리고 연관 감정들에 대해 그 성격과 깊이를 낱낱이 이해하는 작업을 진행해 나간다. 고름과 같은 독소가 완전히 빠져나갈 때까지 말이다. 그때 비로소 오래 묵혀 놓았던 감정도 '과거의 시간' 속으로 흘려보내게 되고, 마침내 과거로부터 자유로워질 수 있다. 정신분석은 이러한 과정을 돕고 있다.

감정 읽기의 단계와 필수 요소

자, 어느 골목에서 혼자 울고 있는 아이가 있다고 하자. 우리는 어떻게 이 아이의 마음을 읽고 공감해 줄 수 있을까? 어떤 방법으로 도와줄 수 있을까? 진정한 공감과 이해의 작업은 다음의 세 가지의 과정을 밟게 된다고 볼 수 있다.

1. 알아채기(지나가는 행인 수준): "어! 저기 아이가 혼자 쪼그리고 앉아 울고 있네!"

여기까지는 그냥 지나가는 행인과 매한가지다. 어느 정도의 감성만 있어도 이 단계는 일어날 수 있다. 더 나아가 토닥토닥 안아 줄 수도 있을 것이다. 이러한 행위는 따뜻한 반응이긴 하지만, 이것만으로는 '감정 읽기'의 과정에 포함시키기 어렵다. 설사 울음을 그쳤다 하더라도 이는 공감이나 이해의 과정과는 별개의 사건이다. 다음의 '조사하기' 과정이 필수적으로 있어야 '진정한 공감 반응'의 시작으로 볼 수 있다.

2. 조사하기(일단 멈추고 접근하기 – 질문하기-마음의 돋보기를 들고 가까이 들여다보기)

가까이 다가가서 몇 가지 질문을 하는 수준을 넘어서 돋보기를 들고 조사를 시작하는 정도는 되어야 '착수 단계'라 칭할 수 있다. 조사하기 작업은 굉장히 이성적인, 이성理性이 풀가동되는 과정이다. 그리고 '착수 단계'부터 다양한 단서들을 모으기 시작하는 '본격 정밀 조사 단계'에 이르기까지 조사의 수준은 매우 다양하게 나타날 수 있다. 걸리는 시간 역시 개인마다 사안마다 다를 수밖에 없다. 심지어 조사만 하다 끝나 버릴 수도

있다.

3. 통합하여 온전히 이해하기(조사를 일단락하고 자료를 분석하여 인과관계와 개연성을 밝혀내며 통합하는 과정)

타임 라인과 함께 구체화된 서사들이 밝혀진다. 이 구체화된 이야기를 놓고 되짚으면서 이해하는 과정 중에 문제의 '감정' 이 진짜 원인 사건과 연결될 수 있고, 연결된 결과로서 감정은 이제 모호함의 성질을 벗고 생생한 느낌으로 재현된다.

2, 3단계는 계속 오가면서 점차 심화된다고 보면 된다. 2, 3단 계에서 중도 포기(?)되거나 기약 없는 보류 상태로 머물 수 있

다. 마치 미제 사건처럼 말이다. 인내심과 끈질김이 요구된다. 고통스러운 감정을 이해하기 위해서는 인간의 의지가 많이 개입될 수밖에 없다. 왜냐하면 자신의 마음을 온전히 이해하는 작업을 끝까지 계속할지 말지는 순전히 개인의 '의지적 선택'에 달려 있기 때문이다.

퍼즐의 비유

우후죽순 흩어져 있는 퍼즐 조각들을 한곳에 차곡차곡 모아서 그림을 맞춰 나가면 '연결되는 이야기(Story, 서사)'가 나오게 된다. 퍼즐의 오목-볼록이 제대로 맞춰질 때마다 연관 '감정'들이 매칭되어 되살아나는데, 이때 마치 영화나 드라마의 클라이맥스처럼 '몰입과 감정 분출'이 일어날 수 있다.

완전히 몰입(감정의 재경험)했다가 다시 이성을 작동시키는 '이해의 과정'을 거치면서 고조된 긴장이 풀리게 된다. 즉 소화 해소의 과정으로 넘어가며 마무리된다.

감정의 속성,
그리고 감정 읽기의 실제 사례

감정의 세 가지 속성

감정의 속성 1: 화난 감정, 절망의 감정들을 풀지 않으면 이성과 생각 영역의 변형을 초래한다.

소위 '왜곡된 사고 패턴'이라고 불리는 것들이다. 특히 어린 시절의 격렬하면서도 지속 반복되는 부정적 감정은 '생존 판타지'를 형성하여 사고방식과 가치 체계에 똬리를 틀게 된다.

감정의 속성 2: 마음 안에서 풀지 못한 감정은 몸으로 넘어가고 삶의 테두리에 남는다.

"몸은 기억한다.^{The Body Keeps The Score.}"는 말이 있다. 트라우마 전문가 베셀^{Bessel van der Kolk} 박사(정신의학과 교수)의 책 제목이기도 하다. 이 말은 감당하기 힘든 경험이 우리에게 어떤 방식으로 남게 되는지를 짐작하게 한다. 그리고 마음과 몸이 연결되어 있다는 사실을 상기시켜 준다. 또 하나 중요한 진실을 함축하고 있는데, 감정은 '숨겨질 수' 있다는 점이다. 더 중요하고 놓쳐서는 안 될 지점은, 한번 생겨난 고통스러운 감정은 저절로 '사라지지 않는다'는 사실이다. 시간이 지나다 보면 자주 다음과 같은 착각에 빠지게 되는데, 아무리 힘든 감정도 '흘러가겠지', '점차 희미해질 거야', '결국 사라질 거야'와 같은 것들이다. 이러한 착각을 하는 데에도 역시 이유는 있다. 잠시나마 위로해 주고 마음의 긴장을 늦추도록 도와준다. 말하자면 잠시 숨이라도 쉴 수 있게 해 주는 기능을 한다.

그렇지만 그러한 착각은 진짜 문제를 해결해 줄 수 없고 오히려 여러 합병증들을 불러일으킬 수 있다. 일시적으로는 크나큰 고통에서 해방될 수 있을지 모르지만, 전체적으로 보면 조금씩 조금씩 병들어 가게 되어 있다. 그리고 만성 우울과 불안, 불면증, 자신감 저하, 무력증, 대인 관계의 문제들과 같은 식으로 자신의 삶 속에 고스란히 남아 있게 된다.

감정의 속성 3: 감정은 움직인다.

감정은 억압되지 않고 어떤 식으로든 살아 '움직이고' 있다고 볼 수 있다. 영어의 감정을 뜻하는 이모션^{emotion}은 그 자체로 감정의 모션, 운동의 속성을 잘 드러내고 있다. 그래서 운동성을 살리고자 조금 더 어려운 전문용어로 정동^{情動}을 쓰게 된 측면이 있다.

친구들과의 저녁 식사에서 느낀 소외감

이제 당신의 일상 속 감정들을 대상으로 어떻게 '감정 읽기'를 적용할 수 있는지 알아보려고 한다. 나의 감정들이 모두 소중하다고 해도 한꺼번에 전부 다 다룰 순 없는 노릇이다. 과연, 어떤 감정부터 시작하는 게 좋은 걸까?

책 읽기에 여러 형태가 있는 것처럼, 감정에 대해서도 처음에는 소리 내어 읽는 수준(혼자서 입에서 무슨 말이 제일 먼저 튀어나오는지 주목하자)에서 시작하여 그 행간의 의미를 파악하는 '정독'에 이르기까지 다양한 방식으로 진행될 수 있다. 읽기의 수준을 달리하면서 동일한 감정을 계속 읽어 나가다 보면 신기하게도 여기저기 흩어져 있던 '그 감정'과 연관된 관련 사건들도 낚여 올라오기 시작한다. 이는 자유 연상(정신분석에서 환자가 마음속에 떠오르는 대로 말하는 방식으로, 말 그대로 생각나는 이것 저것을 최대한 걸러 내지 않고 자유롭게 이야기한다) 과정을 통해 가능하다.

다음의 예시를 함께 살펴보자.

어느 토요일 저녁 당신을 포함하여 세 명의 친구들이 함께 즐거운 식사 모임을 가졌다. 처음에는 즐겁게 모임을 시작했는데 점점 시간이 흐를수록 당신은 이상하게 뭔가 불편해졌다. 나중에는 알 수 없는 '소외감'까지 느껴지는 순간 '내가 왜 이러나?' 싶은 생각이 들면서 꽤 당황스러웠다. 뭔가 둘은 그사이 더 친해진 것 같았고, 둘이 신나게 대화하는 주제에 당신은 그다지 공감하는 바가 없어서 모임 끝으로 갈수록 주로 듣기만 하게 되었다. 다음 모임을 기약하며 집으로 왔지만 찝찝한 느낌은 없어지지 않았고, 괜히 이런저런 생각에 복잡해져서 잠을 설치게 되었다.

불편, 소외, 당황, 찝찝함, 이러한 것들은 그다음 날 맛있는 것을 먹거나 마음에 맞는 사람과의 대화를 통해 완전히 덮일 수도 있다. 그렇지만 이렇게 떠오른 감정들은 정확히 모른다 하더라도 체크를 하고 감정 다이어리에 '메모'해 두면 여러 모로 유익하다.

제일 먼저 나온 말: "아, 소외감 느낀다."

당시 상황을 떠올리면서 몇 가지 정리를 해 보았다.

1) 친구 두 명 중 어떤 특정인에게 기분 나쁠 만한 일이 생긴 것은 아니라는 점

2) 현장에서 딱히 두 사람에게서 큰 잘못 – 무례함 혹은 일방적 무시, 공격성 같은 행동 – 은 못 느꼈다는 점

3) 두 사람 모두 7년 이상 오래 알아 온 사이라는 것

4) 나를 제외하고 두 사람은 더 친해진 느낌

5) 그 둘은 전혀 불편해 보이지 않았고 불쾌한 기분을 느끼는 것 같지도 않은 점

종합해 보면 친구들 때문에 기분이 상한 게 아니라 '셋이 모인 상황' 자체가 '자극 요인'이 되어 심기를 불편하게 했을 가능성이 크다. 나머지 둘이 더 친한 순간(공통 관심사를 두고 활발하게 대화할 때)을 감지했을 때 바로 내면에 숨겨져 있던 '소외감'(제일 먼저 나온 말)이 소환된 사실에 주목했다. 말하자면 '서로 공통 관심사가 있었구나', 혹은 '둘은 그 주제에 대해 잘 아는구나', '그런데 나는 흥미가 없네' 등등 다른 생각이나 감정들이 있었지만, 이보다는 '소외감'이 그 순간 표면 위로 쑥 올라와 버린 것이다. 상황을 객관화하는 과정(리뷰+정리)을 통해 살펴보니, 두 친구가 실제로 소외시킨 것은 분명 아니었다. 그렇다면, '소외감'이 떠오른 것은 어떻게 설명할 수 있을까?

어린 시절에 '소외당한 경험'들과 연결되는 경우가 많다. 형제자매로부터, 심지어 부모로부터. 그 소외감이 친구 셋이 만난 자리에서 이렇게 끌어올려질 줄은 몰랐던 것이다. 이렇듯, 현재와 과거를 넘나드는 감정의 속성 때문에 현실적 소외나 배제 상황이 없어도 '소외감'은 느낄 수 있다.

감정 표현의 생생한 언어들

행복한 / 좌절한 / 슬픈 / 짜증 나는 / 심술이 난 / 불안한 / 미친 / 진정되는 / 화가 난 / 흥분한 / 멍청이가 된 것 같은 / 바보 같은 / 사랑하는 / 혼란스러운 / 우울한 / 쾌활한 / 두려운 / 호기심 많은 / 아픈 / 자신감 있는 / 민망한

아이들은 위의 감정 단어들을 배워서 익히기도 하지만, 다음의 '질감 단어'를 써서 감정을 표현하기도 한다.

1) "엄마, 마음이 폭신폭신해졌어요." 화가 났다가 풀렸을 때, 좋아졌을 때 하는 말이다.
2) "엄마가 달콤해요!" "마음에서 솜사탕 맛이 나요." 말 그대로 좋고 사랑스럽다는 뜻이다. 이러한 언어적 표현은 정말

놀랍다.

3) "뾰족뾰족해졌어요!" 무척 화가 났다는 뜻이다.

4) "끈적끈적해요." "불편해!" 짜증 나고 싫다는 뜻이다.

5) "마음이 판판해졌어요." 울퉁불퉁했다가 판판(편평)해졌다고 말하는데, 바로 전의 불편한 심기가 가셨다는 뜻이다. 다시 평정심을 찾은 것이다. 놀라운 감정의 항상성 유지 기능도 엿볼 수 있다.

6) 아이들은 감정 단어를 능동형뿐만 아니라 수동형과 결합하여 사용하기도 한다.

예) "마음이 착해지지가 않아!"

이러한 수동형의 언어 표현도 많은 것을 의미한다. 무언가 자기 뜻대로 안 된다는 점을 강조하는 것이다. 한마디로 내 마음 나도 잘 모르겠다는 뜻이다. 내 마음대로 안 되는 어려움을 호소하면서 동시에 엄마나 자신을 돌봐 주는 사람에게 도움을 청하는 것이다. 실제로 아이가 엄마인 내가 알 수 없는 이유로 화를 내고 떼를 쓸 때 튀어나온 표현이다. 어젯밤만 해도 "엄마 사랑해요" 하던 아이가, 아침에 일어나면서부터 심기가 안 좋은지 징징거리더니 급기야 폭발을 하는 것이었다. "어제는 사랑한다고 했는데, 오늘 왜 마음이 사랑하지 않아?" 물었더니, "화가 자꾸자꾸 나. 사랑해지지가 않아. 나 이젠 착해지지가 않아!" 하면서 펑펑 울기까지 했다. 그러더니 오히려 한풀

꺾이면서 한결 편안해지는 모습을 보였다.

3세 이후 6세경까지 감정이 발달하는 과정에서 정상적으로 보게 되는 '감정 볼륨의 확장' 장면이다. 즉 사랑하고 좋은 마음과 화가 나고 미운 마음, 극과 극이 점점 커져 가면서 전체적으로 아이의 감정의 품^volume이 넓어져 가는 중인 것이다. 이를 이해하면 엄마가 이유 없이 죄책감에 빠질 필요도, 아이를 미워하고 혼낼 이유도 훨씬 줄어들 수 있다. 그리고 아이의 감정이 커 가는 모습을 함께 목도하면서 신기하고 대견한 느낌이 들 것이다.

신체 감각을 가지고 표현하는 감정

"쫄깃쫄깃하다."

굉장히 재미가 있을 때 쓰는 것을 발견했다. 실제로 심장이 쫄깃쫄깃하다는 성인의 표현과도 연결되는데 스릴감, 흥분, 재미를 뜻한다.

"심장이 뛰는 느낌이에요!"

이는 말 그대로 살아 있다는 생기를 표현하는 말이기도 하고 온몸으로 느끼는 즐거움을 뜻하기도 한다. 특히 달리기 등 운동을 좋아하는 아이들은 실제 신체가 '고조되는 생리적 반응'을 일으키며 이를 그대로 느끼면서 동시에 즐기곤 한다. 그러면서 점차 자신의 몸을 컨트롤하는 법도 익히고 자신감과 도전하는 마음, 용기를 키워 갈 수 있다.

감정의 텍스처, 결과 온도감을 표현하는 단어들을 가지고 자신의 감정을 적어 보는 것은 여러 가지로 의미가 있고 이해하는 데 도움이 된다.

가시가 돋친 / 끈끈한 / 쫀쫀한 / 끈적끈적한 / 구겨진 / 깃털 같은, 솜털 같은 / 희뿌연 / 안개 낀 느낌 / 매끈한 / 시원한 / 미끄러운 / 출렁거리는 / 편평한 / 단단한 / 딱딱한 / 쭈글쭈글한 / 부드러운 / 찢기는(맴찢) / 푹신한 / 실크 같은 / 거친 / 극세사 같은 / 폭신한 / 울퉁불퉁한 / 뭉친 느낌 / 덩어리진 / 부유물이 떠오르는 / 지저분한 / 더럽혀진 / 더러운 / 따스한 / 따끈따끈한 / 말개진 / 마음이 좁아진 / 넓어진 / 닫힌 / 깨진 느낌 / 부서진 / 구멍 난

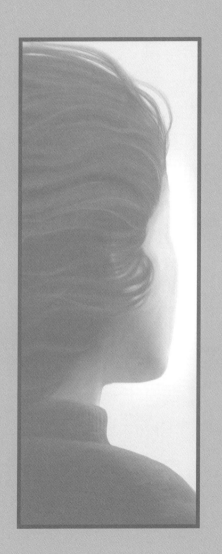

제4부

재미있는 삶,
행복한 인생을 찾아서

당신은 어떤 재미를
추구하나요?

"심장이 자주 두근거려요."

이제 이 말은 자동적으로 '심계항진'을 의미하게 되었고, 이에 따라 '심장이 두근거리는 이유'와 '심계항진의 다양한 원인들'을 검색해 보게 되는 건 전혀 이상하지 않다. 요새 정신과적 질환으로 인한 심계항진은 중요한 진료 영역 중 하나다. '신체 반응'을 놓고 내과적 질환이 아닌, 정신과적 요인에 대해서도 깊은 관심을 갖게 된 것은 참 다행스럽지만, 그러면서 '심장이 뛰는 것'＝질병이라는 공포와 불안이 자리 잡게 된 것도 사실이다.

청소년과 20~30대 청춘들을 향해 "심장이 뛰는 일을 해라!"와 같은 강력한 메시지는 소중한 열정을 도둑질하는 소위 '열정 페이' 문제 때문에 현실적이고 영리한 친구들에겐 더 이상 먹히지 않는다. 그들은 이렇게 성토하기도 한다.

"이제 심장이 뛰는 일 운운하는 꼰대들은 더 이상 상종하고 싶지 않아요. 심장병 걸려 죽을 일 있어요?" "가슴 벅찬 일이 아니어도 제 주변 사람들은 잘만 살더라구요. 세상에 자기 좋아하는 일만 하며 사는 사람이 몇이나 있겠어요?"

한스러움과 억울함이 묻어나면서도 이젠 아무에게도 속거나 이용당하며 살지 않겠다는 굳은 다짐이 담겨 있었고 한층 성숙하고 야무져 보이기도 했다. 그렇지만, 대화의 끄트머리에 "뭐, 인생을 재미로만 사나요?"라며 마무리할 때 뭔가 '슬픈 여운'이 느껴지는 건 어쩔 수 없었다.

얼마 전, 아이와 운동장을 돌고 있었는데 아이가 한참 뛰고 나더니 내게 달려와서 "엄마! 가슴 좀 만져 보세요. 속에서 팔딱팔딱 뛰어요!" 다소 흥분된 듯 말하며 내 손을 낚아채듯 잡더니 자기 가슴팍에 대는 거였다. "어, 심장이 두근두근 빨리 뛰네!" 그랬더니, "심장이? 심장이 뛰는 거네~ 기분 좋다~~ 또 뛸래요!" 신나서 숨이 가쁜데도 막 뛰어가는 모습을 보고

묘한 감동을 느꼈다. '그래, 심장이 뛰는 걸 느끼는 건 본능적으로 기분이 좋은 거구나!'

인간은 살아 있는 느낌을 좋아하고 그렇게 심장이 뛰는 기분을 계속 느끼고 싶어 하는 존재다. 그럼에도, 어느새 불안과 두려움이 그 기분을 억눌러 이를 누리지 못하게 된 것 같다. 특히, 어렸을 때 나의 소중한 열정과 관심사를 존중받지 못했던 경험, 살아가면서 열정을 도둑맞거나 이용당했던 트라우마와 불안에서 벗어나는 게 필요하다.

이용당하고 사는 것보단 '자기 보호'가 우선이고, '열정 선동' 따위에 휩쓸리지 않는 게 먼저다. 그러기 위해선 남이 제시하는 재미나 의미 있다고 하는 일에 너무 쉽게 '혹'하면 안 된다. 일단은, 내 열정과 시간을 쏟을 곳을 찾아 헤매기보다는 내가 서 있는 '지금 여기'가 안전한 곳인지, 내 자신이 안정된 상태인지를 점검해야 하고 뭔가 불안하고 불안정할 때는 그 자체부터 해결하는 게 필요하다. 그런 다음, 차분하고 분석적으로 '자신의 재미 탐색'을 해 볼 수 있는데, 내 안의 열정이 '어떤 재미'에 잘 반응하는지를 관찰하려면 흥분되고 기분이 들떠 있는 상태에서는 오히려 잘 되지 않는다. 반드시 '자기 자신과의 1:1 시간'을 가지면서 체계적이고 단계별로 찾아가야 한다. 우리는 주변의 신뢰할 만한 선생님, 선배, 사회에서 만난

멘토들의 조언을 좋아하고 또 실제로 도움을 받을 수도 있다. 그렇지만 제1의 관찰자이자 조언자는 언제나 자기 자신이어야 한다. 당신에게 딱 맞는 재미를 찾아 줄 수 있는 사람은, 그 누구도 아닌 당신 자신이기 때문이다. 세상에서 가장 위험한 것 중 하나가 남이 대신 찾아 준 재미나 목표에 당신의 열정과 시간을 다 쏟아붓는 것이다. 그것이야말로 인생 도박과 같다.

잃어버린 재미를 누가 대신 찾아 주는 판타지에서 벗어나기

세상 모든 재미들이 나만 피해 꽁꽁 숨어 버린 것 같을 때, 아무리 찾고 찾아도 재밌는 게 도통 나타나지 않을 때, 더 이상 아무것에도 '심장이 뛰는 느낌'을 가질 수 없을 때, 그때 우리 마음도 일시 정지 상태에 들어간다. 그뿐 아니라 몸의 기운도 점점 빠져나가 버린다. 그렇게 내 자신의 '생기'는 줄어만 가는데, 세상은 여전히 활기차게 돌아가고 있다는 걸 마주할 때면 그 격차가 또 한 번 나를 힘 빠지게 하는 것이다. 그대로 드러누운 상태에서 자주 피어오르는 판타지가 있다. 누군가 내 앞에 나타나 '재미있는 세상'으로 인도해 주거나, 삶의 흥미를 되살릴 만한 어떤 선물을 갖다 주기를 꿈꾸게 된다. 이런 환상들만이 나를 유일하게 위로해 주는 것이라면 정말 슬픈 상황이다. 이 꿈을 깨야만 하는데, 심장도 당신 것이고, 그 뛰는 느낌을 감지할 수 있는 사람도 당신 자신이라는 사실을 기억했으면 좋겠다. 당신이 무엇에 어떻게 얼마만큼 재미를 느끼는지는 대신 느껴 줄 사람은 아무도 없다.

재미 찾기의 유형들

조금이라도 당신만의 재미 찾기를 돕기 위해서 'DASO 재미 지도'■를 고안해 보았다. 다음의 표는 당신과 어울리는 재미 찾기의 물꼬를 터 줄 수 있을 것이다. 크게 네 가지 유형의 재미 스타일을 제시하고 있는데, 당신을 어떤 한 가지 유형에 끼워 넣기 위한 것이 아니다. 다음 네 가지 재미 영역은 보편적으로 존재하는 것인데, 이는 모든 인간이 기본적으로 가지고 있는 '뇌 속 신경전달물질'의 기능과 역할, 특성에 기반한 것이다. 물론, ABO 혈액형처럼 대략적으로 DASO 중 어떤 재미 유형의 사람인지 분류해 볼 수도 있지만, 중요한 것은 사실 '네 가지 재미 영역의 비율과 분포 양상'을 지도로 그려서 확인하고 분석해 보는 것이다. 이 재미 지도 모양은 한 사람이

■　DASO. 신경전달물질의 약자. Dopamine, Acetylcholine, Serotonin, Oxytocin.

일생을 사는 동안 계속 변할 수도 있다. 또, DASO 중 한 가지 영역만 도드라진 형태를 띨 수도 있고 고른 분포 양상을 보이는 경우도 있는데 이 자체를 관찰해 보는 것도 중요하다. '천성적으로' 모든 재미에 '재미'를 느낄 수 있고 때에 따라 얼마든지 자신의 재미를 전환시킬 수 있다면 진정한 '다이버전트Divergent'(미국 SF소설 및 영화에서 따왔다. 개개인의 성향에 따라 다섯 분파에 속하게 되는데, 이 중 어느 쪽에도 속하지 않으면서 모두에 속할 수 있는 진정한 자유인이다)라고 생각하면 된다. 단, 교육과 훈련에 의해 '고른 재미 분포'를 가지게 된 경우엔, 자기의 진짜 재미를 너무 억눌렀을 가능성도 있다. 그렇기 때문에, 재미를 느끼는 영역의 '강도와 세기'도 중요한데 셀수록 '만족스럽다'는 것을 의미한다.

재미 지도 그려 보기

당신이 흥미를 느끼는 재미를 지도로 만들어 보자. 반응하는 신경전달물질 네 가지(도파민dopamine, 세로토닌serotonin, 옥시토신oxytocin, 아세틸콜린acetylcholine)를 중심으로 재미 영역을 나누었다. 각 영역마다 흥미를 전혀 못 느끼면 0점, 강한 흥미를 느낄수록 높은 점수(최대 5점)에 점을 찍는다. 점과 점을 서로 연결하면 네 가지 영역의 재미 분포 비율을 확인해 볼 수 있다.

우선 제목만 보고 직관적으로 한번 그려 보고, 다음 설명을 읽

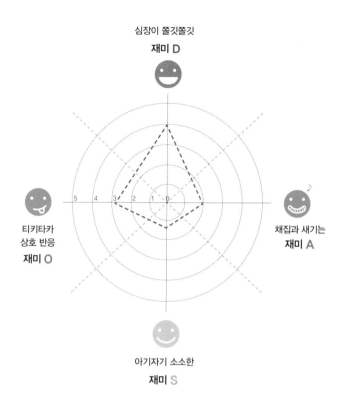

심장이 쫄깃쫄깃
재미 D

티키타카
상호 반응
재미 O

채집과 새기는
재미 A

아기자기 소소한
재미 S

5 4 3 2 1 0

어 본 후에 또다시 그려 보고 두 가지를 비교해 봐도 재미있다.

1. 심장이 쫄깃쫄깃해지는 도전적인 재미: 도파민계 재미

심장이 뛰는 느낌과 '마스터'가 키워드

익사이팅하고 새로운 도전을 좋아하며 무엇이든 '극복^{master}'

할 때 쾌감을 느낀다. 비행기 이착륙의 맛이 좋아 여행을 한다는 사람들이 주로 이런 유형의 재미를 추구한다. 미로 찾기와 퍼즐 같은 복잡한 것을 탐색하고 목표물이나 정답을 찾는 행위 자체를 즐긴다. 사냥개 기질이 있다고 볼 수 있다. 갑자기 툭 떨어지는 것, 쑥 올라가는 것, 빠른 움직임, 롤러코스터 같은 기복과 굴곡을 즐긴다. 스릴 만점을 즐기며, 다소 위험하고 두려울 것 같은 상황 속으로 돌진해서 '만족'을 따내는 사람들의 재미 유형이다. 깊이 몰두하는 것도 잘하는데 '킁킁' 냄새가 나면 한번 파 보고 싶은 충동이 발동한다. 감각적인 것에 잘 끌리는 측면이 있고, '흥'을 동반한 즉각적인 추진 행동으로 이어지는 게 너무나 자연스럽다. 현재에 대한 충실도와 몰입도가 높은 편이고 '지금 오늘'에 올인 하는 것이 가능하다. 꺼져 가는 불씨에 기름을 붓듯 폭발적 화력을 보여 주는 에너자이저, 히말라야 등반과 익스트림 스포츠는 바로 이런 사람들을 위한 것이다. 이들에겐 이러한 도전이 결코 수명을 단축시키는 게 아니다.

리스크와 자주 받는 오해: 피학적 혹은 자기 파괴적인 사람이라는 오해를 살 수 있다. 위험 중독자, '사서 고생한다'라는 시선을 극복하는 것이 관건이다.

2. 아기자기하고 소소(SoSo)한 재미: 세로토닌계 재미

조절과 순환, 조화로움이 키워드

안정적인 맛이 없으면 '신경질'을 부리기 쉽다. 뭘 구경하려고 해도 일단 배가 불러야 하고, 잠을 잘 자는 게 중요하다. 금강산도 식후경은 이들에게 어울리는 말이다. 신체가 불편하면 모든 재미가 뚝 떨어지는 유형이다. '건강한 신체에 건전한 정신이 깃든다!'는 신념을 가지고 있다. 전반적인 컨디션 유지와 신체 감각의 만족이 중요하다. 이들은 신기하고 새로운 게 없어도 조용히 소소하고 쏠쏠한 재미를 잘 찾고 느낄 수 있다. 누군가 씨를 뿌려 놓으면 알아서 땅을 잘 다지고 가꾸는 역할을 하는 사람들이기도 하다. 질서를 유지하고 정리 정돈하는 것도 '재미 삼아' 즐길 수 있는 사람 중에 이런 재미 추구 유형이 많다. 이들이 좋아하는 새로움이란 위험이 따르지 않는 '감각적 색다름'이다.

그래서 '소소하게' 영화나 소설을 보면서도 일상의 무료함을 충분히 벗어날 수 있다. 도파민적인 강한 강도나 세기가 아닌 '다양성'과 '확장성'에 반응한다. 너무 센 파격은 부담스러울지 몰라도 미세한 변화와 변주에는 의외의 재미를 느낀다. 일단 스스로 편안함을 느껴야 자연스레 '활기'를 띠고 활동적으로 되는 사람들의 재미 유형이다. 조직에서는 안정감과 평정심을 가져다주는 사람들이다.

리스크와 자주 받는 오해: 과도한 식탐의 소유자, 이기주의자나 게으른 한량easy-going, 재미없고 놀 줄 모르는 사람이란 오명을 얻기 쉽다.

3. 티키타카 재미: 옥시토신계 재미

상호성과 유대감bonding, 관계성이 키워드

서로 주거니 받거니 옥신각신 하면서 무언가 쌓여 가는 느낌을 좋아한다. 사람 간에 끈끈함이 생기면 만족과 즐거움이 배가되는 사람들의 재미 유형이다. 밀당도 즐길 줄 알고 상호 게임이나 경기도 좋아한다. 반면 주변의 반응성이 떨어지면 재미도 확 감소해 버리는 스타일. 최종적으로 가장 원하는 대상과의 끈끈한 유대감을 획득하고 이것이 자신의 재미와 버무려질 때 만족이 급상승한다. "혼자는 심심해. 같이 왔음 더 재미있을 뻔했어." 하고 중얼거리고 있다면 옥시토신 재미 유형의 사람일 가능성이 높다. 체험을 해도 뭘 먹어도 같이 해야 맛이라고 주장하는 사람의 재미 유형이다. 사람과의 부대낌, 어울림을 즐기는 사람이며, 때론 시끌벅적한 분위기도 좋아한다. 조직에 '끈끈함'과 연대, 활기찬 네트워킹을 이룰 아이디어에 늘 관심이 많다. 이들은 도파민적인 불타오르는 섹스보다 서로 간의 터칭을 통해 친밀도과 관계성을 돈독하게 하는 섹스를 원한다. 두피 마사지같이 신체 접촉이나 마찰을 통해 힐링과 활력을 얻는다. 사람이건 사물이건 '모든 반응하는 것'에 반응한다. 쫀쫀하고 진한 관계는 이들이 살아가는 데 더없는 원동력이자 든든한 '뒷배'가 된다. 타인과의 활발한 상호작용을 통해서 재미와 편안함을 동시에 획득한다.

리스크와 자주 받는 오해: 독립성이 없고 자꾸 치대는 사람, 옆사람을 귀찮게 하는 존재 혹은 의존적이라는 서운한 오해를 받을 수 있다.

4. 채집과 새기는 재미: 아세틸콜린계 재미

기념과 기대, 수집품이 키워드

내일을 위해 새로운 씨를 뿌릴 사람들이다. 눈에 보이는 유형의 것이든 마음과 정신적인 것이든 '모으는 것'에 흥미가 있다. 원래 알츠하이머병을 통해 많이 알려진 이 신경전달물질 acetylcholine 이 떨어지면 기억과 집중력이 감소한다. 수집을 좋아하고, 뭐 하나라도 손에 쥐는 게 있거나 정신에 '기억될 만한 것'이 있어야 재미와 만족을 느끼는 유형이다. 직접 만져서 자신의 촉감과 직관을 통해 많은 것을 파악하고 기억해 낼 수 있다. 어디 놀러 가면 "뭐 새로운 거 없나?" "뭐라도 건져 가야지." "사진은 꼭 찍어야 해!" 외치는 사람이라면 이런 재미 유형일 가능성이 높다. 강박적이라서 그런 게 아니라 '의미'를 남기는 것을 중요시하기 때문에 그렇다. 이들과 함께 있으면 "그다음은Next time?"이란 말을 많이 듣게 될지도. 나중에 추억할 만한 가치가 있는지가 중요하며, 옛 기억과 유물을 소중히 여기는 습성이 있다. 추억이 방울방울 돋는 것에 자주 환호하는 이들은 '지금 이후'에 대한 기대와 의미 추구가 중요한 동력이라 볼 수 있다. 전례 없는 새로움과 혁신, 파격과 '신박함'을 좋아한다. 즉 역사에 한 획을 긋는 수준의 '기록될 만한' 것을 끊임없이 추구하곤 한다.

리스크와 자주 받는 오해: 어떤 식으로든 '의미meaning'를 못 느끼면 금세 풀이 죽을 수 있다. 소유욕 많은 욕심쟁이, 쓸데없는 걸 모으는 촌스런 사람, 이상한 데 관심 두는 괴짜 혹은 강박적 호더hoarder 아니냐는 오해를 받곤 한다.

재미는 네 가지 토핑이 제각각의 비율로 버무려진 콤비네이션 피자다! 한 사람에게서 대체로 두 가지 이상의 재미 유형이 조합된 형태로 나타난다고 보면 옳다. 그래서 네 가지 영역의 분포 양상을 체크해 보는 것이 의미 있다. 도파민계 재미가 높으면서도 티키타카 옥시토신계도 높은 점수를 나타내는 사람은, 익스트림 스포츠를 한다고 해도 혼자 하기보다는 친구들과 함께 즐기는 것을 가장 좋아한다고 볼 수 있다.

재미도 움직인다

재미 지도는 늘 고정된 게 아니다. 주변 여건과 마음 상태(기후나 날씨, 혼자 있는지 누구와 같이 있는지, 외로움을 느끼는지 아닌지 등), 함께하는 사람들의 영향을 얼마든지 받을 수 있는 것이다. 그럼에도 불구하고 우리에겐 DNA에 새겨진 '타고난 성향'이라는 게 분명 존재한다. 그래서 기본적인 성향을 먼저 알아 두는 것이 중요하다. 직관적이고 감각적으로 재미 지도를 한번 그려 보라고 한 이유도 여기에 있다. 보다 '나다운 재미'와 지금의 당신이 관심을 갖고 있는 재미에는 어느 정도 차이가 있을 수 있다. 물론 거의 일치하는 사람도 있지만 말이다. 만약 생각보다 갭이 크다면 그 이유를 생각해 볼 필요가 있다. 환경과 중요한 사람들의 영향을 많이 받고 있다면 어느 정도 자신의 성향이 무시되고 있을 위험이 있는데, 이는 결과적으로 전체적인 재미 만족도를 떨어뜨리곤 한다.

같은 행동 다른 재미?

똑같이 영화나 소설을 좋아한다고 해도 즐겨 찾는 장르는 사람마다 너무나 다양하다. 세로토닌계 재미를 설명하면서 "영화나 소설만으로도 충분히 재미있는 시간을 보낼 수 있다."고 말했지만, 여기서 일부러 '소소하게'라는 단서를 달았다. 도파민계 재미를 추구할 때 선호하는 영화는 보는 내내 긴박감이 넘치고 수시로 심장을 쫄깃쫄깃하게 만들면서도 끝까지 추적해서 기어코 범인을 잡아내고 마는 범죄 스릴러나 추적물일 것이다. 아세틸콜린계 재미의 경우엔 조금 더 창의적이고 신선한 스펙터클함을 원할 수 있다. 혹은 웅장한 음향 효과나 시각적 장치가 없다 하더라도 '반전'의 묘미가 있거나, 조금 복잡해도 생각을 자극하고 철학적인 의미를 담은 스타일의 작품이 만족을 준다. 너무 잔잔한 드라마나 단순히 웃고 즐기는 것엔 영 재미를 못 느낄 수 있다. 반면 스토리가 쉽고 편안하면서도 잔잔한 감동을 주는 것은 세로토닌계 재미에 가깝다. 또 같은 판타지여도 마치 '동화 나라'에 여행을 온 듯 '해맑은' 시간을 보낼 수 있는 장르를 선호하게 되어 있다. 모성을 자극하거나 '로맨틱'함을 통해 연애하고 싶은 감성을 건드릴 만한 영화가 당긴다면 분명 옥시토신계 재미와 관련 있다. 소위 패밀리 로맨스▪를 다루는 스토리, 가족애나 전우애 같은 사람 간의 신뢰와 정, 인간미 넘치는 '휴머니즘' 영화가 여전히 사람들의 관심을 끌고 있다는 것은, 보편적으로 '옥시토신계' 재미를 갈구한다는 걸 의미한다.

'영화를 보고 책을 읽는다'라는 표면적으로 동일한 '행동' 속에, 서로 다른 컬러의 재미 특성이란 것이 존재하고, 그 '분포와 조합'에 따라 사람들의 선호도는 다양하게 나뉠 수 있다. 그래서 "평소 영화와 웹소설이 취미예요."라고 어떤 사람이 말한다고 해서 '아, 정적的인 사람이구나'라고 섣불리 단정할 수는 없다. 또 사람이 늘 한 가지 재미만을 추구하는 것도 아니기 때문에 위 네 가지 영역의 재미 중 어느 한 가지에 자신이나 타인을 가두는 오류를 주의해야 한다.

체험형 vs. 관조형

재미 유형의 또 다른 분류도 당신의 재미 찾기에 꽤나 도움이 될 것이다. 이제 체험형(몸의 오감을 통해 직접 겪고 또 스스로 행함)에 가까운지 관조형(수동적으로 감각하고 충분히 느끼는 데 집중함)에 가까운지를 살펴보자.

■ 패밀리 로맨스family romances. 충분한 정서적 상호작용이 없을 때 어린아이는 판타지에서 더 멋진 부모와 가족과의 연결을 꿈꾼다. 프로이트의 1909년 에세이 제목이기도 하다.

예를 들어 음악에 관해서도 아름다운 선율의 음악을 감상하는 것을 좋아하는 사람이 있을 수 있고, 직접 연주하고 자신이 노래 부르고 춤을 추는 것을 더 선호하는 사람이 있을 수 있다. 단순히 무엇을 잘하고 못하는 재능에서 비롯된 문제가 아니라 성향의 차이에서 달라지는 것이다. 성격에서 내향형과 외향형의 분류에 가깝다.

바다에 놀러 가도 직접 수영하고 낚시를 하고 조개나 산호초 하나라도 따 와야 만족스럽고 재미난 여행으로 기억하는 사람이 있고, 파도 소리가 찰싹거리는 드넓고 푸른 바다를 한참 동안 바라만 봐도 '배가 부른 평온한 느낌'에 푹 잠기는 사람이 있다.

물론 나이에 따라서, 또 신체나 마음의 상태, 그때그때 형편에 따라서도 나뉘겠지만, 분명 '재미 추구'의 지점에서 근본적으로 다를 수 있다. 각자 자신의 '재미 생리'를 관찰하고 파악해 보는 것은 매우 흥미로울 것이다. 특히 가까운 사람의 '재미 유형'에 대해 궁금함을 가지고 살펴보면 이전보다 훨씬 만족스럽고 즐거운 관계를 유지해 나갈 어떤 '아이디어'가 떠오를지 모른다. 혼자서도 재미를 잘 느낄 뿐만 아니라 옆에 있는 사람의 재미 찾기도 도와주는 사람을 그 누가 마다할 수 있을까? 오래되고 답답하고 지루한 관계의 문제를, 그 뿌리 깊은 권태로움을 '의외의 묘안'을 통해 헤쳐 나갈 수 있는데 그게 바로 '재미 영역의 발굴'이다.

인간은 어쩔 수 없이 재미에 약하고 재미없는 것을 괴로워하기에 계속해서 재미를 찾고 또 그에 반응하는 존재이다.

재미, 새로움
그리고 오리지널리티

새로움은 모든 재미의 공통분모

"Novelty is always the condition of enjoyment."

– Sigmund Freud, from 《Beyond the Pleasure Principle》

보통 새로운 것을 추구하는 성향은 소위 '도파민'이 우세한 사람들의 전유물처럼 오해되는 측면이 있다. 혹은 새롭고 기발한 아이디어를 잘 내는 사람들을 '아세틸콜린 유형'의 사람들-스티브 잡스처럼 인류의 상위 몇 퍼센트 영역에 따로 존재하는 것으로 여기고 있는지도 모르겠다. 나는 감히 '모든 인간'은 새로운 것을 좋아하고 좇는다고 확신할 수 있다. 이유는 단순하다. 모든 어린아이들이 Novelty Seeking을 갖고 있고 또 그렇게 성장하고 있기 때문이다.

물론 성향적으로 친숙한 것을 좋아하고 새로운 것 앞에서 신중한 타입의 아이들이 있다. 그렇지만 그러한 성향의 아이들의 뇌도 자기가 선호하는 '새로운 감각' 앞에서 즐거운 반응을 보인다. 아이에게 새 장난감을 주었을 때 바로 '터칭'을 하지 않는다고 해서 '아, 얘는 이런 걸 안 좋아하는구나' 하는 섣부른 판단은 금물이다. 아이의 뇌에서 지금 어떤 반응이 일어나는지 그 즉시 우리 육안으로 직접 볼 수는 없다. 오로지 아이의 눈빛과 미세한 반응, 일정 시간을 두고 이어지는 일련의 반응 양상을 섬세하게 관찰하는 과정을 통해 아이의 흥미와 재미에 대해 최종 확인을 할 수 있다. 새로움에 반응하는 것과 어떤 특정 행동으로 표출되는 것은 별개의 문제다.

생각해 보면 우리 인간이 태어나서 '새롭지 않은 것'이 어디 있던가? 단지 생존을 위해서라도 인간은 새로움을 추구하게끔 설계되어 있다. 문제는 '현실을 살다 보면' 어느 사이 그 '어린아이스러움'을 점차 잃어버리게 된다는 데 있다.

당신 내면에 잠자고 있을 인간 고유의 특성인 '새로움에 대한 추구'와 '창조성'을 개발하기 위해서 더 이상 '내게도 새로운 것을 좋아하는 성향이 있을까 없을까?' 식의 우문은 하지 말았으면 좋겠다. 그건 마치 '나도 진짜 사람인가 아닌가?' 이런 유의 고민에 깊이 빠지는 것과 같으니 말이다. 이제부터 중요한 것은 당신이 어떤 종류의 새로움에 끌리는지를 파악하는 것이다. 나의 재미 유형은 결국 나도 모르게 좇게 되는 '새로움의 종류'에 따라 결정된다. 가능한 한 여러 가지 외부 조건들을 배제하는 것이 관건이다. 생각보다 우리는, 여러 가지 '권위와 힘'의 영향을 받으며 살아가고 있다. 자신이 좋아하고 재미있어하는 것을 찾아보자고 하는 순간 자신도 모르게 여러 얼굴들과 그들의 반응이 먼저 떠오를지 모른다. 부모, 연인, 가까운 친구들과 당신에게 영향력 있는 사람들 말이다. 그뿐만 아니라, 현실 여건과 현재의 사회적 위치나 역할, 금전 사정 등등 고려해야 할 리스트를 만들다 보면 상당히 힘이 빠질 수도 있다. 그래서 이 늪을 통과하려면 뭔가 강력한 동기부여나 심리적 장치가 필요하다.

누가 뭐라고 하지 않아도 '불현듯' 반하게 되는 새로움에 초점을 맞추자. '자석처럼 끌리는' 새로움의 종류는 어떤 것인지를 따라가야 한다. 우선 '반함'과 '끌림'에 주목해 보자. 당신이 반하게 되는 대상은 끌림의 대상보다 가짓수가 많거나 범주가 넓다. '괜찮네!' 정도로는 구체적 행동이 나올 수 없다. 현실은 만만치 않기 때문에 '실행'에 옮기기 위해선 조금 더 진하고 강력한 드라이브가 걸려야 한다.

'꼭 한번은 해 보고 싶다!' 이런 정도의 동기 부여가 되어야 하는데, 단순히 새로운 것 말고 미래에 대한 '기대'가 따라야 한다. 그 기대를 나는 '당신을 유일무이하게 만들어 줄 무엇'으로 정의하고 싶다. 유니크함. 그게 필요하다. 이 세상에 단 하나밖에 없는 존재가 되는 길만이 모든 판단에서 자유로울 수 있는 유일한 길이다.

"The very essence of the creative is its novelty, and hence we have no standard by which to judge it."

- Carl Rogers, from 《On Becoming a Person》

살면서 꼭 한번 해 보고 싶다는 느낌은 '저거 왠지 내가 하면 잘할 수 있겠다'라는 기대로 연결되어야 의미를 갖게 된다. 바로 이 지점에서 내가 좋아하는 것과 잘하는 것, 잘할 수 있는 것이 함께 만나게 된다.

이분법적 논리에 갇혀서 괴로워하는 경우를 많이 보았다.

"제가 좋아하는 일을 과연 할 수 있을까요? 잘하는 것과 좋아하는 것 사이에서 어떤 길을 가야 할지 모르겠어요."

세상에서 나만 할 수 있는 일인지까지는 몰라도, 내가 할 때 어느 누구도 해내지 못한 '독특한 무엇'을 창조할 수 있을지는 탐색해 볼 수 있다. 자기의 컬러를 입힐 때, 자신의 개성을 얹을 때 동일한 패턴도 다른 느낌의 창작물이 되는 게 가능하다.

신뢰해야 하는 것은 자신의 경험이다. 왜냐하면 자기 경험과 자신의 '역사'야말로 반복 불가능한 이 세상 유일의 것이기 때문이다. 당신의 삶은 그 누구도 복제하거나 복사할 수 없다. 심지어 당신 자신도 두 번 살아 낼 수 없다. 거기서 '오리지널리티(유일무이성)'를 반드시 찾아내길 바란다.

"Experience is, for me, the highest authority. The touchstone of validity is my own experience."

— Carl Rogers, from 《On Becoming a Person》

당신의 경험 속에서 '반했던 것들'을 찾고 그 가운데서 '끌릴 만한 것'을 추려 내는 게 중요하다. 그리고 과거로부터 지금까지 '잘하는 것들'은 따로 리스트를 만들고 1:1 매칭이든 몇 가지 조합을 생각해 보는 시간을 가져 보도록 하자.

잘하는 게 하나도 없는데요

전반적으로 우울해서 하는 이야기가 아니라 냉정하게 자신을 관찰해 봤을 때 '잘하는 게 하나도 없다'는 생각이 들 정도의 절망적인 상황이라면 우선 '반하는 것'부터 찾는 게 순서다. 어차피 잘하는 게 없는 것 같으면 자신이 흥미를 가질 수 있고 좋아하는 것부터 시도해 보는 게 바람직하다. 좋아하는 것은 싫어하는 것보다 잘하기가 쉬운데, 뭐든지 많이 그리고 계속 하는 것을 능가할 수 있는 건 별로 없다. 별 노력도 하지 않았는데 잘하는 것이 있다면 굳이 그런 기술과 장기를 숨겨 두거나 묻어 둘 필요도 없다. 그러한 재주는 당신이 진정 좋아하는 것을 찾아냈을 때 분명 훌륭한 무기로 쓰일 여지가 있기 때문에 평소에 꾸준히 갈고 닦아 두면 된다. 말이 곧 뛸 일이 없다고 해서 매일 말갈기 빗질을 해 주지 않고 가벼운 운동도 시키지 말아야 하는 것은 아니다.

영어에 큰 흥미는 없지만 '어쩌다 보니' 남들보다 잘한다는 평을 듣고 있다면, 한 시간은 아니더라도 매일 10분씩 영어 관련해 시간을 들여서 '기름칠'을 해 둔다면 당연히 좋은 일이 생긴다. 어느 틈에 낙서하듯 그려 둔 스케치들이 여기저기 널려 있다면 이젠 제대로 테마별로 정리해 두는 것도 하나의 방법이다. 전문 그림 작가가 아니라고 해도 상관없다.

'누구나 유튜버' 시대?

1950년대 무렵까지 우리나라 전체 취업 인구의 60퍼센트 가량이 농업 종사자였다는 통계를 본 적이 있다. 이를 두고 아무도 "옛날에는 '농사에 재능 있는 사람'이 월등히 많아서 농부가 대다수를 차지했다."고 말하지 않을 것이다. 실제로 재미나 재능, 그리고 현재 하고 있는 것과 잘하는 것 사이에는 항상 '갭^{gap}'이 존재했다. 그럼에도 우리는 인류 역사상 그 어느 때보다 재미와 재능, 할 수 있는 것과 하고 싶은 것 사이의 갭을 최소화할 수 있는 그런 '황금시대'를 살고 있다. 그래서 오히려 상대적 격차는 더 크게 느낄 수도 있는데, 경제적 차이만이 아니라 자신의 삶에 대한 만족도의 격차가 점점 더 벌어지고 있기 때문이다. 내적 만족의 삶을 살지 외적 만족에 치중할지를 스스로 선택할 수 있다.

복습하기

D (도파민) 흥분 고취: 새롭고 더 강력한 흥분. 더 높이! 더 멀리! 더 크고 강하게! 가래떡 뽑듯 쭉 끌어올리는 재미에 열중한다. 최고의 흥분과 만족을 지향하고 강력한 추진력을 보인다.

A (아세틸콜린) **기대감 고취:** Next! 미래적, 내일을 향해, 이전에 없던, 한 번도 경험하지 못한 무엇을 끊임없이 원하고 추구한다. 역발상과 반전 매력이 포인트.

S (세로토닌) **만족 고취:** 보다 나은 안정감과 조화를 추구한다. 현실 안정과 만족감을 증대시키고 확장하는 데 관심이 있다. 더 넓게, 더 깊게, 더 탄탄해지는 느낌을 선호한다.

O (옥시토신) **유대감 고취:** 이전보다 더 깊어지고 친밀한, 보다 친숙한 관계를 진전, 발전시켜 가는 게 삶의 큰 재미를 차지한다. 보다 *끈끈하게*, 더 *쫀쫀하게*, 더 *진하게*. 같은 사람이라도 항상 이전과 다른 '새로운 관계성'을 원한다.

'가시'를 걷어 내야
삶이 촉촉해진다

재미, '새로움'을 안다고 해결되지 않는다

재미를 찾는 삶은 누구나 할 수 있지만 모든 사람이 재미를 느끼지는 못한다. 크게 두 가지 이유가 있다. 하나는, 재미의 출발선이 되는 '새로움'을 느끼는 '감정 수용체'에 문제나 병이 생겨서이고, 또 다른 하나는 새로운 재미를 추구하는 것을 '방해하는 요소'가 있는 경우이다.

　스스로 재미를 어느 정도 알고 있고 때때로 재미난 것을 추구하고 잘 느끼기도 하지만 어쩐 일인지 지속하는 데 애를 먹는 사람들을 만날 때가 있다. 이들은 마음의 에너지가 재미를 추구하는 데로 향하지 못하고 있었는데, 일종의 '가시' 같은 것들이 있어서였다. 이러한 가시덤불은 스스로 원해서 '쟁취했던' 재미의 물기마저 다 빨아먹고 있었다. 재미를 방해하는 것은 다름 아닌 그들 내면의 슬픔, 인정과 관심 욕구의 좌절, 해결되지 못한 질투와 선망의 덫, 자기 욕구와 열정에 대한 이해 부족, 경쟁 속에서 도태될 것에 대한 불안과 두려움, 미처 빠져나오지 못한 어린 시절의 깊은 외로움과 서글픔 등 모두 자기 자신의 또 다른 '감정들'이다. 그 감정들은 흔히 '부정적 정서'라고 불리는 것들이지만 이 세상에서 가장 소중하고 귀하게 다뤄져야만 하는, 그래서 반드시 '잘 풀어 줘서 흘려보내야 할' 그런 감정들이다. 어쩌면 다루기 힘든 이런 감정들 덕분에 인간이 인간답게 될 수 있는 것이다. 처음부터 '내 것'이었지만 그 감정의 주인인 내가 혼자서는 도저히 마주할 수 없는 그런 감정들은 대개 어렸을 때 생겨난 것들이다. 소중히 만져져야 하지만, 어른이 되고 나서는 삶의 재미와 즐거움을 방해하는 거추장스런 요소가 되었다는 것 자체도 슬픈 일이다. 이 '슬픔의 강'을 넘어서야, 진정한 재미의 자유를 만끽할 수 있게 된다.

다음의 네 가지 대표적 사례를 보고 그중 특별히 와닿는 경우가 있다면 그 해당 감정을 중점적으로 헤아려 주는 시간을 따로 가시면 좋겠다.

1. 슬픔과 이별이 두려워 아무것도 못하는 이

올해 스물다섯인 그녀는 20여 년간 자신과 함께한 커다란 '몽키 인형'을 며칠 전 한 큐에 버렸다고 했다. 그녀의 손때와 채취가 묻은 인형을 단숨에 버린 이유가 궁금했다. 왜 버렸을까?

처음엔 그냥 버릴 때가 된 것 같았다고 '쿨하게' 대답했지만 뭔가 숨은 동기가 있을 것 같았다. 사람이 '결단'이나 '정리'란 것을 할 때는 다 이유가 있기 마련이니까. 잠시간의 침묵 뒤에 그녀는 갑자기 엄마 얼굴이 생각난다면서 눈물을 왈칵 쏟아 내었다. 한참을 울고 난 뒤 그동안 미처 말할 수 없었던 불안과 두려움에 대해 이야기하기 시작했다.

"사실은 요새 많이 두려워요. 혼자 지내는 게 예전에는 아무렇지도 않고 오히려 자유로운 생활을 즐겼는데, 얼마 뒤에 '정말 혼자가 될 것'만 같은, 뭐라 설명할 수 없는 홀로 남겨질 것 같은 불안, 외로움… 그런 겁이 올라와요."

사실 그녀의 어머니는 수년 전 '큰 병'을 진단받은 상태였다. 6남매 중 막내로 자란 그녀에게 엄마란 '마냥 젊은 여인' 같았다. 아버지가 초등학교 들어가기 전에 돌아가셨기 때문에 아버지의 부재에 대해서는 실감되는 게 없었다. 어머니와 언니, 오빠들 틈바구니에서 '슬플 새' 없이 비교적 귀여움을 독

차지하며 밝게 자란 편이었다. 항상 건강하고 씩씩하셨던 어머니였기에 그녀는 어머니도 아플 수 있고 심지어 돌아가실 수도 있다는 생각을 전혀 하지 못했다. 그러다가 갑자기 어머니가 암 진단을 받고 향후 언제까지 사실지 불확실해지자 '엄마와도 결국 헤어져야 되는구나' 실감하게 된 것이다. 그녀는 그 슬픔을 도저히 감당하기 어렵다는 생각이 들면서 뭔가 준비를 해야겠다고 느꼈는데, '몽키 인형'을 버린 것은 일종의 '이별 연습'인 셈이었다. 무의식적으로 덤덤하게 버렸지만, 그 의미를 인식하게 되자 묻어 둔 슬픔이 몰려왔다. 엄마와 남은 시간이 얼마 없다면 오히려 엄마와의 추억을 더 쌓는 게 어떻겠느냐는 말이 그녀에겐 두렵게 느껴졌다. "좋은 게 많을수록 더 슬퍼지는 것 아니에요?" 그렇다. 남은 시간을 생각하면 애가 타지만 그럼에도 아무것도 하지 못했던 것은, 심지어 애착을 가지고 있던 인형까지 버려야 했던 것은 좋은 것들을 더 이상 만들지 않기 위해서였다. 좋은 것이 많으면 나중에 슬픔이 커질 것이 더 두려웠던 것이다.

슬픔을 줄이기 위해 기쁜 것을 줄이면 슬픔의 사이즈가 줄어들지는 모른다. 그렇지만 반대로 '잃어버려야 하는 것'도 있다. 진짜 슬픔의 시간이 오기도 전에 내면의 생기와 즐거움들이 줄어들 것이다. 물론 엄마와의 좋은 기억도 더 이상 만들어지지 않는다. 그게 더 큰 상실이 아닐까? 슬픔을 만나기도 전에 파삭파삭 말라 죽어가는 게 말이다.

생각이 여기까지 미쳤을 때 "차라리 자기 감정에 더 깊어지세요. 슬픔도 기쁨도. 그게 사는 거죠"라는 말이 그녀에게 전달될 수 있었다. 나는 그녀에게 둘 중에 선택이 가능하다는 점을 알려 주었다.

"기쁨도 슬픔도 적당히 눌러서 얇은 감정을 가지고 사는 것과, 그것들이 공존하는 다이내믹하고도 깊은 감정을 느끼며사는 것, 두 가지 삶의 방식 중 당신이 선택할 수 있어요."

다시 찾아보기

제3부 〈감정은 어떻게 생겨나고 읽을 수 있는가?〉 중 '슬픔, 아름다운 "감정의 생존자들"'

2. 치열한 경쟁에 압도된 취준생

5단계나 되는 기획 공모전을 치열하게 준비하는 취준생을 만났다. 드물게, 경쟁을 즐길 줄 아는 꽤나 호전적인 사람이 있긴 하지만, 생사가 달린 경쟁은 거의 전쟁이나 다름없다. 다행히 필수 관문을 통과하면 내가 하고 싶은 일을 위한 발판과 자금이 따라오고, 통과하지 못하면 다시 처음부터 유사한 과정을 반복하면서 또 '다른 때'를 기다려야만 하는 상황 앞에선 자연히 피가 마르게 되어 있다. 원래 그런 경쟁이 싫어서 소위 프리랜서(원할 때만 일할 수 있는)로 일하고 있었는데, 그래도 나이가 더 들기 전에(공모전엔 나이 제한이 있다) 네 명이 팀을 이뤄 보다 큰 도약을 위한 도전을 한번 해 보기로 마음먹었다. 그럼에도 불구하고 대입 이후 오래간만에 겪어 보는 '경쟁 분위기'가 낯설고 불편했다. 더욱이 결전의 날이 다가올수록 '잘해 내야 한다'는 압박감은 사정없이 고조되었다. 통과해야 한다는 강박이 생기니 되려 막판에 집중력이 흐트러지면서 '이런저런 생각들'로 산만해지기 시작했다. 다시 프리랜서로 돌아가고 싶은 마음, 돈을 왕창 벌어서 바람 솔솔 부는 곳에서 한가로이 그림을 그리거나 꽃을 기르고 화단을 가꾸고 싶은 몽상들만 늘어서, 그 '불필요한 상상들'을 죽이느라 너무 힘들었다. 그는 직업적인 길과 자신이 하고 싶은 일 사이에서 여전히 갈등하고 있었고, 몸은 공모전에 도전하고 있었지만 그의 마음속 갈등은 사실 끝난 게 아니었다. 갑자기 눈물이 왈칵 솟아올랐다. "돈을 왕창 벌고 싶어요! 더 이상 이런 고민에 시달리지 않았으면 좋겠어요."

그는 현실의 경제적 문제 때문에 실제로 많은 부담을 안고 있었다. 부담의 출처를 찾아가던 중, 그의 집에 부모님이 진 빚이 있는데 암묵적으로 그가 해결해야 한다는 압박을 받고 있었다는 것이 드러났다. 안타깝게도 그의 이런 부담스러운 심정은 부모님과는 거의 소통되지 않는 것 같았다. 나는 그에게 '그림을 그리고 꽃을 가꾸는 꿈'을 정말 포기한 것인지 물었다.

"포기한 건 아니지만… 최근까지 힘들 때 그림을 그린 적도 있지만, 괜히 마음에 바람만 들어가고 더 집중이 안 되더군요. 그래서 이젠 공모전 끝날 때까진 최대한 안 하려고요."

나는 그에게 '장기 플랜'을 세워 볼 것을 권유했다. 말하자면 단계별 개발 계획처럼 단기, 중장기 플랜으로 나눠서 조금 더 체계적으로 계획을 세워 나가는 방식이다. 사실 우리의 재능과 소질 중 살아가면서 버릴 것, 버려야 할 것은 아무것도 없다. 나만 포기하거나 버리지 않으면, 특히 태어날 때부터 주어진 '소질gift'은 결코 사라질 수 없다. 지금으로선 우선순위에서 10위권 밖으로 밀려나 있다 해도, 한참 먼 훗날의 일이라 해도, 최소한 내 인생에서 지레 '박탈'만은 하지 말자. 내게 '기회'라는 것을 부여하는 것은 나의 권한이다.

다시 찾아보기

제1부 〈감정에 대한 오해를 풀어라〉 중 '자기 감정을 무시하면 아무리 성공해도 공허하다'

제2부 〈엄마 배 속에서부터 평생 함께하는 파트너〉 중 '맞설 수 없는 두려움, 결국 시킹으로 향한다'

3. 꿈은 있지만, 부모님의 뜻에 부딪쳐 혼자서 꿈을 이룰 길을 찾지 못하고 접고 사는 20대 대학생

어릴 때부터 미술과 애니메이션을 좋아하던 소녀는 부모님의 강권으로 '취업에 유리한' 간호학과로 진학했다. 미술 쪽을 하고 싶긴 했지만 미래를 생각하면 간호사도 나쁘지 않다고 생각해서 표면적으로는 부모님 의견에 '동의'하였다. 그래서 신입생 때는 좋은 학점을 따기 위해 노력하면서 장학금도 받았다. 그러나 2학년에 올라가면서 전공과목이 훨씬 어렵게 느껴졌고 성적이 점점 안 나오기 시작했는데, 이때부터 성적에 대한 압박에 시달리게 되었다. 설상가상으로 지도 교수에 대한 '무서움증'까지 생겼다. 다소 엄격하고 학점 관리를 중요시하는 교수이긴 했지만 다른 친구들은 자신만큼 무서워하지 않는다는 것을 알고는 당황스러웠다. 강의 중에 교수와 마주하기만 해도 가슴이 벌렁벌렁 뛰기 시작하고 눈도 제대로 못 맞추게 될 정도로 '증상'이 심해졌다. 1학년 때는 거의 놀기만 하던 주위 친구들이 2학년이 되자 학점 따기에 열을 올리기 시작하는데 자신은 되려 '뒤처지는' 느낌이 들어서 애가 탔다. 성적에 따라 평가하는 분위기 속에서 더욱 예민해졌지만, 스트레스와 불안이 강의 집중과 시험 준비를 거의 망치고 있었다. 그러다 보니 갓 입학할 때의 동기와 의욕도 확연히 줄어들었다. 학점을 한참 더 끌어올려도 시원찮은데 교수님 대면

하기가 두려워 수업 기피증까지 생기고 학교에 대한 거부감까지 들자 마음속 장벽은 더욱 커지는 느낌이었다. 그녀는 다른 친구들을 도저히 '따라잡기 힘들다'는 생각에 거의 포기하고 싶은 심정에 이르렀다. 취업에 유리하단 이유로 간호학과에 들어왔는데 '정상적'인 생활에서도 멀어지자 큰 위기감과 인생 자체가 도태될 것에 대한 불안에 압도되었다. 서서히 그녀의 마음속에서 '말만 하고 실제적으로 도와주지 않는' 부모님에 대한 원망이 올라오게 되었다. 그 분노가 그녀로 하여금 정상적 학업 성취에 대한 힘까지 갉아먹고 있었다. 사회에서 부딪칠 경쟁에 대비해 유리한 과를 선택하는 데에는 성공했지만 정작 자신의 재능과 관심사는 전혀 존중받지 못했다는 사실을 깨닫고 나서야 공포와 불안증에 대한 실마리를 얻게 되었다. 이제 무엇부터 시작할 수 있을까? 우선 접었던 꿈을 '펼쳐 놓기라도' 해야 숨을 쉴 수 있다. 진로를 다시 정하는 것도 물론 중요하겠지만, 힘이 다 빠져 버리고 분노와 억울함에 젖은 상태에서는 아무 시도도 할 수 없다. 일단 '꿈만이라도 꾸는' 상태로 들어가서 숨통이 트이도록 도와주자. 당장 실행하지 못해도 괜찮다. 필요한 모드는 이것이다.

'헛꿈 꾸지 마'에서 '꿈이라도 꿔야지… 꿈은 꿀 수 있잖아?'로 전환한 뒤에 꿈을 더 이상 죽이지 않고 지켜 내는 쪽으로 옮겨 갈 수 있다. 그래야 언젠가 "꿈을 이루자."라고 외칠 순간을 기대해 볼 수 있다. '내가 원하는 것이 바로 이것!'이라는 확신이 무엇보다 먼저다. 그런 확신이 있을 때 비로소 '여기에 내 에너지를 쏟겠다'는 결심이 따라붙을 수 있다.

원하는 것만 할 수 없다고들 하는데 원하는 걸 못하면 행복할 수가 없다.

다시 찾아보기
제3부 〈감정은 어떻게 생겨나고 어떻게 읽을 수 있는가?〉 중
'분노, 자기애에 난 상처'
제4부 〈재미있는 삶, 행복한 인생을 찾아서〉 중 '당신의 VIP는
누구인가요?'

4. 드라마틱하게 성취하는 삶을 원하지만 에너지를 어디에 어떻게 쏟아야 할지를 몰라서 '욕구를 죽이려고' 애쓰는 30대

멀티플레이에 능하고 회사에서도 유능하다고 인정받는 엘리트 직장인이 이런 고민을 털어놨다.

"저는 어떤 프로젝트이든지 해냈을 때 그 만족감이 상당해요. 성취감이 중요한 사람이라는 걸 잘 알고 있죠. 그런데 요새는 그게 자꾸 문제를 일으키는 느낌이에요. '너무 욕심이 많은 게 아닌가?' 스스로를 돌아보고 있는데 이런 과한 성취 욕구는 어떻게 줄일 수 없을까요?"

그는 지금 현재도 개발 중인 연구 프로젝트가 있다고 했고 연구에 대한 의욕이 상당해 보였다. 압박감이 있지만 워낙 다이내믹한 것을 좋아하는 사람이라 웬만한 스트레스는 거뜬히 넘어 버렸다. 자세히 들어 보니 일이 많아서 스트레스를 받는 게 아니라 오히려 자신의 재능을 더 펼치고 싶은데 '마땅한 목표'가 생기지 않는 게 그의 고민이었다.

말하자면 지금보다 더 발전하고 싶고 조금 더 난이도가 높은 프로젝트를 따내서 해내고 싶을 정도로 야망과 열정이 대단했다. 내가 보기에 그에겐 '현재의 회사가 성에 차지 않는 것'이 문제였다. 나는 그에게 성취 욕구를 줄일 게 아니라 자신의 욕구를 적절하게 펼칠 수 있는 '걸맞은 무대를 좀 더 찾아볼 것'을 제안해 보았다.

"재능과 열정도 많고 또 잘하고 싶은 욕구도 큰 것 같은데 굳이 그런 좋은 동기와 욕구를 줄일 필요가 있을까요? 오히려 지금 필요한 것은 그러한 욕구를 성취하는 데 길을 뚫어 줄 '방향성'인 것 같아요."

그는 곧바로 대답했다.

"맞아요. 항상 뭔가 의욕에 넘치지만 뚜렷한 업무가 주어지지 않을 땐 뭘 해야 될지 모르는? 좀 우왕좌왕하는 면이 있었어요. 혼자서는 계획성도 좀 부족한 느낌이었고요. 이것저것 건드리는 건 잘하죠. 제 자신도 그게 맘에 안 들었어요."

확실히 그는 어떤 일감이 주어지면 조직적으로 잘 수행하지만 계획을 수립하는 데 있어서는 방향성과 체계성이 부족해 보였다. 나는 그에게 '플랜을 세우는 연습'을 개인적 프로젝트로서 제안해 보았다.

　"성취 욕구를 실현하기 위해선 우선 스스로 목표 과제를 세우고 해낼 수 있는 기회를 갖는 게 도움이 되죠. 계획성과 체계성을 겸비하면 욕구를 줄이는 대신 성취하고 잘하고 싶은 욕구를 '잘 풀도록' 도와줄 수 있어요."

　무언가 성취하고 싶은 아이, 잘하고 싶은 아이에겐 기회를 계속 주고 욕구를 실현할 수 있는 장을 열어 주는 게 가장 도움이 된다. 운동장만 오픈해 주면 누가 시키지 않아도 혼자 뜀박질하면서 주도적으로 잘 해낼 것이다. 어른이 되면 단계별 목표를 세우고 제시하고 성취하도록 하는 '계획'을 스스로 세울 수 있어야 한다. 성취 욕구가 삶의 원동력인 사람이 그걸 죽여 버리면 어느 정도의 '평화'는 찾아올지 모르지만 삶에 재미가 사라질 것이다.

　상승하고 싶고, 발전하고 싶고, 무언가를 성취하고 싶은 욕구는 자신과 타인의 삶을 자라게 하는 데 도움이 되는 것이기에 결코 줄이거나 죽여야 하는 '욕심'이 아니다.

다시 찾아보기

제3부 〈감정은 어떻게 생겨나고 어떻게 읽을 수 있는가?〉 중 '재미, 흑백에서 컬러풀로'

제4부 〈재미있는 삶, 행복한 인생을 찾아서〉 중 '당신은 어떤 재미를 추구하나요?'

당신의 VIP는
누구인가요?

재미 찾기를 방해하는 의외의 복병

사람들은 마음속에 저마다의 VIP를 한 명씩 두고 산다. 아이들에게는 그 부모가 그런 존재이다. 그렇지만 VIP는 변할 수 있는데 특히 나이^{age}와 지위^{position}에 따라 달라질 수 있다. 내 삶에서 가장 중요한 대상은 학창 시절엔 단짝 친구였다가, 연인이 되었다가, 배우자가 될 수 있고, 또 자녀가 될 수도 있다. 반려동물이 그 자리를 차지할 때도 있다. 존경하는 인물은 그 자체로 내게 가장 중요한 대상이 되며, 실체적 유대 관계가 없는

데도 내 감정에 상당한 영향력을 미칠 수 있다.

하지만 각 사람의 VIP를 결정짓는 가장 큰 요인은 자기 자신의 캐릭터^character이다. '이것이 중요하다' '저것이 중요하다' 하면서 그 '중요도'를 매기고 결정하는 주체가 바로 자신이기 때문에 그렇다. 그래서 한 사람의 VIP를 알면 그 사람의 특성과 성격이 대강은 파악될 수 있다. 예를 들어 직장 상사가 자신의 VIP인 사람과 자기 배우자가 VIP인 사람은 삶을 살아가는 방식이나 성격적 특성이 다를 수밖에 없다.

내 마음의 VIP가 누구인지를 정확히 알고 사는 것은 생각보다 중요한 문제다. 나이가 들고 자신이 새로 가정을 꾸렸지만 여전히 자기 엄마가 배우자보다 중요한 사람이 있기 마련이다. 어떤 사람은 직장 상사가 자기 인생의 영원한 VIP일 수 있다. 심지어 그 대상이 옆집 이웃인 경우도 있다. 이웃집 사람이 뭘 사고 어디를 가고 내게 오늘 무슨 말을 했는지에 따라 기분이 오르락내리락하는 일이 실제로 가능하다. 이럴 때는 한 번 정도 진지하게 물어보자. "그 사람, 너의 인생에서 그렇게 중요한 게 맞니?" 하고 말이다.

VIP의 평가와 말 한마디, 나를 대하는 태도에서 유일하게 삶의 낙을 찾는 경우만큼 인생을 불안정하게 만드는 것은 없다. 자기 내면에 귀를 기울일 기회와 틈을 그 VIP에게 다 빼앗겨 버리기 때문이다. 필요에 의해서, 살기 위해서 '타인'에게 충성을 다할 수밖에 없는 경우가 존재한다는 것을 부정하는 것은 아니다. 그래도 물어보자. "그 사람이 나 자신보다, 내 삶보다 중요한 걸까?"라고.

'부모의 뜻대로'의 함정

궁극적으로 부모는 당신의 인생을 책임져 줄 수 없다. 스스로 "엄마, 아빠를 위해서야.""난 가족들이 원하는 대로 했을 뿐이야."라고 아무리 주장하고 외쳐도 당신의 삶 가운데 남게 되는 결과물과 흔적들은 결국 당신 몫이다. '누구를 위해서 살것인지'는 당신의 선택이지만, 최종 책임자는 자기 자신이라는 점을 분명히 알고 택해야 한다.

당신이 자기를 위해서만 살든지 가족이나 타인 혹은 국가를위해 살든지 모든 선택의 책임은 당신 앞에 떨어지게 되어 있다. '자유인'의 숙명 같은 것이다. 간혹 "엄마가 내가 하고 싶은 걸 막았잖아요!" 하는 절규가 담긴 원망을 접할 때가 있다. 다행히 그제서라도 그 엄마나 부모가 "미안하구나. 네가 그렇게 힘든 줄은 미처 몰랐다."라고 사과하는 경우가 있긴 하지만, 지나간 시간이나 기회까지 되돌아오는 것은 아니다.

어느 순간 내 인생이 남의 손에 쥐여서 움직이는 느낌이 들거나, 내 마음대로 하는 것이 영 어렵게 느껴진다면, 선택의 기준이 '어디에 있고' '누구의 것인지'를 되물어보자. 무엇을 하든 '원망과 후회'가 없도록 하는 게 중요한데, 남 탓이 나빠서라기보다는 '소용이 없는 짓'이기에 그렇다. 당신이 과거에 뿌렸던 시간과 열정, 그동안 들인 노력은 '리플레이replay'가 불가능한 것들이다.

살아가는 동안 몇 명의 관심이 필요할까요?

관심 욕구의 또 다른 이름, 어그로

어그로^{aggro}는 별 연관성이 없는 자극적인 것들을 먼저 게시함으로써 관심을 끌고 분탕을 일으킨다는 뜻이다. 인터넷상의 게시 글이나 동영상을 두고 어그로 끄는 제목으로 어그로 끌지 말라는 경고가 난무하고 있다. 아무 의미 없어 보이는 걸 왜 자꾸 사람들에게 알려 주는가 싶겠지만, 여기서의 궁극적 목표는 '관심 끌기'이다. 관심 욕구+공격성(싸움을 거는 것), 그 합작물의 파워는 상당하다. 도대체 관심을 왜 저런 식으로 끄

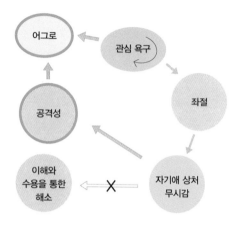

는 거야? 하지만 실제로는 그러한 반응 자체가 하나의 목적이 될 수 있다는 것이 현실이다. 관심을 받는 것에 만족하는 게 아니라 공격적으로 '끌어오고 끌려 들어가는' 시대를 살고 있다.

관심^{attention} 욕구는 실제 사람들로부터 과소평가되고 있는데 나는 이것이 오히려 문제가 된다고 본다. 사람에게 '관심'의 문제는 가히 절대적이고 본질적인 것이다. 관심을 받느냐 안 받느냐는 인간이 태어나면서부터 가장 예의 집중하는 주제이다. 그럼에도 어른이 되어 가면서 다 까먹어 버리기 일쑤다. 혹은 완전히 잊어버리지는 않았다 하더라도 '이제는 별 영향력이 없는' 줄로 착각하는 경우가 많은 것 같다.

호연 씨가 자기 집안 어르신에 대한 고민을 내게 털어놨다. 요새 들어 사사건건 시비 거는 느낌이 들고 별일 아닌데 역정을 내신다는 거였다. 여러 가지로 괴롭다며 한참을 하소연하였다. 거의 다 들었을 즈음에 "아… 어르신이 관심을 끌고 싶었나 보네요…."(별일 아닌데 성질을 내는 것이라면 '일종의 어그로'인 셈이라) 왠지 그런 게 아닌가 하여 무심결에 얘기했는데, 그 다음 호연 씨의 반응 때문에 되레 놀랐다. 갑자기 발끈하면서 내게 "네? 그 연세에 관심을 끌려고 저한테 그렇게 했다고요?" 반문하고는 도저히 받아들이기 어렵다고 했다. 그런 이유라면 더더더더 용서(?)를 못하겠다고 하면서 말이다.

그때 속으로 '관심을 끌고 싶은 나이가 뭐 따로 있는가?'라는 생각을 했지만 반발이 심해서 차마 더 얘기하진 못했다. 확실히 '관심을 얻고, 끌고 싶어 한다'는 것은 어른일수록 용납되기 어려운 게 맞는 모양이다. 그러고 보니 정말 그런 것 같다. 우리 사회에서 어른이 되어도 관심을 끄는 것이 허용되고 용인되는 것은 특정 그룹에 한정되어 있다. 대표적으로 연예인과 정치인이다. 사회적으로 이렇게 '공인된' 경우를 제외하고는 서로가 서로에게 "니가 연예인이냐?" 혹은 "무슨… 내가 정치인도 아니고." 하면서 '관심'의 테마 앞에서 각기 몸을 사린다. 대체로 관심 앞에서는 연예인과 정치인 빼고는 어쩔 수 없이 '보수적'이다.

조금 더 솔직해질 필요가 있겠다. '관심'의 문제(관심을 받는 것도 관심을 주는 것도), 이 주제는 연예인과 정치인만의 전유물이 아니다. 모든 사람들의 내면에 '관심 욕구'는 존재한다. 그냥 인간이라면 갖는 기본 욕구이다. 어릴 때부터 늘 있어 온 인간의 본질적 욕구가 묻어 둔다고 해서 묻히지 않는다. 어른이 되어 간다는 것은 결국 '관심 욕구'를 어떻게 스스로 잘 해결할 수 있는가에 달려 있다.

Q. 자기 욕구를 스스로 잘 해결한다는 기준은 뭔가요?
1. 타인에게 '폐'를 끼치지 않을 것
2. 타인의 도움이 필요할 때 잘 부탁해서 고맙게 잘 받을 것

관심 욕구를 지나치게 무시하고 사는 바람에 또 얼마나 많은 '좌절의 순간'들이 간과되는지 모른다. 그러한 좌절은 마음 안에 크고 작은 분노를 만들어 내게 되어 있다. 괜한 짜증으로 스스로 괴롭거나 타인에게 괜스레 신경질을 부리게 될 때, 혹은 갑자기 주변 사람들을 향해 요구 사항이 많아지면서 마음이 각박해질 때는 한 번쯤 시간 내어 자신의 관심 욕구를 들여다볼 필요가 있다. 내 마음속에서 '나 좀 존중해 달라, "존심" 상했으니 한번 봐 달라'며 간절하게 신호를 보내는 것일 수 있다. 특히 자신도 모르게 입에서 다음과 같은 말이 중얼거려지

거나 마음속에 맴돈다면 이 주제를 생각해 보면 좋겠다. "나 무시하지 말라고." "나는 무슨 (자)존심도 없는 줄 알아?" "지들만 중요해?" 이런 말들 말이다.

이 문제를 해결하는 진짜 열쇠는 내게 관심을 주지 않고 무시했다고 여겨지는 그 사람(들)에게 가서 하소연하는 게 아니다. 내게 관심을 줄 수 있는 가장 좋은 첫 번째 대상은 '나 자신'이다. 이게 잘 안 되기 때문에 여러 가지 어려움이 생기는 것이다. 나 자신만 나를 잘 주시하고 있으면 웬만한 타인들의 관심 따위는 그 중요도가 희석되어 버린다. 무시감이 자주 출몰할 때는 자문해 보자. 심심해서 그러는지, 진짜 중요한 누군가에게서 섭섭한 일을 당해서 그러는 건지, 특정한 흥밋거리가 떨어져 버린 건지, 일의 압박을 받아서 해소할 곳이 필요한 것인지 등등, 실제 마음에서 요구하는 바를 찾아내는 편이 훨씬 유용할 것이다.

아이의 발달 과정을 통해 관심 욕구와 무시감을 이해해 보자. 관심 욕구와 무시감은 한 짝으로 보면 이해하기 쉽다. 무시당하는 느낌이란 곧 나의 관심 욕구가 길을 잃은 채 감정적 허탈에 빠진 것을 뜻한다. 관심 욕구에 대한 가장 큰 오해는 "나는 관심이 필요하다."라고 말할 때 "'누구의' 관심이 필요해?"라고 정확히 묻지 않는 데서 비롯된다.

잊지 말아야 할 사실은, 관심 욕구라는 게 허공에 불쑥 솟아오르는 욕구가 아니라는 것이다. 우리는 마치 만인으로부터 관심을 받기를 원하는 존재처럼 묘사될 때가 있다. 실제로 '관심의 결핍'을 주된 문제로 가진 사람에게서 더러 다음과 같은 호소를 듣게 된다.

"많은 사람들이 절 좋아해 줬으면 좋겠어요!"

나는 항상 되묻곤 하는데, "정말 많은 사람들의 관심이 필요하세요?"라고 말이다.

과연 인간이라는 존재는 최소 몇 명 이상의 관심이 있어야 살아갈 수 있는 걸까? '만인의 관심을 바라는 것'은 확실히 보편적이지 않다. 이는 자신을 거의 신적인 존재로 착각하는 병적 상태에서나 명백하게 드러나는 하나의 증상으로 이해되는 게 맞다.

인간의 욕구는 도저히 만족시킬 수도 도달할 수도 없는 끝없는 터널이 아니다. 정신적으로 가장 온전한 상태에 있는 어린아이나 치료 이후의 회복된 사람을 통해 바라보는 인간의 욕구는 어떤 면에서 지극히 소박했다. '정상적인' 관심 욕구는 대개, 당연히, 자신이 원하는 대상에게 주로 국한되어 있다. 아이에게는 엄마와 아빠, 연인 관계에서는 사랑하는 바로 그 님만 제대로 자신을 바라봐 주고 마땅히 존중해 주면 그냥 '만족'할 수 있다. 아니, 충분하다.

내가 원하는 대상, 내가 좋아하는 대상이 빠져 버린 관심 욕구는 말 그대로 '길을 잃은 욕구'에 불과하다. 이 경우엔 끝이 나지 않는 뫼비우스 띠처럼 욕구 추구와 좌절 모드가 돌고 돌게 되어 있다. 그 어디에서도 온전한 만족을 얻을 수 없다.

많은 사람들로부터 갈채를 받고 화려한 스포트라이트를 받았음에도 불구하고 정작 본인은 허전함과 채워지지 않는 갈망을 호소하며 극단으로 가 버린 안타까운 사연들을 우리는 이미 알고 있다.

갓 태어난 후부터 만 3세를 넘어가며

실제로 인간은 본능적으로 자신을 돌보고 보호해 줘야 할 대상의 부재에 대해 기민하게 반응한다. 갓난아기 때는 수시로 울어 댄다. 한시도 눈을 뗄 수 없게 스스로 만들어 내는 것이다. 이 시기에는 신체적, 물리적 생존에 초점이 맞춰져 있다가 '정서적 생존' 시기로 자연스럽게 넘어가는데, 만 3세를 전후해서 대상의 '특정화'가 이루어진다. 이제 '엄마'가 아이의 마음에 전적으로 중요한 존재로 자리 잡기 시작한다.

대상의 항상성object constancy은 보통 생후 24~36개월 사이에 본격적으로 일어난다. 정신분석에서는 대상 항상성이라는 게 형성되는 시기를 중요하게 본다. 엄마를 내재화(내면에 장착시킴)하는 과정이기도 해서, 이 발달 과정이 잘 이루어져야 엄마가 안 계셔도 자신의 마음속에 있는 마음의 엄마가 대신해 줄 수 있게 된다. 이제 아이는 엄마가 바로 내 옆에 없어도, 보이지 않아도 안정감을 유지할 수 있다. 다시 올 것을 믿을 수 있고 올 때까지 기다릴 수 있게 된다.

이때부터는 아이가 조부모나 다른 양육자와 아무리 시간을 많이 보내도 특별히 콕 집어서 '엄마'를 찾는다. 당장의 생존과 상관없어도 말이다. 이 '특정 대상으로부터' 있어야 할 인정, 관심이 빠졌을 때 아이의 마음에서는 '없어요!' '떨어졌어요!'라는 알람을 보낸다.

있어야 할 게 떨어졌다는 신호로서 무시감을 바라보게 되면 이것이 생존에 필수 요소임을 알 수 있다. 그래서 사람은 무시당하면 '원초적' 반응을 하게 되어 있다. 문제는, 어른이 된 현재 속에서 어릴 때 겪은 과거의 경험이 여전히 뒤섞여 혼동되고 있을 때 발생한다. 기본적으로 무시를 많이 당하기도 했고 무시감이 전혀 극복이 안 된 경우에는 어른이 되어도 자기애적 손상이나 자존감이 낮을 때 보이는 행동을 할 수밖에 없다.

무시당하는 기분에서 빠져나오는 방법

"하도 무시를 당했더니 이제 자판기까지 날 무시해?"

돈을 먹어 버린 자판기 앞에서 이런 어이없는 푸념을 늘어놓게 되는 경우가 있다. 매사를 비틀어 놓을 수 있는 감정 중의 하나인 이 무시감만 잘 다뤄도 상당한 수준의 정신적 에너지를 비축할 수 있다.

자주 만나지 않는 사람, 지나가는 사람, 가게에서 잠깐 마주친 사람들이 나를 소홀히 하거나 무례하게 대하는 경우에는 상대를 '별로 중요하지 않은 사람'으로 그대로 놔둠으로써 무시당한 기분을 의외로 간단하게 처리할 수 있다. 말하자면 내 일이 바빠서 상대하지 않고 봐주는 격이 된다.

'저 사람이 뭘 알겠어?', '자주 볼 사람이 아니니까' 등 비록 화는 나지만 금방 쳐낼 수가 있다. 그런데 자주 만나는 사람, 혹은 상사나 선생님같이 내게 영향력을 미치는 사람에게서 느끼는 무시감은 사정이 다르다. 그렇지만 방식은 동일하다. 즉 그러한 경우에도 내 마음의 VIP 자리를 함부로 허락해선 안 된다. 자신도 모르게 그동안 VIP 자리를 내주고는 마음에 타격을 입은 경우라면 더더욱 이참에 VIP 자리를 박탈하는 것만이 무시감에서 빠져나올 수 있는 길이다.

세상에서 가장 억울한 일은, 별 것도 아닌 존재에게 무시당하는 게 아니다. 별 중요하지도 않은 사람들 때문에 일희일비하는 것과 생사를 오가는 듯한 느낌에 시달리며 내 시간과 에너지를 써 버리는 게 가장 슬프고 억울하다. 과연 당신이 목숨을 걸고 당신 자신보다 중요하게 여길 수 있는 사람이 누가, 대체 몇 명이나 있을까?

곰곰이 생각해 보자. '날 무시한 그가, 그들이 "내 일생을 바칠 만큼" 내게 진짜로, 정말로 중요한 사람이 맞을까?'라고 말이다.

자꾸 사람(들)의 반응에 연연하게 돼요

특별히 당신이 좋아하거나 관심이 있어서 가까이하고 싶은 사람들은 아니지만 그들의 반응에 자꾸 촉각을 곤두세우게 되는 경우가 있다. 그래서 정신적인 피로마저 상당히 누적되어 이제는 관심을 꺼 버리고 싶지만 그러면 안 될 것 같은 막연한 불안에 시달리는 경우 말이다. 그룹 채팅 방을 1~2개씩 가지고 있는 사람이라면 이와 같은 상황이 낯설지 않을 것이다.

쓸데없이 내 신경을 낭비하는 것 같지만 막상 어떻게 해야 될지 모르는 경우에도 마음의 점유율과 비중을 재평가해 보는 게 좋겠다. 타인에게 연연하지 않는 가장 좋은 방법은 타인을 관찰하고 파악하는 것이다. '객관화'시키는 방식으로 합리적 이성 버튼을 활성화해서 '감정적 엉킴'을 풀어내는 연습을 해 보자.

우선은 사람들 중에서도 특히 어느 그룹에게 내 감정의 더 듬이가 향하는지, 또 그중에서도 유독 신경이 쓰이고 중요하다고 생각되는 사람은 누구인지 범위를 좁혀 가 보자. 그래야 내가 무슨 이유에서 그 타인의 반응에 신경을 쓰는지 원인을 더 자세하게 파악할 수 있다.

똑같이 '좋아요'를 누른 사람이라고 해도 당신 마음속의 반가움의 정도는 다를 수 있다. 아니, 어떤 경우엔 되레 네거티브한 쪽으로 넘어가서 '불편한 감정'을 느낄 수도 있다.

어린아이나 특수 상황을 제외하고, 당신에 대해 실질적으로 생사여탈을 쥔 사람이란 존재하지 않는다는 것에 동의한다면, 특정인을 절대적으로 중요한 인물로 보는 관점에 대해서는 항시 의구심을 가져야 한다. 선배 A는 내게 중요한 사람이다 아니다 식으로 추상적인 '중요한 수준'에 집중하는 대신, 구체적으로 상대방에게 내가 어떤 필요와 볼일이 있는지를 가능한 한 자세히 살펴보는 게 낫다.

사장으로부터 매출 압박을 받는다고 해서 온종일 사장의 심경을 헤아리고 있을 필요는 없다. 신경을 써야 하는 업무와 프로젝트에 집중도를 높이는 게 현명한 대처다. 매출 압박과 같이 구체적인 사안이 아니라면 조금 더 애매하고 복잡할 수 있지만, 그렇더라도 내 존재 자체를 갈아 넣거나 바치려는 행동은 그만해야 한다.

만일 상대방을 당신의 VIP로 모시는 이유와 그 필요가 '관심 욕구'와 맞닿아 있다면 스스로 냉정하게 다시 물어봐야 한다.

- 상대의 인정과 관심, 반응이 내게 얼마나 절대적인 영향력을 행사하는가? (사회생활을 하는 데 있어서, 혹은 명예나 금전적인 문제에 있어서 구체적으로 어떤 임팩트를 주고 있는 걸까?)
- 상대의 고평가가 나의 (사회적, 직업적, 경제적) 가치를 높이는 데 실질적인 기여를 할 수 있는가?

그리고 그 영향력만큼만 상대에게 '가치와 의미'를 부여해도 충분하다. 좋아서 가까이 지내고 싶은 게 아닌 대상에게 당신의 시간과 에너지를 쓰고자 할 때는 늘 숙고하는 시간이 필요하다. 보고서 수준까지는 아니라도, '썩 내키지 않지만' 점심 약속을 잡는 사유와 목적이 스스로 읽어 봤을 때 충분히 납득 가능한 내용이어야 한다. 당신 마음속 VIP 요건은 최대한 까다로울수록 좋고, 아무나 그 자리에 앉지 말아야 '신경쇠약'을 면할 수 있다.

관심 끌기의 여러 방법들, 그리고 관계 맺기

좋게 관심 끌기, 나쁘게 관심 끌기

이제 자기 자신뿐만 아니라 주변 사람들도 들었다 났다 하는 '관심 욕구'라는 것이 어떤 방식으로 나타나는지 살펴보자. 관심 끌기^{attention getting}의 방식은 크게 두 가지로 나뉜다. 좋게 끄는 방법과 나쁘게 끄는 방법이 있다.

좋게 끄는 것으로는 그 사람에게 잘해 주는 것, 도와주는 것, 원하는 것을 들어주는 것, 좋아할 만한 것과 매혹할 만한 매력적인 것들을 제시하는 것이 있다. 나쁘게 끈다는 건 상대를 힘들게 하거나 불안과 공포를 조장하는 등 괴롭게 하는 방식이다.

보통 좋게 끄는 방식을 먼저 시도하지만, 이게 안 통하거나 제대로 안 된다 싶을 때 나쁜 방식이 나온다. 예를 들어 같은 반 짝꿍을 좋아하지만 머리끄덩이를 잡아당기며 놀린다든지, 물건을 뺏고 도망가면서 관심을 끄는 것이다. 괴롭히는 게 일차적 목적이 아님에도 불구하고 표면에서는 괴롭히고 약을 올리거나 급기야 울리는 짓을 하고 있다. 단, 순전히 시선이나 관심을 끌기 위해서인지 괴롭히려는 의도도 있는지는 구분해야 한다.

멀쩡한 사람을 정신병자나 미치광이, 부적응자로 만든다는 가스라이팅gaslighting의 근원은 '유혹'이다. 먹잇감 사냥 방식이라 할 수 있다. 유혹의 형태가 다양하지만, 달콤한 사탕을 주고 갈증 나게 해서 매달리게 만드는 것은 늘 같다. 중독은 유혹의 방식을 취한다. 모든 중독-마약 및 약물 중독, 술 중독, 섹스 중독, 관계 중독, 게임 중독, 도박 중독 등-은 달콤함과 짜릿함을 주되 금방 휘발되어 사라지게 되면 정신을 미처 못 차린 상태에서 오로지 갈증 해소를 위한 맹목적인 추구를 하도록 만든다.

있다가 금방 사라지는 게 포인트다. 진득하니 남아 있는 만족감을 주는 것들은 결코 중독이 될 수 없다. 차고도 넘치는 수준의 '흡족함'을 안기는 대상들은 내게 기다릴 수 있는 힘까지 제공한다. 그렇다. 좋았던 사람이 가도, 어떤 행위가 끝나도 여전히 내 안에 남겨진 것들을 통해 기다림의 과정도 홀로 감당할 수 있다. '오매불망 매달리는 것'을 멈출 수 있다는 뜻이다.

반면 반짝반짝 유혹적인 대상은 사라져서 애간장이 다 타게 만든다. 혹은 언제든 사라질지 모른다는 불안을 심어 놓기도 한다. 악성 자기애성과 동일한 속성이라는 점이 놀랍다. 찐하게 교감하며 놀다가 갑자기 사라지는 사람은 믿을 수 없는 사람이다. 자세히 보면 등장도 불현듯, 불쑥 나타날 때가 많다. 예고를 하더라도 원래 정해 놓은 시간대를 벗어나기 일쑤다. 남겨진 사람의 감정이나 기분에 전혀 책임지지 않는 사람을 피해야 하는 이유는 그것이 일종의 '정서적 학대'라는 사실 때문이다. 가스라이터에게 힘들다고 호소하는 것도 별 의미 없이 흐지부지되어 버리는데, '이런 짓'을 했던 사실이나 엄연히 있었던 사건을 망각하거나 모른 척해서 상대를 더욱 미치게 만든다. 아무 일 없었다는 듯이 스리슬쩍 넘어가는 일상이 반복되는 것이다.

좋은 관심 끌기와 나쁜 관심 끌기 외에 한 가지 방식이 더 있다. 대개는 관심 끌기의 형태라고 인지되지 않아서 간과되는 부분이기도 한데, '이상한 짓'을 통한 방식이 분명히 존재한다.

이상한 소리와 이상한 버릇을 통해 관심을 끄는 경우도 있다. 아이들에게서 생각보다 자주 볼 수 있으며 엄마 아빠를 상당히 당황하게 만들곤 한다. 특히 성적인 것과 관련된 느낌이 확 드는 행동(항문이나 성기를 만지는 유아 자위행위 등)이나 언뜻 '정신과적 이상 행동 증상'과 유사한 느낌이 들 때, 아이를 돌보는 이들은 오만 가지 걱정과 불안에 휩싸일 수 있다.

그럴 땐 정신을 가다듬고 "아이 본래의 '관심 획득' 행동이 아닐까?"에 우선순위를 두고 아이를 다시 바라보기를 제안하고 싶다. 겉으로 드러나는 모든 이상하고 복잡한 언행들이 그 최초의 출발은 굉장히 단순하고 명료한, 인간 본연의 욕구에서 비롯되었을 가능성이 높기 때문이다. 어른이건 아이들이건, 나 자신이나 타인이나 다 같은 '사람'이라는 점을 잊지 말자.

나이가 들수록, 여러 경험이 쌓여 갈수록 관심 끌기의 기술은 세련되게 진화하는 과정을 거치게 된다. '승화'의 형태로 표현될 수 있고 어떤 종교적인 방식을 취해 나타나기도 한다. 물론 시간이 흐를수록 더 괴상해지는 것도 가능하다. 예를 들어 괴이한 몸짓과 퍼포먼스를 하는 것, 궤변을 늘어놓는 것도 어떤 면에서 관심을 끄는 방식의 하나일 수 있다.

모든 인간의 행동 양식에는 어느 정도의 관심 끌기 속성이

들어 있다는 것만 염두에 두어도 여러 가지 이해 불가의 상황들 속에서 조금씩 보이는 것들이 생긴다. 아프다고 호소하며 도움을 요청하는 행위에도 역시 '일동 주목!'의 목적이 들어 있다.

관심 끌기의 속성은 생각보다 다양한 모습으로 나타나고 생각보다 그 정도와 깊이도 다양하다. 이러한 속성이 습관이나 성격으로서 고착될 때 특별히 주의를 요한다.

특히 결정적인 이벤트나 중요한 약속을 앞두고 자주 아프다고 호소하거나 빠져 버리는 사람과 같은 팀에서 일하기란 정말 어려운 것 중 하나다. 그런 팀원 때문에 스트레스를 받아도 인간적으로는 '안돼 보이는' 마음이 드는 것도 전혀 이상하지 않다. 나를 돌봐 달라는 신호인 것이기 때문에 우리 내면의 '인간성'을 본능적으로 자극하게 되어 있다. 실제로 '관심 좀 가져 줘. 날 미워하지 마'라고 온몸으로 호소하고 있는 중일지도 모른다. 문제는 '그 사람'이 밉지는 않지만 나도 내 할 일이 바쁜 상황이라 미처 인간적으로 봐줄 여유가 없다는 데 있다. 결국 현실적 한계의 문제로 취급하면서 '선^{boundary}'을 명확히 하는 것만이 서로 미워하지는 않을 수 있는 최선의 방법이다.

표면의 요구 사항에만 일일이 맞춰 주다 보면 본질을 놓칠 수 있다. 자주 반복되는 상황 앞에서는 더 근원적인 니즈와 욕구가 무엇인지 잠시 생각해 보는 게 필요하다. 어린아이를 양육할 때 위와 비슷한 상황이 빈번하게 일어난다면, 아이에게 관계를 친밀하게 하거나 관심을 끌기 위해 굳이 나쁘고 이상한 방식을 취할 필요가 없다는 점을 진지하게 상기시켜 주는 것이 필요하다. 좋은 방식의 관심 끌기를 통해 얼마든지 서로를 편하게 해 주고 불필요한 힘겨루기를 하지 않도록 돕는 것이다.

그렇게 함으로써 우리는 좋아하는 사람들 사이에서 서로의 에너지를 절약할 수 있고 더 생산적인 관계를 만드는 데 필요한 동력을 키울 수 있다는 점을 배울 수 있다.

나쁘게 관심 끌기를 대하는 방법

"너의 관심 끌기 방식은 정말 나쁘구나!" 이러한 돌직구 방식은 사실 도움이 안 된다. 오히려 더 큰 분란을 일으킬 수 있으니 조심하도록 하자. 일단 나 자신이 먼저 상대의 캐릭터나 상태를 이해해 가는 것이 중요하다. 그래야 스스로 더 나은 대처 방식을 취할 수 있기 때문이다. 하나하나에 반응하는 것은 상당히 피곤한 일이다. 오히려 '쟤는 도대체 왜 저러고 있는가?' 근본적인 질문과 관찰을 하면서 상대의 내면 상태를 추리해 보고 실제로 도움이 될 만한 전략을 짜야 할 것이다.

JK 부부의 사례

틈만 나면 언쟁을 하고 계속 투닥거리는 부부가 있었다. 나중에는 안 싸우는 날이면 뭔가 허전한 느낌이 들 정도가 되었다. 지지고 볶는 수준을 넘어서 파탄 일보 직전에 가서야 그동안의 관계 맺기 형태에 대해 분석을 시작했다.

일단 좋은 유형의 관계 맺기가 전혀 되고 있지 않았고, 대신 나쁜 관계 맺기는 크게 두 가지가 나왔다.

1) "자꾸 남편 K가 절 무시하고 찍어 누르려고 하는 것 같아요." '지시한다', '가르치려 든다'는 불만이 터져 나왔다. 바로 남편 K가 부부 사이에서 수직 관계를 유도하고 있었던 것이다. 이는 K에게 아내와의 수평적 관계가 어렵거나 익숙하지 않다는 사인이기도 했다.

2) 아내 J는 평소에는 이런 남편에게 순종적으로(?) 잘 맞춰 주는 편이었는데 그러다 '한 번씩' 열 받으면 히스테리적으로 성질을 부리며 물건을 집어 던지고 악을 바락바락 내는 습관이 있었다. 그럴 때는 오히려 남편이 묵묵히 있곤 했다. J는 평소에 안 하던 폭력적인 언사를 통해 남편을 초집중하게 만들었다. 그리고 그렇게 아내가 한참을 해 대고 나면 K는 조용히 치우고 청소하는 역할을 하고 있었다.

3) 아내 J는 툭하면 아프다고 할 때가 많았다. 스스로 "큰 병이 있는 것 아닌가?" 하는 건강 염려증의 말을 자주 하였다. 처음에는 남편도 걱정하면서 같이 관련 증상들에 대해 검색해 보고 병원을 찾아보기도 하였다. 그러다가 점점 무뎌져 갔고 5~6년 이상 지나자 웬만큼 아프다 해도 별 동요가 없는 지경이 되었다. "또 저러는군." 걱정과 염려가 더 이상 생기지 않게 된 것이다. 마치 양치기 소년에 대한 마을 사람들의 반응처럼 말이다.

아내 J의 증상 호소에 대한 남편 K의 반응도가 떨어지자 이에 대한 직접적인 불만을 2)번의 폭발하는 방식으로 푸는 횟수가 점점 증가했다. 결국 아내로부터 K가 최종적으로 듣게 되는 말은 "넌 내게 관심이 하나도 없지! 이젠 더 이상 날 사랑하지 않는구나!"라는 비난이었다.

Solution

겉으로 가부장적이고 지시적인 태도를 보이는 남편 K는 생각보다 아내를 많이 좋아하고 때로는 '미안한 마음'을 가지고 있었다. 결혼 초반에는 아내가 아프다고 할 때마다 안 좋은 생각이 떠올라 불안과 걱정에 시달리곤 했다. 아내 J가 다행히 한 번도 큰 병을 진단받은 적이 없어서 예전만큼 걱정이 되지는 않는데, 여전히 왜 이렇게 자주 아프다고 하는지는 도통 모르겠다고 했다. 남편 K에게 필요한 것은 아내의 관심 끌기 유형에 대한 통찰이었다. 아프다는 호소를 통해 관심을 끄는 것일 수도 있는데 어떻게 생각하시냐고 하자 K는 다소 놀라워하면서도 금방 수긍하는 반응을 보였다. 아내 J는 남편과 대화를 많이 나누기를 바라지만 K는 뭔가를 설명하는 것만 좋아하고 감정적 대화에는 '과묵한 편'이었다. J 입장에서 남편 K는 항시 자기 말을 듣는 둥 마는 둥 해서 구멍 난 항아리처럼 '만족스럽지 않았다'.

상담을 통해 남편 K에게 이제는 비언어적 반응이 아닌 '말'을 통한 리액션을 자꾸 연습해 보도록 주문했다. 아내 J가 원하는 적극적인 리액션이란 행동이 아닌 말이라는 점도 상기시켰다.

한편 겉보기보다 마음의 불안도가 높은 남편의 성향을 이해하는 것이 아내 J에게 큰 도움이 되었다. 그래서 더 이상 '아프다'는 것으로 남편의 불안을 자극하지 않으면서 필요한 요구 사항을 그때그때 수시로 전달하는 연습을 하니 오히려 남편 K의 고압적이고 회피적인 태도도 점차 줄어들었다.

공격성에
물길을 찾아 주기

마음속의 '화'와 친해지기

사실, '화를 내는 것'은 누가 가르쳐 주지 않아도 할 수 있는, 인간의 가장 자연스러운 감정 표현이다. 문명인이 되기 위해 '화를 그대로 표현하지 않는 법', '화를 돌려서 세련된 방식으로 전달하는 법', '분노의 효과적인 처리'와 같은 어려운 과제를 마스터해야 하는 게 현대인의 '현실'일 뿐이다. 분노의 억제와 억압이 '미덕'이라 부추기는 문화적 흐름이 분명히 존재하고 있다. 화를 내면 나쁜 사람 혹은 사이코패스를 쉽게 연상하게 되었고, 언성을 높여 분노를 표출하는 것은 매우 유치하며 '인간으로서 덜 된 상태'라는 인식이 점점 뿌리내리는 중이다.

성장하는 것과 성숙해지는 과정도 물론 중요하지만, 우리는 그 이전에 '사람'이라는 사실을 기억할 필요가 있고 진정한 사람이 되는 길을 절대 놓쳐서는 안 된다. 분노를 억누르고 조절하는 방법에만 몰두하는 것만으로는 현실을 제대로 살아 나가기가 어렵다. 우리에겐, 자신의 '화'를 느꼈을 때 놀라거나 두려워하지 않는 법, 왜 화가 났는지를 가능한 한 빨리 알아차리는 연습, 가장 적절한 길로 분노와 공격성이 나아가도록 얼른 '길을 터 주는 훈련'을 해 나가는 것이 훨씬 중요하고 꼭 필요하다. 그래야, 당신의 생존 무기로서의 '분노 시스템'이 터칭되고 작동될 때 그것을 억누르고 통제하려는 수많은 시도들로부터 자유로울 수 있고 외부의 힘에 쉽게 휘둘리지 않을 수 있다. 무턱대고 당신의 분노를 경시하거나 '못난 사람' 취급하는 사람은 오히려 주의하고 경계하는 것이 맞다. 우리는 사람이기 때문에 얼마든지 자신의 생존을 위협하거나 권리를 제한하는 것에 본능적으로 '화'를 느낄 수 있고, 그 분노를 바탕으로 즉각적이면서도 적절한 대응책을 '찾는' 시킹 시스템을 효율적으로 가동함으로써 실질적인 위기로부터 벗어나는 것이다. 자기 내면의 화와 공격성을 겁내는 대신, '친해지는 것'에 더 많은 에너지를 쏟아야 한다. 친해지는 첫걸음이 철저하게 이해하는 것이고, 그다음에는 '공격성에 길을 찾아 주는 것'을 배워나갈 필요가 있다. 언제 화가 나게 되는지, 그 화는 어떤 길로 흘러가도록 방향을 잡아야 할지 찬찬히 살펴보도록 하자.

나는 언제 화가 나는 걸까?

좌절 OTL

사람은 태어나면서부터 '추구'한다. 시킹 시스템에서 출발하는 셈인데, 실제로 엄마 배 속의 아기는 때가 되면 '태어나는 길'을 스스로 찾기 시작한다. 보통 만삭이 된 산모가 출산을 준비하고 힘을 주며 온갖 고생을 하는 장면이 출생의 '메인'을 장식하기 때문에, 태중에서 무슨 일이 벌어지는지는 의학이 발달하기 전까지 솔직히 잘 몰랐었다. 놀랍게도, 산도를 찾아 태아가 머리를 들이밀고 스스로 몸을 회전하는 과정을 볼 수 있는데, 이는 여전히 신비에 싸여 있다. 사람이란 태어나자마자 할 줄 아는 게 별로 없는 미미한 존재이면서도, 한편으로는 태어날 때부터 엄마와 함께 굉장히 능동적으로 있는 힘을 다해 자궁에서 세상을 향해 '나아가는' 역동적인 존재인 것도 사실이다. 사람은 이러한 '힘이 있는 움직임'이 뭔가에 막히거나 좌절될 때 응당 '화가 나는 것'으로 반응한다. 자신의 욕구가 빨리 제대로 채워지지 않을 때도 화가 난다. 모든 추구하는 것들이 제대로 충족되지 않고 '좌절 모드'가 되면 분노 시스템이 작동된다고 보면 된다. 분노 시스템은 개체에 '초집중'하도록 만들고, 이를 통해 자신의 필요나 욕구의 만족과 효과적인 목적 달성을 촉구한다.

여럿이서 놀이를 하는 공공의 장소에서 어떤 이유에서든 장난감을 뺏기거나 원하는 놀잇감을 즉각적으로 가지지 못하면 아이는 울거나 화를 낸다. 보통은 절제를 가르치기 위해서, 아이가 자기 통제를 배우도록 단호하고 따끔한 훈육을 하도록 권장된다. 이러한 방식은 아이가 울음을 그치고 '그만 요구하도록' 만들 수 있다. 그렇지만, 화를 내는 본질-재미있고 신나게 놀고 싶은 마음이 꺾인 것에 대한 좌절의 표현+제일 믿을 만한 엄마에게 도움을 요청하는 것-을 들여다볼 수 있다면, 아이가 관심을 가질 만한 새로운 장난감을 주고 재미를 붙이도록 도와주는 게 훨씬 효과적이다. 혹은 다른 활동이나 볼거리에 관심을 가지도록 유도하는 게 낫다. 그래야, 괜히 엄마랑 아이가 싸우지 않으면서도 서로 간에 덜 괴로운 방법이다.

"같이 놀아야지. 양보해."라며 더 많은 양보의 미덕을 가르치는 데 치중하기보다는, 하나의 장난감을 가지고도 너도 놀고 나도 놀 수 있는 새로운 플레이를 개발하고 그걸 가르쳐 주는 편이 더 바람직한 방향이다. 물론, 이런 방식이 훨씬 더 어렵고 에너지가 많이 드는 방식이다. 그렇지만 인간 본능의 무시와 억압이 궁극적 해답이 될 수 없는 것은 분명하다.

공격당할 때

누가 직접적으로 나를 때리거나 내 재산을 훔쳐 갈 때 분노하게 된다는 것은 너무 명백한데 조금 더 '분별'을 필요로 하는 것은 '존재의 바운더리(영역)'가 침해되었을 경우다. 개인의 권리나 권한에 대해, 어린 시절 책상 위에 금을 그어 놓고 짝꿍에게 '넘어오지 마' 하듯이 선을 그을 수 있다면 얼마나 좋을까? 이 눈에 보이지 않는다는 점 때문에, 스스로 그 경계를 명확히 하고 의식적으로 뚜렷이 하지 않으면, 무형의 권리와 권한이 제한되거나 통제되는 것에 무뎌지기 쉽다. 그 바운더리가 실제로 타인으로부터 공격받고 침해되어도 그 사실 자체를 혼자서는 전혀 인지할 수 없는 상태가 되기도 한다. 그래서 이 역시 어렸을 때부터 자신의 권한이나 자유에 대해 명확히 인식하는 교육과 훈련, 양육자의 전적인 존중이 필요한 부분이다. 역사적으로 수많은 신분제 사회와 노예제도와 같은 시스템 하에서 정당한 권리 찾기나 자유를 획득하는 과정이 왜 그렇게 힘들고 시간이 많이 걸렸던 걸까? 생각해 보자. '분노하기'가 제대로 되지 않으면 그렇게 된다. 온갖 '적'에 대항해서 싸우고 투쟁했던 것은 어찌 보면 지극히 인간적인 행위들이라 할 수 있다. 잘 알겠지만 싸움은 그게 오래가면 오래갈수록, 커질수록 시간, 돈, 에너지가 많이 들어간다. 그러니 현명하고 똑똑한 인간은 그다음 수순으로 당연히 '싸우지 않고 잘 사는 법'을 찾게 되고 열심히 '시킹 시스템'을 돌려서 조금 더 나은 방식과 틀을 발견해 왔다. 이 역시 인간의 분노 시스템에서 다시금 효과적이고 건설적인 시킹 시스템으로 전환한 것이다.

아플 때

몸이 아파도, 마음이 상처받고 다쳐도 화가 난다. 자기를 보호하기 위해서다. 아프게 하는 것들을 피하고, 이미 통증과 고통이 생긴 상처를 치료하고 원인을 근본적으로 제거하기 위한 첫 반응이 '분노 시스템'이 돌아가면서 시작된다. 실제로 아이가 너무 화를 내고 몸부림을 치면, 병원에서 주사 하나 제대로 놓기 어렵고 치료적 접근을 시작하는 게 불가능하다. 아이 입장에선 일단 자기를 '아프게 하는 것'에 대해 울음과 몸부림의 분노 반응으로 대응하는 방법이 '생존'을 위한 것이다. 조금 더 큰 아이가 되고 어른이 되었다는 것은, 생존에 진짜 도움이 되는 것을 위해 당장의 아픔 정도는 충분히 '참을 줄 알게' 되는 것이다. 그럼에도 아픈 것에 대한 일차적 분노 반응은 당연한 것이다. 지극히 본능적인 것이고, '생존을 위한 반응'으로 이해하면 좋겠다. 사랑하는 사람과 이별하는 것은 우리 마음을 가장 아프게 하는 것 중 하나다. 이유야 어떻든 간에 화가 많이 나면 날수록 빨리 지우려고 하기보다는, '그만큼 많이 아프구나!' 정확하게 알아주고 이해하는 것이 먼저다. 그래야 자기를 더 많이 돌볼 수 있다. 자기 상태를 더 잘 헤아려 주는 과정으로 진행할 수 있고 이 모든 것이 당신의 '생존'을 위해 꼭 필요한 것들임을 명심하자.

당신의 공격성은 어디로 향하는가?

크게 세 가지의 대표적인 '분노 발발' 상황을 이해했다면, 다시 내 안의 '공격성 다루기'로 돌아가 보자.

'화남'은 우리의 공격적 행동을 유발하게 되어 있다. 아무런 제한을 받지 않은 상태일수록, 화의 크기가 클수록 아주 동물적인 반응이 나타난다. 어린아이들이 서로 화가 나면, 소리 지르기, 깨물고 할퀴기, 때리기, 물건 던지기 등 공격 행동을 보이는데, 마치 아기 동물들과도 차이가 없어 보일 때가 있다. 모양새는 달라도 모두 '화'를 풀기 위한 것이고, 가장 적합한 공격 행동이란 '화'를 빨리 그리고 잘 푸는 것이어야 한다. 화나는 원인에 따라 적합한 공격 행동은 달라진다는 게 핵심 중

하나인데, 앞서 말한 '화나는 원인' 중 공격을 받으면 궁극적으로 싸워 이기면 되고, 아프면 피하거나 상처를 치료하면 해결될 수 있다. 가장 어려우면서도 평생에 걸쳐 '배워 나가야 하는 것'이 좌절로부터 비롯된 분노와 공격성을 다루는 것이다.

하나의 길이 막히면, 또 다른 문을 찾아내거나 길을 새로 만들어야 하는데 이게 처음부터 되는 게 아니다. 결국 '문제 해결 능력'이라는 것과 마주하게 된다. 어릴수록, 힘과 능력이 부족할수록 '좌절을 극복하는 문제 해결' 능력은 당연히 떨어진다. 그래서, 도움이 필요하고 배우는 과정이 있어야 한다. 이 프로세스가 사람마다 천차만별로 다르게 진행된다고 보는데, 가장 많은 영향을 주는 것이 '양육 환경'이다. 최적의 문제 해결 프로세스를 장착하지 못하면, 살아가면서 만난 '좌절의 순간들'로부터 생긴 공격성이 제대로 길을 찾지 못하고 '잘못 길이 드는' 상태가 된다.

물론 한두 번, 혹은 몇 번 잘못 길이 들었다고 해서 바로 어떤 '성격적 특성'으로 굳어 버리는 것은 아니다. 특히 10대를 지나기 전까지는, 공격성을 제대로 풀거나 교정을 했을 때 좋은 효과를 볼 수 있는 여지가 있고 이후 '별문제 없이' 살아가는 것도 가능하다. 하지만, 좌절이나 화를 제대로 받아 주는 사람이 없었거나 이를 푸는 것에 대해 적극적인 도움을 받지 못한 경우, 지나치게 억압적인 환경에서 '억제하는 법'에만 몰두하게 된 경우, 나름대로 소화한다고 한 것이 '파괴적'인 형태로 길이 난 경우에는 다소 병적인 패턴으로, 성격적 틀 안에 고스란히 남아 있게 된다.

공격성을 다루는 방식이 한 사람에게서 딱 하나의 형태만 있진 않지만 '빈번한 형태'라는 것은 있기 마련이다. 이를 파악해 두면, 나와 타인의 '캐릭터'를 이해하는 데 매우 유용하다. 축적된 공격성은 타인을 향하거나, 나 자신을 향하거나, 아니면 '제3의 길'을 향해 나가게 되어 있다. 공격성을 어떻게 다루는지에 따라 그 사람의 삶의 양식이 결정되고 당연히 삶의 전개도 달라진다. 실제 내 안의 화는 여러 모양으로 변형될 수도 있고 다른 감정으로 전환되어 표출되기도 한다. 나의 공격성이 평소에 주로 어떤 방향을 향해 흘러가는지 살펴보면 좋겠다.

타인을 향해 너무나 극명하게 그 해악이 드러나는, 그래서 '전두엽 기능 손상'마저 의심하게 하는 직접적인 물리적/언어적 폭력, 이간질과 같은 편 가르기 싸움을 일상적으로 거는 패턴은 일단 제외하였다. 주로 내적인 '감정 영역 안'에서 공격성이 흐르는 방향을 놓고 크게 세 가지로 분류하였고, 두 번째인 '자신을 향하는 길'은 다시 그 '내향성의 정도와 자기 파괴성'에 따라 두 가지로 세분하였다. 지금까지는 당신의 공격성이 당신도 모르게 알아서(?) 길이 난 상태였다 할지라도 이제는 자신이 직접 공격성에 길을 찾아 줄 수 있다.

공격성에 길 찾아 주기

1. 타인을 향하는 길	질투와 시기로 전환	경쟁을 통한 승리에 몰두 타인을 견제하는 데 힘을 모음	지나치게 경쟁적이고 긴장된 인간관계나 고립감을 주의할 것
2. 자신을 향하는 길	금욕의 방식	자기 절제의 방식. 감정이나 욕구가 '외부적으로 표출되는 것'을 억누르는 데 공격성을 씀	무미건조, 망각하는 삶을 주의할 것. 완전한 금욕에 실패하면 히스테리의 위험
	조금 더 내적 세계로 편향되고 자기 파괴적 인 형태	출발은 '자아 성찰'인데 습관적 자책, 지나친 반성 등의 정서적 자학, 자기 파괴적 행동 동반	술독이나 일독에 빠지 는 것. 부정적 감정 상 태에 휘말리지 않도록 할 것
3. 제3의 길	자신의 생산성에 집중, 다른 개체를 '돕는 대상'으로 인식	창조 또는 창작, 건설 자기 계발, 성장하는 데 힘을 모음	외적 평가에 약해질 수 있고, 커다란 성취 뒤의 공허함을 주의할 것

한 사람이 '공격성을 다루는 방식'만 집중적으로 파악해도 성격 특성을 짐작해 볼 수 있을 만큼, 화와 공격성을 해결하는 과정은 사람에게 매우 중요한 부분이다. 공격성을 다루는 방

식은 결국 본능적 욕구를 해결하는 방식과도 맞물려 있다.

인간의 가장 대표적인 욕구인 성욕의 경우를 살펴보자. 문명 사회에선 성욕이 생길 때마다 즉각적으로 해소하고 살 수 있는 사람이 많지 않다. 특히, '특정 대상'이 없는 경우 성적 욕구의 '좌절'은 피할 수 없는 것이 된다. 이 기간이 오래 갈수록 '공격성의 누적'이 뒤따르게 되어 있다. 이런 상태에서 소위 '히스테리'가 발생하는데, 히스테리는 결국 내적 공격성이 몸과 행동을 통해 표출되는 것이라 볼 수 있다. 성적인 관심과 욕구가 있지만, 이를 무의식적으로 억압할 경우 신경질과 짜증, 몸의 이상으로 나타나는 것이다. 이런 히스테리 방식은 결국엔 겉으로 드러나게 되어 있고 그 타깃은 가장 가까운 만만한 사람이 되곤 한다. 이보다 훨씬 더 자기 내부를 향하면서 결국 '자신을 향한 공격'의 방식을 취할 때가, 개인이 겪는 고통의 수준으로서 가장 괴롭다고 할 수 있다. 슈퍼에고가 너무 강할 경우에는 금욕의 수준을 넘어서 자학과 자폭의 수준으로 건너가게 된다. 스스로 치료가 절실한 경우는 대개 이런 상태일 때가 많다.

이보다는 덜 심각해 보이지만, 자기 감정이나 욕구를 완전히 억누른 채 감성조차 메마르게 할 수도 있다. 소위 기계적으로 일만 하는 상태가 되지만, 어느 순간 갑자기 강렬한 욕구에 휘말리게 되는 예기치 못한 상황을 맞이할 위험이 있다. 일과 성공밖에 모르던 성실한 사람이 어느 날 갑자기 사랑에 빠져 일상 유지도 어려워지는 경우처럼 말이다.

욕구가 충분히 해소되지 못할 때도 이를 평소에 잘 인식하면서 좌절의 상황을 오히려 긍정적인 에너지로 전환시켜 잘 활용하는 것이 '승화'라고 불리는 방식이다. 생산적이고 의미 있는 작업을 하거나 무언가를 창조해 내는 것, 돌보는 일이나 남을 돕는 행동들이 잘 알려진 예이다. 진짜 승화가 되려면 결국 자기 안에서 '만족'이 동반되어야 한다는 점을 기억하면 좋겠다. 보기에는 제3의 길을 취하고 있다고 해도, 어느새 겉의 '결과물'에 자꾸 치중하거나 다른 사람의 평가에 연연하게 된다면 남모를 '공허감'을 낳게 될지 모르기 때문이다. 더군다나, 공격성이 다시 길을 잃고 자꾸 화가 차오르는 상태에 빠질 수 있으니 주의해야 한다. 공격성에 길을 제대로 찾아 주는 것은 궁극적인 '자기 돌봄'이다.

공격성에 길을 찾아 주는 문제에 대해 당신은 늘 관심을 가지고 주시해야 하는 것이다. 특히, 당신이 사회에서, 외부적으로 무언가를 해 보려고 하다가 어떤 좌절을 만났을 때 좌절감이 '분노'로 치환될 수 있다는 사실을 알게 되었다면, 그 분노가 다시 '시킹 시스템seeking system'으로 잘 넘어갈 수 있도록 도와야 한다. 외부 현실에서 적절한 도움을 구하거나, 최적의 '해법'으로 가는 길을 스스로 찾아야 하는데, 그러지 않으면 당신의 공격성은 어쩔 수 없이 잘못된 길로 들어설 수밖에 없다. 그 공격성으로부터 파생되어 나온 각양각색의 부정적 감정 반응과 자존감의 손상, 비관주의와 중독 증세들(일독, 술독, 마약중독 등등)이 '좌절된 인생'의 결과물이다.

각종 좌절과 공격성으로의 연결을 이해하는 데 성공했다면, '시킹-분노 시스템의 순환'을 파악하는 커다란 관문을 통과한 셈이다. 여기서 중요한 포인트는, 좌절 그 자체를 너무 들여다보고 있으면 더 깊은 좌절감에 빠지기 쉽다는 점이다. 좌절 상태가 분노 시스템을 가동시켜 소위 '분노는 나의 힘!'이라는 그 원동력으로 '시킹 시스템'을 본격적으로 가동시켜야 하는데, 그냥 화난 상태에서 주저앉거나 'Fear System'에 갇히기 쉽기 때문이다.

이제, 인간을 보는 '각'을 좀 달리해 보자.

"아, 인간은 고통의 삶을 살도록 운명지어진 존재!"라는 절망의 늪에 빠지지 않으려면, '찾고 또 찾는' 인간의 찾기 본능에 좀 더 강조점을 둬야 한다. '좌절감'을 연구하는 대신 '찾는 존재'로서의 인간을 알아야, 그에 따른 좌절의 깊이 또한 온전히 이해할 수 있다. 그 심층적인 이해를 '발판'으로 삼을 때, 마침내 좌절 모드에서 빠져나올 수 있다.

좌절 모드의 당신에게 정작 필요한 것은, "좌절하지 마!" 혹은 "실망할 필요 없어!"와 같은 너무 가벼운 격려가 아니라, "네가 찾을 만한 것은 바로 이거야!" "당신이 진정 좋아할 만 한 것은 바로 여기에 있다!"처럼, 새로운 지향점과 목표를 제 시해 줄 수 있는 '생산적 시킹 시스템'을 On하는 것이다.

중독,
재미를 찾다가 삐끗하는 함정

밑 빠진 독, 중독

일독에 빠지는 것과 술독에 빠지는 것이 근원적으로 같은 메커니즘이라고 하면 깜짝 놀랄지도 모르겠다. 하지만 그 이름에서도 알 수 있듯이 홀릭holic, 'Workaholic, Alcoholic…'은 결국 '중독성'을 의미한다. 중독은 본질적으로 찾기와 만족 시스템seeking system 아래에 있는 한 줄기로 이해되고 있다. 도파민이라는 신경전달물질이 중심이 되는 리워드(보상) 시스템reward system이 깊이 관여한다. 흔히 "만족할 줄을 몰라!"라고 하면 욕심이 과하거나 욕망이 엄청 강렬한 줄 알지만, '보상이 주는 느낌^{reward sensitivity}'이 떨어진 것으로 보는 게 더 정확하다. 그래서 '밑 빠진 독'이라고 보는 것이며 항아리 자체가 다른 사람들보다 유난히 커서가 아니다.

중독성에는 항상 의존성이나 '내성'이라는 용어가 같이 따라 나오는데, 중독자의 도파민 반응은 '짧고 강하게'가 특징이다. '잭팟' 터지듯 '팍' 왔다가 금방 사라지는 '휘발성' 때문에 중독 대상을 갈망하고 또 갈망하는 회로를 돌게 되는 것이다. 당연히 제자리만 맴도는 게 아니라 '점점 더 강하고 센 자극'을 원하게 되어 있다.

리워드, "어머, 이건 꼭 사야 해!" 겟템? 득템?

'꼭', '반드시' 이런 말이 붙을수록 리워드로서의 효과는 배가된다. 보상이라는 것은 '좋아 보이는 것'을 보여 주는 걸로는 결코 만족될 수 없다. 자기 손안에 '겟^{get}' 하는 것이고 곧 '빈자리'를 채운다는 뜻이다. 내 영역에 어떤 아이템이 쏙 들어올 때 도파민이 솟구치는 '만족!'을 따낼 수 있다.

소풍 놀이, '과자 따먹기'의 묘미

'과자'를 바라보며 열심히 달려가서 줄 앞에 선다. 줄에 매달려 달랑거리는 '맛난 과자'를 이리저리 건드리다가 드디어

'탁' 입으로 물었을 때! 그 직전까지의 애간장과 긴장이 일시에 사라지고 '짜릿한 기분'을 맛보게 된다. 이 느낌은 과자의 맛있는 맛 그 이상의 것이다.

무언가 원하는 것을 '득템'했을 때 기분이 '도파민적 만족'이라는 것을 이해했다면 한 가지 질문이 생길 수 있다. 어떤 만족은 오래가는데, 왜 어떤 만족은 이리 짧은 걸까? 이제 '득템의 과정'에 대해서 생각해 볼 필요가 있다. 보통 도파민계 만족의 경우 쉽게 얻는 만족은 빨리 사라지는 것으로 되어 있다. 대표적으로 마약이나 약물, 도박 중독 등이 있다. 이런 '쉬운 만족'의 길에만 꽂힌 경우에는 웬만해서 빠져나오기가 어려운데, 신경계가 강한 도파민성 흥분에만 쾌감 반응을 보이는 '망가진 상태'가 되었기 때문이다.

게임, 다양한 재미의 콤비네이션을 생각할 것

게임은 그 자체가 하나의 커다란 '재미 페스티벌'에 가깝기 때문에, 장르와 형태, 진행 방식과 난이도, 게임을 하는 툴^{tool}, 혼자서 하는 기록 갱신형인지 1:1 매치 혹은 그룹전인지 등에 따라 재미를 구현하는 양상이 매우 달라질 수 있다. 그래서 게임 하면 무조건 '중독'으로 보는 낡은 관점은 탈피할 필요가 있다.

어린아이들의 경우에 '중독 위험성'이 높은 것으로 되어 있긴 하지만, 아이마다 선호하는 게임과 빠지는 양상이나 이유가 다르다는 점에 초점을 맞춰야 '중독' 자체도 예방하면서 아이가 '진짜 재미와 만족'을 제대로 찾도록 도울 수 있다.

삶의 목적과 마찬가지로 아이를 키우는 것도 어떤 병이나 위험 상태를 '피하고 막는 것'이 전부가 아니다. 진짜 필요한 것, 보다 중요하고 의미 있는 걸 추구하다 보면 그 과정에서 문제가 되는 것과 불필요한 것들이 차지하는 비중도 자연히 줄어들게 되어 있다.

한 알코올 의존자가 나이 70에 술을 끊게 된 비결

내가 알고 있는 한 알코올 의존자는 50년 동안 술을 못 끊고 지내다가 직장도 가정도 다 파탄이 난 사람이었다. 20~30대에는 그저 소셜 드링커로 시작했는데, 40이 못 돼서 술이 술을 마시는 '중독' 상태에 이르렀다. 몇 번의 병원 치료도 급한 금단 증상의 위기를 겨우 넘기는 데 도움이 되었을 뿐 금주에는 전혀 효과가 없었다. 결국 가족들도 거의 포기하다시피 하였고, 부인과도 이혼하고 혼자 이리저리 돌아다니며 술에 찌들어 지냈다. 그나마 자녀가 결혼하게 될 무렵 마지막 기회를 주자고 하여 가족들이 일단 집으로 들어와 살도록 했지만, 술 문제 때문에 계속 갈등이 생겼다. 술을 끊으려고 해도 "별 낙이 없어서 자꾸 술을 마시게 된다."는 게 그의 유일한 변명이었다. 일찍 부모를 잃고 고아처럼 어린 시절을 보낸 불행한 과거가 알코올 의존증의 배경으로 작용하는 것 같았다. 그렇지만 과거는 돌이킬 수가 없고, 없는 낙을 남이 만들 수도 없는 법. 그저 알코올 의존증 상태로 그냥저냥 살다가 죽을 사람인가 싶었는데, 얼마 뒤 손주를 보게 되면서 말 그대로 '변화'가 일어나기 시작했다. 그에게 '새로운 낙'이 생긴 것이다. 귀여운 자기 자손이 커 가는 과정을 지켜보는 데 재미를 붙이면서 가족들과의 모임과 관계도 더 소중하게 생각하게 되었고, '술을 끊겠다'는 의지를 나이 70이 되어서야 처음으로 갖게 된 것이다. 금주 결심을 가지기까지는 오랜 세월이 걸렸지만, '새로운 삶의 낙과 기쁨' 덕분에 금주는 단번에 이루어졌다.

술을 통한 쉬운 만족보다 더 어렵고 많은 노력이 필요하지만 '깊은 만족감과 의미'를 느끼게 되자 행동의 변화가 일어났다. '의미 있는 만족감'은 순수하게 도파민계만으로 이루어지지 않는다. 이 알코올 의존자의 경우 가정과 관계에 대한 갈망-옥시토신-과 세로토닌계의 안정감이 주는 소소하고 편안함의 만족, 그리고 손주가 커 가면서 보여 주는 '새로움'의 묘미와 곁에 있는 자식과 자손을 바라보며 자신이 '그래도 헛되이 살진 않았구나' 하고 삶의 의미를 되새기는 아세틸콜린계 재미가 어우러져 이전과 다른 '즐거운 만족'을 경험했기에 가능했다. 즉 '쉽게 휘발되는 도파민'적 만족에만 더 이상 의존

할 필요가 없었던 것이다.

알코올 의존자를 치료할 때 존재로서의 의미와 각자 삶의 의미를 깨우치고 되살리는 '의미 치료'는 중요한 역할을 한다. 이를 통해 약물 치료나 인지 치료만으로는 접근이나 변화가 불가능했던 부분을 다룰 수 있게 된다.

허함과 빈 느낌 제대로 이해하기

술을 포함한 각종 화학성 약물과 행위 중독의 발단에는 '허함-빈 느낌'이라는 게 있다. '무엇'으로 채울지에 대한 고민을 진지하게 할 겨를도 없이 일단 채우는 데 급급해진 상태가 중독이다.

사람은 본능적으로 배 속이 비면 채우려고 하는데 이는 생존을 위해 내재된 반사적 반응에 가깝다. 갓난아기가 배가 고프면 '울어서' 채워 달라고 요청하게 되는 것은, '비면 채우려는 시스템'이 '자연적으로' 켜지도록 만들어진 존재라서 그렇다. 갓 태어나면 눈도 제대로 못 뜨고, 사지를 마음대로 움직일 수도 없으며, 울고 버둥거리는 것만이 유일하게 할 수 있는 '행위'이다. 무언가 필요한 게 생기면 아기는 칭얼거리거나 우는 게 전부이며, 그 필요가 잘 채워졌다는 것은 방긋 웃거나 편안하게 잠을 잘 자는 것을 통해 확인할 수 있다. 필요와 욕구는 갓난아기도 본능적으로 느끼지만, 어떤 방식이 '적절하게 채우는 것인지'에 대한 고민은 처음부터 하지 않는다. 즉 아기는 요청만 할 뿐 고민은 그 부모나 주 양육자의 몫이다. 아이가 점점 자란다는 것은 그 고민을 점차 '자신의 것으로' 가져온다는 뜻이기도 하다. 스스로 고민을 하면서 방법도 혼자서 해결하기까지 시간이 걸린다. 그리고 단순히 시간이 해결해 주는 것도 아니라는 게 문제다. 스스로 키워 가야 하는 부분이다.

고민, 생각하는 과정을 얼마나 치열하게(?) 해 왔는지는 사람마다 다르다. 그리고 실제 행동으로 이어지기 위해 얼마나 많은 시행착오를 겪고 또 그 속에서 얼마나 잘 배워서 발전했는가 역시 다 다르다. 자라 온 과정에 따라 성인 이후 자기 욕구를 해결하는 능력과 그 성숙도는 확연히 차이가 날 수밖에 없다. '무엇으로 어떻게 잘 채울 것인지'에 대해 고민하는 능력을 키우지 않았거나 어떤 내적 트라우마를 입고 그런 능력이 손상된 경우 '중독'으로 가기 쉽다. 그런 과정에서 '소탐대실'을 빈번하게 하게 되며 결국엔 삶 자체가 망하는 길을 가게 되는 것이다.

그렇기에 '자기 욕구와 마음의 허기를 스스로 얼마나 잘 해결하는가?' 하는 것은 사람의 됨됨이와 성숙도를 파악하는 좋은 척도이다.

감정의 항상성과 신체의 항상성, 그 차이를 이해하기

항상성^{homeostasis}은 생각보다 어려운 개념이지만 사람과 사회를 이해하는 데 꼭 필요한 속성이기 때문에 익숙해지면 쓸모가 많을 것이다. 변화무쌍한 환경 속에서도 생명을 계속 유지한다는 것, 심지어 '성장'과 '발전'도 가능하다는 것은 '항상성'이 뒷받침하고 있기 때문이다. 마치 평균대 위에서 균형 감각을 잃지 않고 끝까지 걸어가듯, 우리가 일상에서 일정한 '스탠스^{stance}'(자세나 입장)를 지키는 것은 중요한 일이다. 이는 목이 마르지만 잠시 물을 마시지 않아도 '견디는 힘'이며, 상당한 기간 동안 사랑하는 사람을 볼 수 없어도 일상을 유지할 수 있는 능력이기도 하다. '항상성 유지 중'이라는 간판에 초록불이 켜질 때 우리 몸과 마음은 "안녕하다"고 말하며, 빨간불이 들어올 때 "편치 않다", "거슬린다"고 호소하게 된다. 마음에서 미움이 일어나거나 이럴까 저럴까 망설이며 어쩔 줄 모르는 경우는 감정의 '항상성'이 흔들거리는 때이다. 마음이 출렁거릴 때면 곧이어 마음을 '평온 상태'로 되돌려 놓는 쪽으로의 추구 행동$^{seeking\ behavior}$이 나오게 된다.

아이는 싫고 미운 마음이 들 때 떼를 쓰고 울음을 터뜨림으로써 가장 믿을 만한 사람에게 도움을 청하는 행동을 본능적으로 하게 된다. 자신의 항상성이 깨지고 있으니 '유지하도록'

도와 달라는 응급 콜을 하는 것이다. 항상성은 때로는 안정감, 안전한 느낌, 마음의 평안이라는 용어로 표현되기도 한다.

우리의 몸과 마음 모두 '항상성'을 유지하게끔 설계되어 있지만, 항상성을 유지하는 능력은 아이와 어른이 다르고 각 사람마다 다양한 양상을 보일 수 있다. 신체적 항상성은 당연히 아이보다 어른이 월등히 뛰어나다. 갓난아기는 수유 간격이 거의 두 시간마다 이루어질 만큼 '배고픔'을 참고 견디는 능력이 현저하게 떨어진다. 말 그대로 한 끼 제대로 안 먹었을 때의 타격은 어른과 비교가 안 된다. 생후 1~2개월까지는 솔직히 '누가 먹여 주느냐'보다 '얼마나 잘 먹여 주는지'가 아이의 성장에 훨씬 중요하다.

항상성은 '조절 능력'과 연결되는데, 아이에게 하루 여섯 시간 이상의 규칙적인 수유 간격과 수면 패턴이 자리 잡게 되면 상당히 안정된 시기에 진입했다고 볼 수 있고 드디어 엄마도 '정신을 차릴 수 있게' 된다.

감정의 항상성 유지력과 조절 능력은 신체적인 것보다 천천히, 뒤늦게 발달하게 되어 있다. 제때 음식이 들어오지 않아도 우리 신체의 대사 조절 능력은 열 살 정도만 되면 이미 충분히 버틸 수 있는 수준에 이른다. 배고픔은 어지간하면 견디는 게 정상이다. 이 시스템에 고장이 나는 대표적인 예가 식이 장애이다. 배고픔과 배부름의 센서에 오류가 발생해서 약간의 허기에도 지탱하지 못하며 심지어 배부른 상태임에도 불구하고 견디지를 못한다. 반대로 너무 먹지 않아서 생명 유지에 이상 신호가 발생했는데도 식사를 거부하며 항상성 유지에 역행하기도 한다.

언뜻 표면적으로 신체적 항상성 유지에 문제가 생긴 것처럼 보이지만 사실은 '감정의 항상성' 유지에 실패한 것이 가장 큰 원인이다. 감정의 문제가 신체 조절의 문제로 옮겨 가서 몸을 통해 증상이 발현된 것이라고 보면 된다. 마음의 허함과 감정 조절 실패가 그 자체로 해결되지 못하고 뇌의 포만 중추(배부름을 느끼는 센서)까지 오류가 나는 일종의 '신체화' 메커니즘으로 설명된다.

앞에서 말했듯이 신체는 웬만큼 척박한 환경은 견디게끔 설계되어 있다. 실제로 신체적 장애나 질병이 없고 전쟁과 기아처럼 특수한 상황이 아니라면 누구나 먹는 문제를 놓고 일상생활에서 '위기 경험'을 할 가능성은 극히 드물다. 그렇지만 마음의 허기를 조절하고 감정의 항상성을 유지하는 부분에 있어서는 사정이 다르다. 이 능력은 나이가 먹었다고 해서, 몸이 자랐다고 해서 저절로 획득되는 것도 아니다.

마음의 안녕을 유지하는 능력

감정의 항상성은 '허함을 견디는 것'에 초점이 맞춰져 있지 않다. 배가 고프면 당연히 음식을 찾게 되지만 신체의 항상성 덕분에 허기 상태를 어느 정도 견딜 수 있는 반면, 마음이 허한 것은 어린아이는 말할 것도 없고 어떤 어른이라도 견딜 수 없는 것이다. 우리는 어른이 되면 어느 정도 허함은 마치 잘 참을 수 있는 것처럼 참아야 마땅한 것으로 잘못 교육을 받았다. "외로워도 좀 참아야지!" 얼마나 흔한 말인가? 고독과 외로움, 마음에 구멍이 나는 느낌은 그 어떤 사람도 견딜 수 없다. 전혀 괜찮지 않다. 만일 나는 외로워도 괜찮다고 한다면 그것은 스스로를 속이는 것이다. 마음의 허함은 어찌 되었거나-종류는 다를지언정!-'만족'의 느낌을 통해서만 해소되며, 그렇기에 사람들은 스스로를 속여서라도 '만족감'이라는 것을 필사적으로 손에 넣으려 한다. 그 대표적인 예가 '정신 승리'■이다. 만일 실질적 만족에 도달하지 못했을 때는 정신에 여러 가지 증상과 병을 만들게 되어 있다.

　감정의 항상성은 말 그대로 '굴곡이 없이 편안한 상태'를 지

■ 정신 승리. 이는 거짓(실제 승리하지 않았음에도 자신의 생각이나 판타지 안에서 이겼다고 하고 이를 사실로 받아들임)에 바탕을 둔, 만족감 내지 기쁨의 감정이다. 가짜 만족이라고 할 수 있다.

향하는 것은 맞지만 '허함'을 견디도록 설계되지는 않았다. 그래서 내적 만족감이 없을 때 어떤 현상이 생기느냐 하면 일차적으로 반드시 대체할 만한 대상을 찾게끔 되어 있다.

마음의 '결핍'은 그 사람으로 하여금 어떻게 해서라도, 무엇을 통해서라도 마음을 '채우는 행동'을 추구하도록 한다. 대표적으로 타인과의 관계에 집착하거나 불안과 갈등이라는 '증상'을 통해 마음의 빈자리를 대신하게 된다. 갈등^{conflict}은 마음 안에서의 불일치와 전쟁을 의미한다. 궁극적 만족의 대상을 기어이 추구하라고 촉구하는 이드와, 현실 여건과 처해 있는 상태를 앞세워 포기하거나 대체재에 안주하도록 하는 슈퍼에고(초자아), 그리고 이 둘 사이에서 여러 협상안을 고민하는 에고 사이에서 끊임없는 충돌이 일어난다. 마음의 허기와 결핍을 처리하는 데서 비롯된 '갈등 상태'는 마음의 안녕을 추구하는 '감정의 항상성'의 속성과 또 부딪치게 된다.

마음의 안녕은 다른 말로 '갈등이 없는 상태'이고, 우리 마음은 갈등을 최소화하도록$^{conflict\ zero}$ 설계되어 있는 것이 곧 감정의 항상성이다.

의식적, 무의식적으로 수많은 갈등을 최소화하는 데 마음의 방어기제가 총동원된다. 주로 많이 쓰이는 것이 타협 형성$^{compromising\ formation}$ ▪과 억압이다. 이를 통해 '갈등 해소와 일단 만족'에 도달하지만, 그 후에도 '새로운 갈등'은 얼마든지 발생하기 때문에 '반복적 악순환의 고리'가 계속 돌아가게 되어 있다. 폭식 장애에서는 흔히 다음의 사이클을 반복한다.

'공허하다' → 먹는 것으로 채우면서 스스로 뭔가 할 수 있다는 통제감도 얻고 허한 느낌도 지워 냄으로써 '일단 만족'을 이뤄 낸다. → 폭식의 결과물을 마주하고 '온전한 통제에 실패'했다는 것에 좌절하고 크게 실망한다. → 통제감도 떨어지고 다시 불만족이 올라간다. → 무언가 채워지지 않고 비어 있는 느낌이 드는 것 같을 때 다시 '먹는 것'을 찾게 된다.

■ 타협 형성이란 기본적으로 내 마음속의 서로 다른 구조들 ─ 이드, 에고, 슈퍼에고 ─ 간에 타협을 이루는 것이다. 외부 현실과 개인의 마음 간에 타협을 보기도 한다. 타협 자체는 의식적일 수도 있고 무의식적일 수도 있지만 정신분석에서 말하는 타협 형성은 무의식적 과정만을 의미하고, 이는 자기 혼자서는 결코 인식할 수 없다. 모든 정신적 증상과 질병을 '타협 형성물'로 보기도 한다.

패닉,
총 맞은 것처럼

이별이 만드는 마음의 구멍

위의 제목은 가수 백지영의 인기곡의 제목이자 가사인데, 이별 상태를 정말 기가 막히게 표현했다는 생각을 한 적이 있다.

사랑하는 사람과의 이별, 헤어짐은 그렇게 사람 가슴에 구멍을 내 버린다. 크기의 차이는 있지만 어쨌건 크고 작은 구멍을 내기 쉽다. 정신분석에서 주요 대상으로부터의 분리와 버려짐은 '패닉'을 일으킨다고 되어 있다. 패닉과 슬픔은 자주 함께 등장한다. 인간 고유의 감정이라기보다는 훨씬 본능적이

고 동물적이다. 엄마 잃은 아기 동물은 포효하듯 울게 마련인
데, 그 소리는 듣는 사람을 '소름 끼치게' 만들 정도로 구슬프
고 섬뜩하기까지 하다. 버려진 동물의 '절박함'이 이입되어서
그렇다. 생존의 위기를 표현하는 감정이 곧 마음에 구멍 난 상
태 '패닉'이다.

마음에 구멍 난 느낌은 좌절이라든지 답답함과 비슷한 것
같지만 분명 결이 다르다. 영어에 'Devastated'라는 단어가
있고 이 표현이 '패닉panic'에 더 가까운데, 이는 '망연자실'이라
는 감정이다.

좌절감과의 구별

좌절이라는 표현은 어느새 흔한 말이 되었고 OTL이라는 이
모티콘도 매우 익숙할 것이다. 여러 가지 좌절이 많은 시대상
을 반영하는 걸까? 참고로 정신분석에서는 '좌절'이라는 단어
가 굉장히 많이 쓰이는 용어 중 하나이다. 영어의 Frustration
을 그대로도 많이 쓰는데, 그 정도는 사실 다양하다. 약간의
답답함, 막힌 느낌, 원하는 게 꺾인 상태, 짜증 나는 상태에서
부터, 존재 자체가 휘청거리거나 그 자리에 털썩 주저앉는 정
도의 좌절에 이르기까지 다양하다. 그래서 특별히 치료 중에
일어나는 불가피한 좌절에 대해서는 '적절한 좌절'이라는 명
칭을 따로 붙여 놓았다.

우리는 일상에서 '좌절' 자체를 피할 수도 없앨 수도 없다. 그렇기에 치료 과정에서는 환자에게 일어나는 여러 종류의 좌절들이 그의 자아 강도를 고려해서 '적절하게' 다뤄지고 있는지 체크하고 돕는 것이 매우 중요한 부분을 차지한다.

'패닉이 왔다'와 '좌절감 느낀다'가 비슷해 보여도 구분하는 것은, 실제로 연관되는 시스템이 다르기 때문이다.

Frustration은 분노 시스템과 짝을 짓는 감정

Frustration은 'Rage(분노 시스템)'와 연결되어서 많이 등장한다. 그리고 망연자실devastated은 'Panic(분리 공황 시스템)'과 더 밀접하다. 이렇게 보면 감정의 느낌을 조금 더 세분화하여 이해할 수 있다.

연인과의 이별 중 느끼는 감정에도 단계가 있다. 연인과 이별의 조짐이 보이기 시작할 때 우리는 대개 '싸운다'. 이때는 주로 좌절과 답답함에 의한 '분노 시스템'이 메인으로 움직인다고 볼 수 있다. 그렇다면 이별이 기정사실화되었을 때는 어떻게 될까? 특히 일방적으로 '단절'에 가까운 헤어짐을 경험할 경우 싸운다기보다는 소위 패닉에 빠지기 쉽다. 문자 그대로 엄마 잃은 심정이 되고 '구멍이 나는' 경험을 하게 된다. '버려짐'(유기 불안)의 차원으로까지 감정의 키가 완전히 고장난 채로 한정 없이 곤두박질치며 내려가게 되는 것이다. 그래서 어른인데도 불구하고 "나 버림받았어!"라고 얘기할 수밖에 없게 된다. 실제로 많은 경우 단순한 좌절이 아닌 '구멍'을 실감하게 된다. 이때 작동하는 기본 감정 시스템은 분명히 다르다고 볼 수 있다. 물론 언어적으로는 혼용해서 쓰일 수 있다. '좌절 모드'일 때 화가 날 수도 있고 무력 상태에 빠질 수도 있다. 같은 단어, 다른 느낌, 다른 상황인 것이다.

패닉 시스템이 작동된 이후

일단 패닉 시스템이 돌아가게 된 다음에는 어떻게 될까? 동물의 경우를 예로 들어 보겠다.

엄마 잃은 아기 동물은 필사적인 울음을 통해 '패닉'을 표현한다. 다행히 엄마가 돌아온 경우 패닉은 저절로 꺼질 것이다. 계속 오지 않는다면 어떻게 될까? 이때부터 개체마다 고유의 '성격'이 나올 것이다. 적응력이 보다 빠르고 좋은 동물은 다른 대체 대상을 찾을 수도 있고 스스로 무언가를 더 해 보려는 몸짓을 보일 것이다. 각자 처한 상태나 개체 연령에 따라 당연히 다르게 나타난다. 결국 자신이 가지고 있는 힘^{power}에 따라 그다음 반응은 달라질 수 있다. 패닉 시스템 이후에는 어떤 식으로든 다시 찾기 시스템$^{seeking system}$이 움직이는 양상을 주로 보인다.

공황 증상을 가진 사람이 '병원'을 찾는 것도 '찾기 시스템' 때문이라고 할 수 있다. 도움을 구하는 것, 자가 요법을 시도해 보는 것 등등 모두 패닉을 극복하는 방법을 찾는 행동인 것이다.

거세 불안과 과거로부터의 감정

'칼 맞을까 두렵다' 이런 유의 불안은 성별을 가리지 않고 생길 수 있다. 본래의 거세 불안castration anxiety(3-6세의 남자아이가 자기 성기 곧 남성성이 더 큰 남성에 의해 제거될까 두려워하는 것)은 남성 특이적으로 쓰였지만, 점차 존재론적 불안 – 잠식 혹은 잡아먹힐 것 같은 불안이나 소멸 불안 등과도 연결되어 복합적인 개념으로 확장된다.

사회 안전망이 흔들거릴수록 내재되어 있는 '거세 불안'을 굉장히 많이 자극하는 것 같다. "세상이 무서워졌어…"라고들 하지만, 어떤 면에서는 예나 지금이나 무서운 것들은 유사할지도 모른다. 더군다나 사람의 내면세계에는 세상에서 일어나는 일들과 딱히 직결되지 않는 공포와 두려움이 늘 존재해 왔다. 그래서 무의식적인 '불안과 공포'는 치료 내내 핵심적으로 다루는 메인 주제이다. 그런데 일상 대화의 테이블에서도 심심치 않게 무의식 상의 '거세 불안'을 상징하는 언급들을 관찰하게 된다. 예컨대, "그러다 칼 맞으면 어쩌려고 그래?" "조심해라. 분명 뒤에서 비수를 꽂을 애야." "믿는 도끼에 발등 찍힌다!" 등의 표현을 꼽을 수 있다. 자신의 남성 생식기가 없어질 것에 대한 불안으로 해석하고 말기엔 뭔가 여전히 '생존'의 단계를 넘어서지 못한 것 같은 인상이다. 생존의 문제를 너끈히 해결해야 자신의 '성성sexuality'도 지키고 발전시킬 게 아닌가? 조금 더 근원적으로 존재의 안정성과 생존에 대한 위협 문제를 생각해 볼 필요가 있다.

존재를 향한 위협, 내가 없어질 것 같은 불안, 나의 능력이나 소유가 '갈취'되어 사라질 것에 대한 두려움은 어찌 보면 인간 전반의 무의식상(자극 요인을 만나면 의식 위로 튀어 오른다)에 기본적으로 깔려 있다고 볼 수 있다. 기본 감정 체계의 Fear System은 이를 설명해 주는 이론이다. 따라서 실제로 위험 대상이나 위협 요인을 만나게 되거나 마주할 것이 임박한 상황에서 어김없이 우리의 Fear System은 작동하게 되어 있다. 자동으로 작동하는 이 응급 알람 시스템 덕분에 우리는 많은 위기의 순간을 알게 모르게 모면하고 있는 중이다.

항상 그렇듯 '오류'가 발생하는 경우가 문제일 것이다. 이 역시 그 자체가 위험 대상이 아닌데 그런 것으로 완전히 착각하는 경우보다는, 과거와 현재를 혼동하는 데서 생기는 오류가 보다 빈번하다. 무슨 말이냐면, 어리고 힘이 없던 시절에 실제 위협 대상이었던 것들이 현재 성인이 되었음에도 역시 그런 것처럼 혼동을 일으킬 수 있다는 것이다. 이러한 착오는 과거의 경험이 아주 생생하고 '트라우마' 수준의 것일수록 잘 일어난다. 과거의 트라우마는 어떤 식으로든 반드시 해결할 필요가 있는 것도 사실 이 때문이다. 과거가 과거에 그대로 남아 있기만 해도 아예 모른 척 살 수도 있다. 그렇지만 감정에는 딱히 시간 구획이 나뉘어 있지 않다. 시공을 초월할 수 있는 것이 사람 마음이다. 감정 세계에는 오로지 '힘의 법칙'만이 존재하는데, 감정의 크기가 센 것이 현재에도 여전히 영향력이 크다. 과거의 일이라고 해도 현재 소소하게 느끼는 감정들보다 훨씬 강렬하다면 오늘의 당신을 움직이는 동력과 행동의 이유는 바로 그 '과거의 감정'이 된다. 사회적으로도 무언가의 '과거사'를 정리하는 것이 왜 그토록 민감하고 중요하게 언급되는지 짐작해 볼 수 있다.

행복은
'마음의 안정'이라는 토양 위에

"옳은 길에 들어섰군요!"

마음의 항상성은 또 다른 말로 '안정성', '안전감'을 의미한다
고 하였다.

　위기에서는 재미보다 항상 '항상성 유지'가 먼저다. 항상성
이란 사람의 마음에서 '갈등이 최소화'된 상태이고, 마음이 최
대한 불편하지 않은 상태이다. 마음이 너무 불편하고 갈등이
심한 상태에서는 사람은 일상을 버티기가 매우 힘들다. 마음
의 불편을 해소한다는 것은 최소한 생존 저지선은 넘어섰다는

것이다. 그제야 재미 추구가 가능해지고 원하는 재미에 도달할 수 있다.

갈등을 줄이려는 수많은 시도와 노력에도 불구하고 마음속 갈등이 늘상 들끓게 되는 경우가 있는데 이를 '신경증' 상태라고 부른다. 정도의 차이는 있지만 모든 인간은 갈등이 있다는 점에서 프로이트는 기본적으로 사람은 Neurosis, 신경증이라고 진단하기도 했다.

내가 원하는 재밌는 일을 하고 있어서 기분이 좋고 즐겁다면 '옳은 길을 가고 있다는 것'을 확인할 수 있고 비로소 안정적일 수 있다. 어떤 것에 흥분하고 들뜨는 상태만으로는 부족하다. 환상^{fantasy} 속에서 사는 것과 구분되지 않는다. 삶의 진실을 놓쳐 버릴 때 자연히 허공을 떠돌 듯 부유하면서 핵심을 비켜 가게 되어 있다. 내 두 발이 땅에 온전히 붙어 있어야 한다. 발이 붕 뜬 상태와 내 힘으로 힘껏 차고 올라 점프하는 것은 전혀 다르다. 하나는 수동적이고 타의에 의한 것이며, 다른 하나는 적극적이고 자발적인 행동이다. 나의 날개로 날갯짓을 하며 원하는 비행을 하는 것과 먼지처럼 둥둥 여기저기 떠다니는 것은 서로 다른 것이다.

"진정한 행복은 자신이 좋아하는 일, 가장 원하는 것을 하며, 옳은 길을 가다 죽는 것입니다."

이런 상태에서는 죽음을 두려워하지 않게 되며 자신의 길을 꼿꼿이 걸어갈 수 있다. 어느 때에 죽든지 간에 '완주'하는 게 가능해진다. 완주는 오래 사는 것이 아니라, 내 시간과 에너지를 다 들이부어서 삶을 꽉 채우는 것이다.

"옳은 길에 들어섰군요!" "그래, 맞아! 계속 가렴!" 울컥 눈물이 솟는다. 내가 맞게 가고 있다고?

남이 잘 가지 않는 길을 가려고 할 때나 모방할 사람조차 별로 없을 때는 누구나 흔들릴 수 있다. 그때 "네가 원하는 바, 그대로 가라. 내가 도와줄게!" 이 말만큼 힘이 되는 것이 없다. 아무도 나를 이해할 수 없다고 생각하는 적도 있고, 내가 느끼는 것을 나 외에는 전혀 감각할 수 없다는 사실에 좌절도 하지만, 나의 불안과 동요는 '옳은 길'이라는 확신이 비춰지니 서서히 가라앉는다.

안정감은 삶의 귀중한 토양

안정감의 획득은 당신이 원하는 것을 맘껏 하도록 하는 귀중한 '토양'이 된다. 안정되면 될수록 당신이 좋아하는 것과 원하는 것을 하는 데 오롯이 집중할 수 있고 더 많이 즐길 수 있다. '만끽'의 상태가 되기 위해선 반드시 '안정감'이 필요하다.

항상성 유지의 속성은 우리가 '안정감'에 대해 잊어버리지 않
도록 도와주고, 내가 미처 의식하지 못하는 사이에도 '저절로'
안정성을 추구하도록 만든다. 동일한 상태를 유지하는 것, 이
것이 인간의 삶에 필수 요소라는 점을 잊지 말자. 생존과도 직
결되는 항상성 유지는 '관성'이라는 이름으로 불리기도 한다.
발전하고 성장하기 위해서는 '항상성'을 뛰어넘는 과정도 있
어야 한다. 그래서 항상성과 성장 이 둘은 나의 삶을 떠받드는
두 가지 중요한 기둥과 같다. 항상성이 빠져 버리면 우리는 불
안해지고 생존의 위협에 빠진다. 성장이 없으면 생기가 사라
지고 고인 물과 같이 내외적으로 쉽게 '썩어 버릴 수(도태 및 노
화)' 있고 항상성마저 위협받을 수 있다.

　정신분석의 길을 막 시작할 때 정확히 "Right Track에 들어
섰다"라고 일러 준 분이 계셨다. 바로 나의 교육 분석가이자
국내 첫 여성 국제 정신분석가인 김미경 선생님이다. 먼저 경
험한 사람의 증언은 확실히 힘이 있다. 그 여정이 길고 만만치
않았기에 휘청거릴 때마다 커다란 지지가 되곤 하였다. 우리
는 누구나 '사각지대'를 안고 산다. 그래서 서로 돌아봐 주고
거울을 비춰 주는 게 필요하다. 우리 자신을 살필 수 있고 더
나아질 수 있는 것이다.

내적 갈등을 최소화해서 항상성을 유지하는 방법

1) 억압이나 합리화와 같은 방어기제를 사용해 갈등이 수면 위로 떠오르지 않도록 막기

2) 현실 대처 수준을 높여서 자신이 원하는 대로 할 수 있는 근본적인 힘을 키우기

자신이 원하는 대로 할 수 있기 위해 내적 지혜를 구할 수도 있고 외적 파워를 추구할 수도 있다. 파워, 힘은 결국 내면의 힘과 외면의 힘으로 나뉜다. 외면의 힘을 추구할 때 사람은 당연히 권력 지향적으로 되거나 정치(사람에게 매달리는 방식)에 의존할 수밖에 없다.

발까락이 닮엇다?

김동인의 《발까락이 닮엇다》는 사람의 휴머니즘은 과학을 능가한다는 것을 보여 준다. 자기 자식이 아닌데도 아내가 바람 피운 사실을 덮기 위해서, 또 자기 과거의 치부를 숨기기 위해서, '유전적으로 무관하다'는 단순한 과학적 사실마저 부정하고 외면할 수 있는 것이 인간이다.

그만큼 인간은 합리화의 대가이고, 때로는 안쓰러울 정도로

진실을 안 보려고 고군분투하기도 한다. 이성理性을 상징하는 친구 의사는 "발가락이 닮았더라."고 하는 주인공의 궁색함을 비난하거나 억지로 '정신 차려라'는 식으로 직면시키지 않는다. 대신 그 애잔함에 공감하며 오히려 한발 나아가서 "얼굴도 닮았네."라고 말하며 합리화에 동조해 주기까지 한다. 이성의 눈을 잠시 감은 셈이다. 물론 진실을 모르는 척하는 데서 오는 민망함은 어쩔 수 없었는지 주인공의 얼굴을 슬쩍 피하지만 말이다.

진실을 직면한다는 것은 그만큼 쉬운 일이 아니다. 진실 자체가 어려워서라기보다는, 인간의 마음과 감정이 복잡다단하고 욕구의 실현은 늘 현실과 맞부딪치기 마련이기 때문에 그렇다. 내 마음의 진실과 타인에 대한 진실을 있는 그대로 마주하기 위해선 '힘'이 필요하다. 현실에 굴복하지 않으면서도 현실 조건과 성공적으로 조화를 이루어 내려면 '지혜'가 필요하다. 지혜는 자기 감정을 정확하게 읽어 내고 받아들이는 데서 자라날 수 있다. 남이 아무리 좋은 의견을 제시해도 내 마음을 모르면 귓등에서 튕겨져 나가거나 한 귀로 들어와서 그대로 다른 쪽 귀로 빠져나간다. 그래도 콩나물시루에 물을 붓는 심정으로 좋은 책과 좋은 이야기를 많이 접하는 것은 좀 막연하긴 해도 그리 나쁠 건 없다. 그렇지만 지혜의 작은 씨앗조차 심어지지 않을 정도로 마음 밭이 어지러운 수준이라면 '뇌가 쉴 시간'을 주어야 한다.

진실을 마주하기 위해 필요한 지혜는 뭘 자꾸 집어넣으려는 시도를 멈추고 차라리 '멍 때리는 순간'에 찾아올 가능성이 높다. 그 누구의 노력도 가미되지 않은 '자연'을 마주할 때 당신의 뇌가 평소와 다르게 반응할 수 있다는 점을 활용해 보자.

지혜, 평소 놓치기 쉬운
경이로움과 함께 온다

자연에서 느끼는 경이로움

경이로움은 평소에는 놓치고 살기 쉽지만 사실은 매우 중요한
감정 중 하나이다.

　"자연을 보고 싶다." "자연을 보러 가고 싶다." 언제 이런 말
을 하게 될까? 말 그대로 일상에서 휴식이 필요할 때, 현실의 무
게로부터 도피하고 싶을 때 그럴 수 있지만, 더 근본적으로는
'경이로움'을 느끼고 싶을 때도 우리는 '자연'을 원하게 된다.

　자연은 내가 아니다. '나'라는 한 사람을 넘어서는 것들로

가득한 곳이 자연이다. 더군다나 자연은 그 스스로 움직이기까지 한다.

나 이외의 힘과 영향력을 인지하는 것은 아이러니하게도 내가 할 수 있는 것에 집중하는 것을 돕는다. 어차피 내가 할 수 없는 것에는 신경을 끄는 것이 에너지를 아끼는 길이기 때문에 그렇다. 때로는 '내려놓음'의 자세가 도움이 되는데, 특히 자기 혼자서 오만 가지를 다 해야 될 것 같은 강박에 시달릴 때 꼭 필요한 전환점을 만들어 준다. '경이로움의 감정'은 생활에 의외의 활력소 역할을 할 수 있다.

광활한 자연 한가운데 서면 인간은 자신의 '작음'과 마주하게 된다. 일종의 두려움, 공포일 수도 있지만 아이러니하게 위안을 느끼게 된다. 나보다 무언가 더 큰 존재, 나 외에 다른 힘이 이 세계에 관여하고 있다는 사실은 우리를 더 무력하게 할 것 같지만 '짐을 내려놓고 내맡길 수' 있게 도와준다.

내가 아무리 아등바등해도 되는 게 없고 내 계획이 자꾸만 좌절되면 화도 나고 무력감을 느낄 수밖에 없다. 이때 필요한 것은 '내 힘으로 되지 않는 것이 있구나' 하고 심플하게 받아들이는 것이다. 그래야 내 힘으로 되는 것에 더 집중할 수 있고, 내 힘을 벗어나는 것에 대해선 불필요한 죄책감이나 중압감에서 해방될 수 있다. 자연을 찾는 심경이 느껴진다면, 스스로 무언가 버거워하는 건 없는지, 제3자의 도움을 필요로 하는 것은 아닌지 스스로 물어봐 주면서 돌아보도록 하자.

맑은, 용기 있는, 지혜로운

라인홀트 니부어^{Rheinhold Neibuhr}의 유명한 '평온의 기도^{serenith prayer}'
는 많은 사람들에게 감동과 용기를 줘 왔다. 이는 곧 나의 한
계와 가능성을 제대로 분간하는 힘이야말로 실제로 가장 유용
한 힘이 된다는 것을 말해 주는 것이다.

Serenity는 평온함으로 해석되는데, 가장 명확하게 이해하
려면 '맑음'이라는 의미가 들어가야 한다. 진정한 평화는 술에
술 탄 듯, 물에 물 탄 듯 흐리멍덩하고 안개 낀 듯 뿌연 상태가
아니다. 청정, 명료한 의식이 동반되어야 하는데 이는 진정한
'현실 인식'의 능력이라 할 수 있다. 덤덤하게 있는 그대로 받
아들일 줄 아는 것, 있는 것은 있다고 없는 것은 없다고 할 줄
아는 힘인 것이다.

Courage, 내가 할 수 있는 것을 알아도 행하려면 '도전'이
필요한 법이다. 용기와 도전은 실제로 사람을 움직이고 삶을
변화시키는 힘으로 작동한다. 자신의 시간과 에너지를 투입하
기로 '용기 있는 결심'을 하는 단계가 있어야만 '액션'이 나오
게 된다.

그런데 엄밀히 말해 용기란, 가지려고 애를 쓴다고 해서 얻을 수 있는 게 아니다. 우리는 용기가 마음에서 '생겨나는 것'이라는 점을 놓치고 살 때가 많다. "용기를 가져 봐!"라는 말을 제대로 해석하면, 없는 용기를 어디서 구해 오거나 만들어 낸다는 뜻이 아니다. 새로운 시도나 일, 환경에 도전하는 것을 가로막고 있던 내 안의 불안이나 두려움이 해결되었다는 신호이자, 이제는 스스로 '감당할 만한 도전'으로 여겨진다는 확신의 감정이 곧 용기이다. 그러니 용기가 없다고 탓하기보다는, 자신의 불안과 두려움을 먼저 헤아려 주는 시간을 갖는 것이 필요하다. 그래야만 주위의 불신이나 현실의 불안 요소들을 뚫고 할 수 있는 일, 그리고 해야 할 일을 향해 나아갈 진짜 '드라이브'를 얻게 된다. 그러면, '용기를 가져야 되는데…' 끙끙거리는 대신, 절로 "이젠 용기가 생겼다!"라고 외칠 수 있게 될 것이다.

Wisdom, 멈출 때와 나아갈 때를 분별하는 힘이다. 나는 지혜를 자동차의 '기어'에 곧잘 비유하곤 한다. 지혜 없는 용기나 도전은 실제로 위험할 수 있다. 나의 의지를 자유자재로 쓰기 위해서라도 '지혜'라는 것이 동반되어야 한다. 명석한 분석과 사태 파악 능력이 없는 의지만큼 무서운 게 없다. 지레 포기하거나 무모하게 돌진하는 것, 두 극단을 통제하는 것은 '분별력'이다.

Tip. 나만의 지혜 사전 만들기

평소 좋아하는 시구, 경구, 명언들을 기록해 두는 것을 추천한다. 감명받은 한 줄이 실제로 내게 많은 지혜를 줄 수 있다. 당신이 살아가면서 얻은 '지혜의 문구'들을 한 올 한 올 모아서 멋진 지혜의 사전을 짜 보자. 당신에게 이미 '감동'을 준 구절들은 더 이상 남의 말이 아니다. 그렇기에 결정적인 순간에 적재적소에서 당신을 위로해 줄 뿐 아니라 꼭 필요한 팁을 줄 것이다.

내 마음 읽기는
행복의 비결

복수 대신 자기 성장의 길로 들어서기

채은 씨가 절친에 대해서 불안하고 불편한 심경을 털어놓았다.

"선생님, 친구 다정이가 진짜 똑똑하거든요. 걔는 저보다 제 마음을 더 잘 꿰뚫어 보는 것 같아요. 전 걔를 볼 때마다 너무 부럽고, 또 제 심정을 들켜서 부끄러워질 때도 많아요. 걔 앞에서 스스로가 한심하게 느껴지기도 하고요."

채은 씨는 다정 씨와 10년 넘게 단짝 친구로 지내 왔는데, 다정 씨 외에는 만나는 사람이 거의 없을 정도였다. 그래서 일상생활에서 다정 씨에게 의존하는 부분이 정말 많았고 시간이 지날수록 이런 의존 현상은 점점 심화되는 것 같았다. 유일한 말벗이자 무언가를 함께 할 수 있는 파트너가 다정 씨라는 말 속에서, 채은 씨는 다정이라는 사람에게 거의 종속된 삶을 사는 것 같았다. 다정 씨는 매사에 결정을 잘 못하는 채은 씨를 소소하게 챙겨 주면서 도움을 주고 있는 것은 분명했지만, 채은 씨는 정작 다정 씨 때문에 속앓이도 많이 하고 있었다는 것이 치료 중에 점차 드러나게 되었다. 다정 씨는 항상 채은 씨보다 우위의 입장에서 다정 씨를 '어린애 취급'을 하곤 했다. 특히 채은 씨의 심중을 콕 찌르는 말을 자주 했고, 자신이 채은 씨보다 사회생활을 잘 안다는 점을 강조하곤 했다.

"야, 너는 너무 소심해서 조직 생활 같은 데 적응하기 어려워. 특히 대기업 같은 곳은 어림도 없지. 사장 한 명 있는 곳이나, 기껏해야 5인 미만 회사로 알아봐야지."

내가 보기에 채은 씨는 본인이 원하기만 한다면 더 큰 회사의 취직도 가능해 보였지만, 스스로 다정 씨 말이 맞다고 생각해서 결국 자신의 능력보다 낮은 곳에 취직을 했다. 물론 그곳에서 인재로 인정을 받았지만, 채은 씨는 직장 생활에서 큰 만족이나 성취감을 얻진 못했다. 그럼에도 불구하고 자신이 소심해서 다른 사람들 틈에서 생존할 자신이 없다고 생각하여 이직은 전혀 생각도 못한 채로 지냈다. 더 큰 문제는 이 모든

'지지부진함'(좋게 말해 우유부단함)을 모조리 자신의 '태생적으로' 우울하고 불안한 성격 탓으로 돌리며 소중한 날들과 자존감을 뭉개 버리고 있다는 데 있었다. 비록 이러한 통찰을 얻기까지 시간이 걸렸지만, 치료를 통해서 다정 씨와 어느 정도 분리가 이루어지면서 스스로에게 더 맞는 직장을 선택할 용기를 얻게 되었다.

치료 초반에도 채은 씨는 가장 친한 다정 씨로부터 마음을 회복하려는 시도를 폄훼당하곤 했다. 이때 다음과 같은 조언을 통해 채은 씨는 그러한 공격으로부터 자신을 보호하고 계속해서 치료를 향한 의지를 다잡을 수 있었다.

"부러워하지 마세요. 결국 자신의 마음을 잘 알지 못하는 상태로는 진정으로 행복해지기 어렵습니다. 채은 씨는 자신의 마음을 알아 가기 위해서 계속해서 시간을 들이고 노력하고 있는 데 반해서, 다정 씨는 타인의 심리를 파악하는 데 더 많은 시간을 할애하고 있는 것 같네요. 다른 사람의 심리를 파악하면 여러 모로 유용한 점이 많지만 그 자신이 행복해지는 길과는 무관합니다. 더군다나 남을 공격하고 상처를 입히면서 어떻게 행복해질 수가 있겠어요?"

다행히 채은 씨는 자신을 공격하는 다정 씨에게 복수하는 대신, 힘을 다해 '종속적인 관계 고리'에서 조금씩 빠져나옴으로써 진짜 자신이 행복해지는 길을 선택할 수 있었다.

Solution

채은 씨의 경우 자신의 불안이나 우울함(현재의 정서)과 '의존 욕구'(과거의 만족되지 않은 욕구)를 분리해 내는 과정이 가장 오래 걸렸고, 각각의 감정을 하나씩 '개별적으로' 볼 수 있는 눈이 떠지자 비로소 엉겨 붙은 감정 실타래에서 헤어 나올 수 있었다.

Tip. 채은 씨에게 가장 도전이 된 질문들

1. 태생적으로 우울한 사람이 과연 따로 정해져 있는 게 맞을까? 지금의 우울과 불안은 어디로부터 왔을까?

2. 나를 공격하는 사람이 동시에 도와주고 잘해 주는 게 가능할까? 선물도 주면서 동시에 공격을 한다면 그 선물이 진짜 나를 위하는 걸까? 미끼나 올가미와 무슨 차이가 있을까?

3. 나는 무엇을 위해 온갖 공격을 감수하면서 절친에게 '붙어 있는' 걸까? (의존 욕구에 대한 구체적 자각)

시간의
소유자에 대해

모든 이에게 공평하게 주어졌다는 시간은 진짜 '나만의 내 것'일까? 믿어질지 모르겠지만 이제 물리학자들은 '시간의 존재 유무'에 대해 면밀히 따지기 시작했다. (대표적인 예로 카를로 로벨리Carlo Rovelli의 과격한 책 《시간은 흐르지 않는다l'ordine del tempo》, 《만약 시간이 존재하지 않는다면et si le temps n'existait pas》 등이 있다.) 그냥 뜬금없는 상상이나 가정, SF 소설 이야기가 아니다. 세기의 브레인들이 지금 이 순간에도 시공간의 실재성을 치열하게 '과학적으로' 연구하고 있다. 최종 결론과 상관없이 오늘날 시간이 초미의 관심사가 되고 있음은 분명하다. 정신분석에서도 시간의 감각

제4부 ——————

은 중요한 주제로 다뤄지곤 하는데, 나로선 더 많은 사람들이 시간의 존재성과 시간 감각에 관심을 가지게 되는 게 반갑다.

보통 즐거운 시간은 빨리 가고 고통의 시간은 더디게 간다고 한다. 극한의 고통은 시간을 아예 멈춰 버릴 수도 있다. 트라우마 환자들의 시간은 '트라우마 그때 그 시절'로 주관적 시계가 정지된 상태에 놓여 있다. 그렇게 멈췄던 시계가 다시 째깍째깍 움직이게 되기까지는 치료를 시작하고 수 년 이상 걸리기도 한다.

치료자는 환자의 시간 감각을 더러 물어보고 확인하곤 한다. 인지 능력만의 문제가 아니다. 마음의 병이 깊을수록 시간의 감각마저 상실한 경우를 임상에서 많이 보았다.

의식적으로 시간에 대한 개념과 감각이 잘 유지되고 있는 경우에도, 그들의 무의식은 시간이 존재하지 않는 Timeless 영역으로 간주되고 있다. 여러 사건들과 감정의 기억들이 존재하지만 '시간'이라는 태그가 붙지 않은 채 뒤죽박죽 섞여 있게 마련이다. 그것들이 의식의 테이블 위에 올려질 때만 '시간의 질서'를 가지고 가지런히 정렬되기 시작한다.

뇌신경과학 측면에서 보면 생체 시계 영역이라 불리는 뇌 부위가 있다. SCN(suprachiasmatic nucleus, 시교차상핵)이라는 곳에서 생체 리듬 주기에 관여한다는 것은 꽤 오래전부터 알려져 왔다. 중요한 것은 '빛'이 이 주기에 가장 강력한 영향을

미친다는 점이다. 의과학이 보다 진보한 덕분에 이제 사람들
은 필요에 따라 빛을 이용하여 자신의 생체 리듬을 조절하는
법도 익히고 있는 중이다. 아직 시간을 멈추거나 과거나 미래
로 가는 식의 '시간을 달리는' 방법에 도달하지는 못했지만,
신체의 일주기 리듬 정도는 변화를 충분히 줄 수 있는 경지에
올랐다. 그럼에도 불면증과 같은 수면 관련 질환은 현대인의
골머리를 썩게 하는 주요 문제 중 하나인 것도 사실이다.

당신이 오늘을 살아가면서 시간의 흐름이라는 것을 기민하게
감지하는지, 잘 감각하고 있는지는 죽음에 대해 어떤 생각을 갖
고 있는가 하는 질문만큼 생소하면서도 자극적일 수 있다.

- 시간 따위 별로 의식하지 않고 산다.
- 시간이 너무 빨리 가는 것 같다.
- 평소엔 시간이 가는지 잘 모르다가 거울을 문득 봤을 때
  시간의 흐름을 깨닫는다.
- 시간이 너무 안 간다.
- 내게는 시간이 멈춰 버린 느낌이다.
- 어느 순간 나의 시계는 정지되어 있다.
- 낮에는 모르겠는데, 밤만 되면 시간이 그렇게 안 간다.

이 중에서 어떤 문장이 와 닿을지 궁금하다. 혹은 시간이라

는 키워드 뒤에 당신에게 어떤 문구나 연관 단어들이 떠오르는지 관심을 두고 살펴보자. 이러한 행위를 하는 동안에는 적어도 개인적으로 '의미 있는 시간'이 될 수 있다. 당신이 자신의 생체 시계나 자신을 둘러싼 시간의 흐름에 대해 집중하는 것만으로도, 단순히 '시간'이라는 주제에 관심을 기울이는 것만으로도 당신의 뇌와 마음엔 크나큰 '자극'이 될 것이다. 어떤 이에겐 시간이 흘러간다는 사실을 자각하는 것만으로도 '고통'이 따를 수도 있겠다. 대개 소중한 누군가와의 이별을 앞두고 있거나, '원치 않게' 나이가 들어 간다는 것을 깨닫게 될 때 그렇다. 그럼에도 시간에 대해 자각하는 것은 당신이 오늘 주어진 '시간'을 어떻게 보낼지를 결정하는 데 중요한 인자가 된다.

스스로 시간을 감각하지 않으면 대체로 무의식의 무시간성이라는 속성 때문에 '그냥' 시간을 흘려보내게 되어 있다. '카르페 디엠'의 현재를 잡는 첫 번째 발걸음은 '시간' 자체에 관심을 기울이는 것이다.

의식하고 기억하는 순간이 진짜 내 시간이다.

무척 느릿느릿하지만
전진하는 달팽이처럼

오로지 앞으로만 가는 달팽이

아기들에겐 '직진 본능'이란 게 있다. 요새 말 '노빠꾸no back'처
럼 전진 기어만 넣고 엉금엉금 기던 아기는 걸음마를 시작하
면 사정없이 앞으로 앞으로 나아간다. 눈에 꽂힌 방향을 향해
되똥되똥하면서 위험이고 뭐고 무조건 걸어가느라 정신없다.
이 시기의 아이를 돌보는 엄마는 위험해 보이는 물건들을 치
우고 넘어질까 서둘러 쫓아가기 바쁘다. 우리의 본격적인 생
은 '직진하는 것부터' 시작한다.

인간보다 더 원초적인 동물인 달팽이를 관찰하면 재밌는 게 많다. 달팽이는 뒤로 가는 것은 물론 옆으로 가는 법도 없다. 그저 앞으로만 배를 밀고 가는데, 가는 건지 멈춘 건지 분간이 안 갈 정도로 속도가 느리지만 또 어느새 보면 상당히 멀리 움직여 있는 걸 발견할 수 있다. 그럴 땐 생각보다 빠르구나 싶다. 장애물이 나타나거나 외부의 뭔가가 자기를 건드리면 잠시 멈춘다. 달팽이 입장에서 '외부 공격'이 계속된다 싶으면 딱딱한 달팽이집 속으로 몸을 말아 넣어서 감춘다. 그러다 어느 정도 시간이 흐르면 눈부터 슬쩍 내밀어 보고 진짜 괜찮다 싶으면 몸을 길쭉하게 빼서 다시 전진을 시작한다. 먹을 것이 나타나면 냠냠 입을 오물거리며 먹다가, 또 뭔가 환경의 자극이 있으면 멈추거나 자기 집으로 들어가서 가만히 움츠리고 있다. 먹을 것을 찾으며 전진하다가 장애물이 있으면 그걸 살짝 피해서 또 앞으로 가길 반복하고, 쉬고 싶을 땐 흙을 헤집고 그 속에 파묻히듯 숨어 지낸다. 그러다 원할 땐 또 언제든지 기어 나와서 움직이는데 역시나 '전진'뿐이다.

　달팽이를 보면서 문득 살아가는 데 진짜 필요한 건 '전진 능력' 하나면 되겠다는 생각이 들었다. 옆으로 뒤로도 갈 수 있고 점프를 하거나 날 수 있으면 더 좋겠지만, 달팽이를 보니 가다가 멈추는 것 하나만으로도 사는 데는 충분해 보였다. 그리고 자기 몸통 하나 완전히 숨길 만한 '집'만 있어도 달팽이는 괜찮았다.

  달팽이집은 겉으로는 몸통보다 작아 보여도, 요래조래 몸을 접어서 기다란 눈은 물론 더듬이 하나까지도 완전히 안 보이게끔 다 숨길 수가 있다. 그리고 촉촉한 수분과 하루 먹을 과채류만 있어도 잘 살아간다.

  인간도 달팽이처럼 되어 보자는 것은 아니다. 오히려 본능과 본질을 잊어버리지 말자는 말을 하고 싶다. 마음의 갈등과 상처 더미에서 온갖 괴로움을 겪고 사는 인간이 다른 건 다 하면서도 가장 근본인 '직진'하기만 쏙 빼놓을 때가 많다. 자신이 뭘 추구하는지 잊어버린 채 더 이상 찾지도 않고 앞으로 가지도 않고 그냥 제자리만 강박적으로 맴돌며 산다는 것은 슬픈 일이다. 멈춰 버린 찾기 시스템^{seeking system}을 제대로 되살려야 한다.

  지금 당장 뚜렷한 무언가가 보이지 않더라도 차라리 달팽이처럼 천천히, 아주 느릿느릿 밀고 나가 보면 좋겠다. 가다가 뭔가와 맞닥뜨리면 겁내지 말고 먹을 만하면 먹고 쓰면 뱉으면 된다. 처음에 감당이 안 되겠다 싶으면 잠시 안전한 곳에 숨는 것도 괜찮다. 너무 오래 멈춰 있지만 않으면 된다. 주변의 상황을 '자신만의 더듬이', 느낌과 감정을 통해 계속해서 느끼면서 가끔 '빼꼼' 다시 내밀어 보고 또 밀고 나가면 된다. 달팽이랑 또 다르게 사람에겐 전진뿐만 아니라 다양하게 방향 전환을 할 수 있는 능력이 있고, 여러 가지 문명의 이기도 활용할 수 있으며, 그때그때 믿을 만한 타인의 도움을 받는 것도 가능하다. 그러니 당신의 재미 찾기를 죽을 때까지 멈추지 말기를! 단, 감정의 더듬이는 꼭 살려 두고 말이다.

마음의 세계,
그 깊이와 넓이와 높이

자신만의 옳은 길을 향해

마음의 영역은 심해와 같다. 보이는 부분보다 보이지 않는 부분이 훨씬 많다. 이에 대해 나는 우리 인간의 마음이 워낙 설계가 잘 되어 있고 성능이 좋기 때문이라고 본다.

마음의 세계, 그것은 생각보다 정교하다. 보기보다 그 깊이가 깊다. 그리고 알고 있는 것보다 훨씬 감도^{sensitivity}가 뛰어나다. 세밀하고 복잡하지만 그에 상응해서 '질서'도 잘 잡혀 있고 구조화되어 있다. 사실 우리 마음은 철저히 우리의 생존을 돕고 있고 상처를 받긴 하지만 생각만큼 약하지 않다. 실제 우리 현실은 동물의 세계보다 '생존 확률'이 결코 높다고 볼 수 없다. 아침에 일어나면 죽거나 다치거나 병들 확률이 그렇지 않을 가능성보다 높다.

그러나 우리 마음은 웬만한 트라우마와 척박한 환경에서도 살아남을 수 있을 만큼 다양한 기능을 수행하고 또한 체계적이다. 그 덕분에 계속 살아가는 중이다. 각자 그 결은 다르지만, 뛰어난 감정 시스템을 기본적으로 장착하고 태어난 것에 안도할 수 있으면 좋겠다. 우리가 그동안 감정 시스템에 대해 잘 몰랐고 얼마만큼 좋은지 미처 모르고 지내서 그렇지, 감정은 가장 강력한 서바이벌 무기이다.

다행히 현대의 집요하고 천재적인 과학자들과 연구자들이 마음의 구조와 기능, 그 역할과 작동 원리 등을 밝혀내는 데 온 힘을 기울이고 있고 그 어느 때보다 많은 진실들이 밝혀지고 있다. 정말 고마운 일이다. 21세기에 나는 이를 보다 적극적으로 우리 삶 속으로 끌어들여 일상에서도 많이 써먹을 수 있게 되기를 바란다. 나와 우리, 사회를 훨씬 영리하고 지혜롭게 해 줄 것이라 믿는다.

감정의 깊이와 넓이와 높이를 조금 더 헤아리게 되는 것만으로도 당신 삶은 훨씬 풍요로워진다. 낡은 이론은 새로운 것으로 '일신日新'할 필요가 있다. 관성에 의해서 고전성을 고수한다면 현재 우리 앞에 놓인 귀한 보물을 제대로 맛보지도 못한 채 넋두리만 하다가 버릴 수 있다. 그러기엔 인생은 좀 많이 짧다. 이 역시 미미한 것에 불과할지 모르겠다. 그럼에도 '감정 시스템'의 패러다임은 감정의 발생과 작용, 타인 혹은 외부와의 수많은 상호작용 과정을 이해하는 데 상당한 도움을 줄 것이다.

사실 이번 주제는 말과 글로 풀어내기가 많이 어려웠다. 이만큼 글로 읽힐 만한 상태로 만들어지기까지 김상영 팀장님의 역할이 굉장히 컸다. 이 긴 여정을 지지해 준 다산북스와 김선식 대표님께도 감사를 드린다. 또 내가 감정과 재미에 대한 이야기를 이만큼 발전시킬 수 있었던 것은, 진료실 안팎에서 만나 나를 신뢰하고 자신의 마음을 함께 탐색할 수 있는 권한을 주었던 바로 그분들이 있었기에 가능했음을 밝히고 싶다. 박혜수 작가와의 재미있는 작업들이 많은 도움을 주었고, 흔쾌히 작업 사진을 쓰도록 해 주어 감사하다.

무엇보다 내가 글을 쓰는 동안 함께 모니터링해 준 남편과, 정말 많은 영감과 아이디어를 뿜어 준 사랑하는 두 아이에게 이 책을 남겨 주고 싶다.

마지막으로 이 책을 보는 사람들이 오늘보다 더 재밌고 행복한 삶으로 가는 '자신만의 옳은 길'을 발견하게 되기를 바란다.

에필로그 ————

감정이 아니라고 말할 때

아직도 나를 모르는 어른들을 위한 심리학 여행

초판 1쇄 발행 2021년 10월 15일
초판 2쇄 발행 2021년 10월 28일

지은이 성유미
펴낸이 김선식

경영총괄 김은영
기획편집 김상영 **책임마케터** 김지우
콘텐츠개발8팀 최형욱, 김지원
마케팅본부장 이주화
채널마케팅팀 최혜령, 권장규, 이고은, 박태준, 박지수, 김지우, 유영은, 오서영, 이미진
미디어홍보본부장 정명찬
홍보팀 안지혜, 김재선, 이소영, 김은지, 박재연, 오수미, 이예주
뉴미디어팀 허지호, 임유나, 배한진
리드카펫팀 김선욱, 염아라, 김혜원, 이수인, 석찬미
저작권팀 한승빈, 김재원
경영관리본부 허대우, 하미선, 박상민, 윤이경, 권송이, 김재경, 최완규, 이우철, 김민아, 김혜진, 이지우
외부스태프 **표지디자인** 이인희 **삽화** 김민경 grafolio.naver.com/min__0_0 **본문 조판** 장선혜

펴낸곳 다산북스 **출판등록** 2005년 12월 23일 제313-2005-00277호
주소 경기도 파주시 회동길 490 다산북스 파주사옥
전화 02-704-1724 **팩스** 02-703-2219 **이메일** dasanbooks@dasanbooks.com
홈페이지 www.dasanbooks.com **블로그** blog.naver.com/dasan_books
용지·IPP 인쇄 및 제본 갑우문화사 **코팅 및 후가공** 평창피앤지

ISBN 979-11-306-4141-6 (03180)